Willkommen im falschen Film
Monika Gruber · Andreas Hock

MONIKA GRUBER · ANDREAS HOCK

Willkommen im falschen Film

Neues vom Menschenverstand
in hysterischen Zeiten

Copyright 2025:
© Börsenmedien AG, Kulmbach

Coverfoto: Daniel Karmann
Gestaltung Cover: Daniela Freitag
Lektorat: Sabine Runge
Druck: CPI books GmbH, Leck, Germany

ISBN 978-3-68932-024-9

Alle Rechte der Verbreitung, auch die des auszugsweisen Nachdrucks,
der fotomechanischen Wiedergabe und der Verwertung durch Datenbanken
oder ähnliche Einrichtungen vorbehalten.

Bibliografische Information der Deutschen Nationalbibliothek:
Die Deutsche Nationalbibliothek verzeichnet diese Publikation in der
Deutschen Nationalbibliografie; detaillierte bibliografische Daten
sind im Internet über <http://dnb.d-nb.de> abrufbar.

Postfach 1449 • 95305 Kulmbach
Tel: +49 9221 9051-0 • Fax: +49 9221 9051-4444
E-Mail: info@plassen-buchverlage.de
www.books4success.de
www.facebook.com/plassenbuchverlage
www.instagram.com/plassen_buchverlage

„In Deutschland gilt derjenige, der auf den Schmutz hinweist, für viel gefährlicher als derjenige, der ihn macht."

Kurt Tucholsky

Inhalt

Vorwort 11

Hieb- und stichfest: Schärft lieber
den Verstand – und nicht die Messer
Andreas Hock 17

„Woko Haram": Wie die vermeintliche
Selbstbestimmung zur neuen Sekte wurde
Monika Gruber 23

Nicht das Erreichte zählt, das Erzählte reicht –
wer nichts wird, wird … Politiker
Andreas Hock 31

Spieglein, Spieglein an der Wand –
wer ist die schönste Grüne im Land?
Monika Gruber 37

Fahr dichter auf, ich schieße so schlecht:
Von Sonderlackierungen, illegalen Autorennen
und Deppenkennzeichen
Andreas Hock 43

Das politisch korrekte Kirmes-Karussell:
Nachhaltigkeit in der Kinderbelustigung
Monika Gruber 49

Chlorreiche Halunken: Wie unsere Freibäder
zu No-go-Areas werden konnten
Andreas Hock 55

Kein bisschen Spaß muss sein: Warum uns nicht nur
die jährliche Silvesterparty Angst machen sollte
Monika Gruber 61

Legal, illegal, Wandregal: Was meine Garage
mit kriminellen Clans zu tun hat
Andreas Hock   69

Erziehung per Deppenkastl:
Das Problem unserer kollektiven ADHS-Störung
Monika Gruber   75

Bares ist Rares: Warum ich meine
Currywurst nicht mit Karte bezahlen möchte
Andreas Hock   81

Warum Nazis gern stricken:
Die wirre Masche mancher Tugendwächter
Monika Gruber   87

Komm hol' das Lasso raus – wir canceln Cowboy und
Indianer: Wer die wahren Narren im Karneval sind
Andreas Hock   93

Tampon-Irrsinn im Ländle: Die hellseherischen
Fähigkeiten der Monty Pythons
Monika Gruber   99

Auf einem Auge blöd: Über seltsame
Richter und unverständliche Urteile
Andreas Hock 105

Ein Saubär für 500 Euro: Aus den
Niederungen eines bayerischen Amtsgerichts
Monika Gruber 113

Uncool ist das neue Cool: Man muss sich
nicht schämen, ein Spießer zu sein
Andreas Hock 117

Stasi 2.0: Neue praktische Hilfsmittel
für recht- und linksschaffene Bürger
Monika Gruber 123

Haribo macht Kinder froh – nur der Cem,
der mag's nicht so: Werbeverbote und andere
tolle Ideen für eine bessere Welt
Andreas Hock   129

Ein kluger Satz von Ringelnatz: Sicher ist,
dass nichts sicher ist – selbst das nicht
Monika Gruber   137

Generation E-Golf: Warum ein Lastenfahrrad
nicht solche Gefühle auslösen kann wie ein GTI
Andreas Hock   145

Ideologie als Religionsersatz: Weshalb manche
Themen nichts in Schulen verloren haben
Monika Gruber   151

Mit dem Zweiten woked man besser: Das öffentlich-
rechtliche Fernsehen und die öffentliche Meinung
Andreas Hock   157

Hier ärgern Sie sich in der ersten Reihe: Warum wir
eigentlich den Rundfunkbeitrag boykottieren sollten
Monika Gruber   165

Berlin, Berlin – wir zahlen nach Berlin:
Die peinlichste Hauptstadt Europas als Blaupause
für ein marodes Land
Andreas Hock   173

Mein Deutschlandfrust: Wie plötzlich außer
Bauernbrot und Bier nichts mehr zum Vorbild taugt
Monika Gruber   181

Alles nur geklaut: So wollen uns übereifrige
Aktivisten kulturelle Aneignung einreden
Andreas Hock   187

Alles, was recht(s) ist: Von rauchenden
Afghanen und fehlenden Metzgerslehrlingen
Monika Gruber 193

Unsere Tochter hat heute Dienst: Wieso wir unseren
Kindern mehr Langeweile gönnen müssen
Andreas Hock 199

Heimatlos durch die Nacht: Weshalb uns
ein bisschen mehr Gottesfürchtigkeit guttäte
Monika Gruber 205

Heile, heile Segen – da hilft nur noch Beten:
Was Kinderkrankheiten über die Gesundheit
unseres Landes aussagen
Andreas Hock 213

Mit Layla zum Woketoberfest: Warum die
Grünen die wahren Spießer sind
Monika Gruber 219

Bau, schau, wem: Der Unterschied zwischen einer
deutschen Straßenbaustelle und der Metro in Dubai
Andreas Hock 227

Newsflash: Was Klimakleber und eine
herrenlose Schildkröte gemeinsam haben
Monika Gruber 233

Zur falschen Zeit, der falsche Mann:
Türkischer Wahlkrampf auf deutschem Boden
Andreas Hock 241

Stil ist nicht das Ende des Besens: Was Oscar
Wilde und meine Oma gemeinsam hatten
Monika Gruber 247

Warnhinweis: Der folgende Text enthält explizite Schilderungen politischer, gesellschaftlicher und zwischenmenschlicher Blödheit. Die Inhalte können belastend, traumatisierend oder verstörend auf politisch besonders korrekte Menschen, Menschinnen, Menschseiende, Menschenpersonen und andere Brasilianer wirken. Wenn Sie sich hier zugehörig fühlen, sollten Sie dieses Buch nicht in der Restmülltonne entsorgen, sondern lieber dem Wertstoffkreislauf zuführen, eine 1-Sterne-Bewertung bei Amazon vergeben sowie für den obligatorischen Shitstorm einen Fake-Account bei Facebook oder Instagram einrichten. Oder Sie behalten das Buch und verwenden die einzelnen Seiten, um Weihnachtsgeschenke für verhasste Familienmitglieder einzuwickeln.

Vorwort

Vor nunmehr fünf Jahren begannen wir die Arbeit an unserem ersten gemeinsamen Buch, während der wir thematisch gewissermaßen in die Coronapandemie hineinschlitterten, die wir denn auch in „Und erlöse uns von den Blöden" ausgiebig behandelten. Nun wollen wir nicht klugscheißen, aber viele unserer Befürchtungen von damals haben sich leider mehr als bewahrheitet: Nach all dem, was man heute weiß, wurden in diesen schicksalhaften Jahren 2020 bis 2022 nicht nur epochale handwerkliche Fehler gemacht, bewusste Falschinformationen verbreitet, Steuergelder in Milliardenhöhe verpulvert, Senioren isoliert, Kinder traumatisiert, Existenzen vernichtet und eine ganze Gesellschaft aufgrund eines handelsüblichen Erkältungsvirus gespalten. Auch die Blödheit vieler Mitmenschen erreichte nicht zuletzt aufgrund vieler seinerzeit getroffener Maßnahmen ungeahnte Ausmaße, von denen man vor Corona nicht mal zu albträumen wagte. Wer nun aber dachte, in der Post-Covid-Ära würde sich alles wieder einrenken, wurde leider eines Schlechteren belehrt.

Die Ampel, die seit dem 8. Dezember 2021 durch unser Land irrlichtert und nach breitester Mehrheitsmeinung die schlechteste Bundesregierung aller Zeiten verkörpert, hat alles noch viel schlimmer gemacht. Die einzige Leistung, die man dieser Koalition der Trübsinnigen objektiv problemlos zuschreiben kann, sind Zustimmungswerte von null Prozent und ein Bundeskanzler, der im Beliebtheitsranking regelmäßig hinter Tino Chrupalla landet. Die erste Zeit des rot-gelb-grünen Vorsichhindilettierens versuchte man sich dahingehend zu beruhigen, selbst noch so groteske politische Fehlentscheidungen einigermaßen wegstecken zu können, weil nach spätestens vier Jahren alles überstanden wäre und die Reparaturarbeiten beginnen könnten. In diesem Fall aber hat Olaf Scholz, der Kanzlerdarsteller mit der Strahlkraft eines Regenponchos und der Führungsstärke eines Einsiedlerkrebses, mitsamt seinen Kabinettskollegen so viel kaputt gemacht, dass vermutlich selbst Bruce Wayne, Superman und Robocop zusammen nicht mehr viel zu retten imstande wären, würde sie Friedrich Merz in seine Ministerriege berufen. Was aber natürlich nicht heißt, dass er es nicht wenigstens versuchen sollte: Noch mieser als Scholz und seine Rumpeltruppe nämlich kann man es kaum machen, was zugleich eine Chance für christdemokratische Nachwuchstalente wie Silvia Breher, Andreas Jung, Yvonne Magwas oder Daniel Caspary darstellt. Wenn Sie von den genannten Namen keinen je gehört haben, müssen Sie sich nicht grämen – dann geht es Ihnen wie uns. Aber wir haben den CDU-Bundesvorstand gegoogelt und unter anderem diese Leute darin gefunden, was eine große künftige Karriere eben nicht ausschließt. Vor einem Minister Philipp Amthor möge uns der alte Fritz allerdings bitteschön trotzdem bewahren.

Aber wir schweifen ab: In den letzten Jahren hat sich in unserem ohnehin tief zerrütteten und verunsicherten Land neben einem gewissen Grundmangel an Hausverstand (wie die Österreicher den „gesunden Menschenverstand" so passender- wie liebenswerterweise bezeichnen) auch noch eine – wie wir finden – recht gefährliche ideologische Anschauung verbreitet. Und die hat fatalerweise etwa dazu geführt, dass man sich inzwischen zwar sein Geschlecht selbst aussuchen darf, nicht aber seine Heizung. Dazu, dass unter dem Euphemismus einer „Willkommenskultur" ein wahlloser Zuzug an angeblich hilfesuchenden Menschen erfolgt, deren eigentliche Absichten sich spätestens dann erschließen, wenn sie mit einem Messer auf uns Ungläubige losgehen, in Gruppen Frauen belästigen oder Bars in Nordrhein-Westfalen in die Luft sprengen. Dazu, dass man leichter einen deutschen Pass und Cannabis bekommt als eine Baugenehmigung für eine Gartenhütte. Oder dazu, dass große Konzerne aufgrund einer beispiellosen Aneinanderreihung wirtschaftspolitischer Fehlentscheidungen massenhaft abwandern, wir beim Wachstum vermutlich irgendwo zwischen Simbabwe und Papua-Neuguinea liegen und der Standort Deutschland inzwischen laut einer aktuellen Ifo-Umfrage gerade einmal so attraktiv ist wie das frühere EU-Sorgenkind Portugal.

Das gesamte Land schrumpft sich gerade intellektuell, sicherheitspolitisch und ökonomisch auf Olaf-Scholz-Maße zusammen und daher muss man kein besonders pessimistischer Zeitgenosse sein, um düster in die Zukunft zu blicken. Während andere große Wirtschaftsnationen uns gerade vormachen, wie man mit Schlüsselindustrien und ihren Arbeitsplätzen umgehen sollte, setzen wir alles auf unausgereifte Wärmepumpen, die massive Verteuerung unserer Energie und das Lastenfahrrad als Fortbewegungsmittel der Zukunft. In dem Zeitraum, in dem China 120 neue Flughäfen baut, ist bei uns jedenfalls noch nicht einmal das Planfeststellungsverfahren beendet.

Um also nicht einer tiefgreifenden Depression oder sehr starken Alkoholika anheimzufallen oder mit einer Auswanderung zu liebäugeln, bleibt beinahe nur noch, sich über diesen ganzen Irrsinn lustig zu machen – obwohl das in diesen Zeiten selbst für hartgesottene Humoristen nicht ganz einfach ist: Bei vielem, was in den vergangenen Jahren passieren konnte, war selbst uns nicht auf den ersten Blick klar, ob wir gerade eine ernst gemeinte Verlautbarung aus der Bundespressekonferenz gelesen haben oder aus Versehen auf die Website der *Titanic* oder des *Postillon* geraten sind. Nichtsdestotrotz haben wir uns zum zweiten Mal zusammen an den Schreibtisch gesetzt und all die Dinge notiert, die uns in den vergangenen Jahren besonders absurd erschienen. Depressiv sind wir zum Glück dabei nicht geworden und die Auswanderung ist erst einmal auf Eis gelegt, weil woanders das Schwarzbrot nicht schmeckt, das Bier zu teuer ist und man sich zwar sein Zuhause, nicht aber seine Heimat aussuchen kann.

So entstand „Willkommen im falschen Film", das Ihnen hier in einer um zwei Bonuskapitel angereicherten und komplett überarbeiteten Neuauflage vorliegt. Dies haben wir zum einen deshalb gemacht, weil selbst in diesen (hoffentlich) letzten Tagen der Ampel noch Dinge vor sich gehen, die dringend einer augenzwinkernden Aufarbeitung bedürfen – selbst wenn inzwischen Christian Lindner auf der Suche nach seinem letzten verbliebenen Rückenwirbel fündig geworden sein sollte, die K-Frage in der Union entschieden ist und wenigstens Ricarda Lang ihre Partei und damit ein Stück weit auch das Land von ihrer Kompetenz erlöst hat. Und zweitens erscheint dieses Buch nochmals neu, weil wir gewissermaßen selbst Opfer unserer eigenen Bestandsaufnahme geworden sind, unsere Diskussionskultur habe aufgrund der gegenwärtigen Polarisierung stark an Niveau und Anstand verloren. Und das kam so:

In einem der folgenden Kapitel behandeln wir die – wie wir fanden recht originelle – Aussage einer Buchbloggerin, die diese in ihrem bis dato öffentlich zugänglichen Social-Media-Kanal geäußert hatte. In unserem bedauerlicherweise nicht mehr ganz so jugendlichen Leichtsinn gingen wir davon aus, besagte Bloggerin würde wie auch unsere geneigte Leserschaft erkennen, dass es sich bei dem ganzen Buch im Allgemeinen und dem kleinen Abschnitt im Besonderen um eine sogenannte Satire handelt – laut offizieller Definition eine „Kunstform, mit der Personen, Ereignisse oder Zustände kritisiert, verspottet oder angeprangert werden". Allerdings haben wir außer Acht gelassen, dass heutzutage manche Personen, vor allem jene mit einem besonders ausgeprägten Sendungsbewusstsein, so gar keinen Spaß verstehen. Und deshalb hat die Dame nicht über sich selbst gelacht. Sondern einen riesigen Wirbel entfacht, mit ihrer Community unseren damaligen Verlag unter Druck gesetzt, sich beim *Stern* ausgeweint und uns auch noch eine Sache unterstellt, die wir auf keinen Fall auf uns sitzen lassen können: Rassismus nämlich, ein Vorwurf, der in kaum einem Fall so unzutreffend ist wie hier. Denn dass die Bloggerin einen Migrationshintergrund hat, war zum einen nicht klar ersichtlich und zum anderen so wurscht wie nur irgendwas. Es spielte für die humoristische Behandlung ihrer Aussage in unserem Kapitel schlicht überhaupt keine Rolle.

Zwei gerichtliche Instanzen haben uns in allen Punkten recht gegeben und somit der Meinungsfreiheit einen heutzutage nicht immer selbstverständlichen Dienst erwiesen. Weil aber zu unserer Bestürzung eine sehr kleine, dafür jedoch überaus laute woke Minderheit mittlerweile selbst große Unternehmen mit einer 120 Jahre währenden publizistischen Tradition einzuschüchtern vermochte und selbst ein eigens engagierter „Experte" mit dem so neuartigen wie befremdlichen Beruf eines „Shitstorm-Managers" nichts mehr gegen das aggressive Geplärre ausrichten konnte, fanden sich in besagtem Abschnitt plötzlich einige ästhetisch sehr unschöne schwarze Balken wieder. Unter denen versteckte sich, ohne jeden juristischen Anlass, unter anderem der Name jener Publizistin, die zuvor gar nicht genug Öffentlichkeit für ihr Anliegen bekommen konnte. Nur mal so zum Vergleich: Die Website des *Stern* verzeichnete Ende 2023 über 40 Millionen Visits – hätten wir auch nur annähernd so viele Bücher verkauft, würden wir heute vermutlich auf unserer eigenen Inselgruppe im Pazifischen Ozean Hawaiigänse züchten.

Und so müssen wir heute all diejenigen enttäuschen, die uns mit der so altbekannten wie in bestimmten Kreisen sehr bewährten Nazikeule mundtot machen wollten, über die wir uns schon im ersten Buch amüsierten und die immer dann mit der linken Hand geschwungen wird, wenn einem die sachlichen Argumente ausgehen. Ihnen wollen wir zurufen, dass wir auch weiterhin gegen die Hysterie, den Furor und die künstliche Aufgeregtheit unserer Gegenwart anschreiben werden – und außerdem, dass gegen chronische Magengeschwüre neben Ringelblumen, Honig und Aloe Vera auch eine Prise Humor und eine Portion Gelassenheit helfen können. Und allen anderen freuen wir uns mitzuteilen, dass sie das Kapitel in seiner ursprünglichen Form in dieser Ausgabe wiederfinden, wofür wir dem Plassen Verlag und seinem Verleger Bernd Förtsch sehr dankbar sind. In diesem Sinne: Viel Vergnügen bei der Lektüre und bis bald!

Monika Gruber und Andreas Hock, im Herbst 2024

Hieb- und stichfest: Schärft lieber den Verstand – und nicht die Messer

Andreas Hock

Bei dem ersten (und auch einzigen) Messer, das ich während meines gesamten Lebens außerhalb unserer eigenen Küche benutzte, handelte es sich um ein Schweizer Taschenmesser der Marke Victorinox, das ich irgendwann als Teenager von meinem Vater geschenkt bekommen hatte. Es war beinahe so dick wie ein Band meines Meyers Enzyklopädischen Lexikons und bot so viele Funktionen, dass Angus MacGyver vor Neid erblasst wäre: Neben einer längeren und einer kürzeren Klinge steckte eine kleine Säge darin, eine Feile, ein Lineal, Zahnstocher, Brennglas, Schraubenzieher, Pinzette, Schere, Zange, Korkenzieher und Flaschenöffner (das mit Abstand am häufigsten benutzte Utensil) sowie ein Fischentschupper, was ich allerdings erst Jahre später herausfand. Wahrscheinlich wäre auch noch irgendwo ein Fallschirm in dem Ding versteckt gewesen, wenn ich noch etwas länger gesucht hätte, aber worauf ich eigentlich hinauswill: Niemand wäre jemals auf die Idee gekommen, dass dieses Schweizer Taschenmesser, das ich bis heute in Ehren halte und manchmal sogar in den Händen, eine Waffe darstellen könnte. Heutzutage allerdings dürfte ich damit weder in den meisten Bahnhöfen herumlaufen noch ein Volksfest besuchen.

Das liegt freilich nicht an weitgehend friedliebenden Taschenmesserbesitzern wie mir und auch nicht an dem knallroten Wunderwerk aus dem Kanton Schwyz selbst, sondern vorwiegend an einer gesellschaftlichen Entwicklung, die einem Sorge bereiten muss: 13.844 Messerangriffe zählte die offizielle Kriminalstatistik des BKA für das Jahr 2023, eine Zunahme von mehr als zehn Prozent im Vergleich zum Jahr zuvor, und die täglichen Presseberichte lassen leider eher nicht vermuten, dass es heuer und in den nächsten Jahren weniger werden. Vor 2021 wurde dieses bedrückende Phänomen übrigens überhaupt nicht als eigenständiger Punkt in dieser Statistik aufgeführt, weil es dafür offenbar keine Veranlassung gab. Inzwischen aber dürfte selbst chronisch realitätsverweigernden Gutmenschen klar sein, dass wir in dieser Hinsicht ein sehr ernstes Problem haben. Dass ein hoher Anteil derjenigen, die Streitigkeiten gern mit einem Messer oder am besten gleich mit einer Machete austragen, nicht aus – sagen wir mal – in Bad Münstereifel, Traunstein oder Freudenstadt geborenen Über-60-Jährigen besteht, muss man nicht dazusagen. Inzwischen hat selbst die größte Fehlbesetzung aller Zeiten auf dem Innenministersessel eingeräumt, dass die Integration junger Männer mit Migrationshintergrund in dieser Hinsicht in viel zu vielen Fällen nicht wirklich gut gelungen ist.

Ansonsten hat Nancy Faeser aber rein gar nichts dazu beigetragen, das subjektive Sicherheitsgefühl vieler besorgter Menschen zu verbessern. Im Gegenteil: Sie verwies in einem Interview mit dem preisgekrönten Journalisten Paul Ronzheimer unter anderem lapidar darauf, dass die Lage im europäischen Ausland noch viel schlimmer sei. Abgesehen davon, dass sie für diese Behauptung sämtliche Belege schuldig blieb, wirkte es, als würde ein Feuerwehrmann dem verzweifelten Besitzer vor dessen brennendem Haus erklären, dass die Flammen etwa in kalifornischen Wäldern noch viel höherschlagen. Ihr vermutlich leider ernst gemeinter Vorschlag, die erlaubte Klingenlänge künftig auf sechs Zentimeter beschränken zu wollen, war so drollig wie hilflos und im Grunde eine sicherheitspolitische Bankrotterklärung. Auf die Nachfrage, wie sie gerade auf diesen Wert gekommen sei, erklärte sie sinngemäß, man könne ja schlecht kleine Obstmesser verbieten, die man zum Picknick im Park mitnehmen wolle. Abgesehen davon, dass ich es schon aus hygienischen Gründen vorziehe, meinen Obstsalat zu Hause vorzubereiten und dann im Falle eines Picknicks im Park in einer Tupperschüssel mitzuführen, stelle ich es mir höchst unangenehm vor, selbst sechs Zentimeter irgendwo im Körper stecken zu haben. Und schließlich weiß nicht nur der durchschnittlich begabte Talahon, dass es auf die Länge doch gar nicht ankommt. Wichtig sind vielmehr ein anständiges Aggressionspotenzial und eine naturgegeben niedrige Hemmschwelle. Um auf die Idee zu kommen, seinem Gegenüber bei einem Zwist sogleich ein Messer in den Körper zu rammen oder gar auf Unbeteiligte einzustechen – aus welchen Gründen auch immer –, muss man auf alle Fälle schon extrem verroht sein oder komplett kaputt in der Birne. Oder beides. Darüber hinaus bin ich skeptisch, ob ein islamistischer Attentäter eine Messerverbotszone oder eine Klingenobergrenze wirklich so ernst nimmt wie unsereins eine Tempo-30-Zone vor einer Grundschule.

Was wir Deutschen besonders gut können – jedenfalls deutlich besser, als unsere Außengrenzen und Innenbürger zu schützen –, ist, derlei Fehlentwicklungen in abendlichen Talkrunden oder seitenlangen Zeitungsessays von sogenannten Experten (gern Soziologen, Präventivforscher, Psychologen und andere neunmalkluge akademische Welterklärer) zu relativieren oder kleinzureden. Es sei nun mal so, dass vorwiegend solche Jugendlichen auffällig werden, die Risiken wie Armut, geringer Bildung, kriminellen Freundeskreisen, eigenem Gewalterleben und gewaltverherrlichenden Männlichkeitsnormen ausgesetzt sind – und derlei Faktoren seien bei

Migranten eben überproportional häufig anzutreffen. Diese Erkenntnis ist sicher richtig, löst aber die Herausforderung in keiner Weise. Denn wenn ein Staat binnen sehr kurzer Zeit derart viele Menschen aus bestimmten ethnischen Gruppen aufnimmt, ohne sich zuvor zu überlegen, wie man sinnvolle Angebote zur Einbettung dieser Leute in eine tolerante, empathische, aufgeklärte und weltoffene Gesellschaft schaffen kann, hat dieser schlichtweg auf ganzer Linie versagt. Außerdem, so ein weiteres Argument der berufsmäßigen Verharmloser, sei die Wahrscheinlichkeit, einem Messerangriff zum Opfer zu fallen, in etwa ebenso hoch, wie bei einem Blitzschlag tödlich verletzt zu werden. Statistisch betrachtet mag das vielleicht stimmen, trotzdem habe ich komischerweise weniger Angst, bei einem Gewitter spazieren zu gehen als in der Nacht unsere Bahnhofspassage zu durchqueren. Außerdem muss man zur Ehrenrettung eines Blitzes sagen, dass dieser einen nicht bloß deshalb niederstreckt, weil man ihn möglicherweise eine Sekunde zu lange angeschaut hat.

Es hat sich einfach etwas in eine höchst ungute Richtung verschoben in diesem Land, nicht erst seit dem schrecklichen Attentat beim Stadtfest in Solingen, das – welch bittere Ironie – ausgerechnet unter dem Motto „Festival der Vielfalt" stand. Und das bemerkt vermutlich jeder, der zumindest ab und zu den Fernseher mit *RTL2* in Dauerschleife abstellt und die eigenen vier Wände verlässt. Oder wer das Paul-Löbe-Haus nicht nur mit dem rund um die Uhr parat stehenden Chauffeurdienst erreicht, sondern sich auch mal zu Fuß oder noch besser mit der Berliner U-Bahn zu seinem Abgeordnetenbüro begibt und idealerweise auch wieder zurück in die Dienstwohnung irgendwo in einem schicken Apartmentkomplex in Mitte. Doch ich vermute mal stark, dass seit dem Tod von Christian Ströbele kein Spitzenpolitiker der Grünen mehr mit dem Fahrrad durch irgendeinen Problemkiez gefahren ist und sich ausgiebig und ehrlich interessiert vor Ort angeschaut hat, wie die Welt in den 20er-Jahren des 21. Jahrhunderts außerhalb des Bundestagsviertels eben auch aussieht. Unsinnige Phantomdebatten über Ursachen, die man nicht zu ändern versucht, und Verbote, die sich nicht durchsetzen lassen, bringen uns überhaupt nicht weiter. Wenn der Verstand der politisch Verantwortlichen in dieser Hinsicht auch nur halb so scharf wäre wie manche Springmesserklinge in der Hosentasche eines mutmaßlichen Gewalttäters, wäre diesem Land schon viel geholfen.

Victorinox hat aus der bedenklichen Lage unterdessen ganz eigene Schlüsse gezogen. Aufgrund der überall drohenden Restriktionen in Bezug auf das Mitführen von Messern plant das Traditionshaus allen Ernstes, seine ikonischen Produkte künftig ganz ohne Klingen zu vertreiben. Anstatt Taschenmesser wolle man verstärkt Taschentools anbieten, erklärte Veronika Elsener, deren Familie den Betrieb in den vergangenen Jahrzehnten zu einem Weltunternehmen aufgebaut hat. Das fühlt sich für mich nicht nur wie eine Kapitulation vor dem zumindest in Europa zu beobachtenden gesellschaftlichen Umbruch an. Die Maßnahme wird zudem nullkommanull Auswirkungen auf künftige Kriminalstatistiken haben, weil meiner festen Vermutung nach die wenigsten Messerstecher ihre Gewalttaten mit einem bis zu 300 Euro teuren Sammlerstück begehen, sondern eher mit dem guten, alten Klappmesser oder einfach einem beliebigen Modell aus der Küchenschublade. Die Schweizer Firma will damit wohl nur den drohenden Absatzeinbußen entgegenwirken, weil man deren Erzeugnisse künftig eben nirgendwo mehr mit hinnehmen darf, woran sich der tendenziell wahrscheinlich eher gesetzestreue Victorinox-Käufer natürlich hält. Ich wiederum behalte mein altes Exemplar, bis das weiße Schweizerkreuz auf der Seite nicht mehr zu erkennen ist, und auch, obwohl ich bis heute damit keinen einzigen Fisch entschuppt habe. Aber es erinnert mich wehmütig an eine Zeit, in der man nicht in den schlimmsten Albträumen daran gedacht hätte, welche Diskussionen man einmal darüber würde führen müssen.

„Woko Haram":
Wie die vermeintliche Selbstbestimmung zur neuen Sekte wurde

Monika Gruber

Im Grunde schaue ich seit Jahren kein deutsches Fernsehen mehr – auf die Ursachen werden wir später im Buch noch ausführlicher eingehen. *Arte* gucke ich ab und zu, das ist aber ein deutsch-französisches Programm, und das ebenfalls sehr sehenswerte *Servus TV* gehört zum österreichischen Red-Bull-Konzern, sendet aber inzwischen nicht mehr in Deutschland (wahrscheinlich weil die Ösis denken, bei uns Piefkes sei sowieso Hopfen, Malz und Gehirnschmalz verloren). Den einzigen Sender, den ich mir ab und an noch gebe, ist der *Bayerische Rundfunk*. Zum einen wegen des alljährlichen Trachten- und Schützenumzugs beim Münchner Oktoberfest, zum anderen zwingt mich meine Mama ab und an, ihr wochentägliches Ritual, nämlich die neueste Folge „Dahoam is Dahoam", mit ihr zu schauen. Und da sie mir sonst sowieso den Inhalt der kompletten Folge in allen Einzelheiten beim nachmittäglichen Kaffee erzählen würde, sehe ich mir besser gleich das Original an.

Als ich aber neulich an einem schwülen Sommerabend von einem aufziehenden Unwetter unfreiwillig aus dem Biergarten vertrieben wurde und mich daher mit einer kleinen Dosis Kevin Costner als raubeiniger Farmer in der *Netflix*-Serie „Yellowstone" trösten wollte, blieb ich bei der Übertragung des Wagner'schen Walkürenritts am Münchner Odeonsplatz hängen. Ganz gebannt verfolgte ich am Bildschirm, wie der aufziehende Sturmwind synchron mit dem donnernden Finale der Musik die Wolken und die Frisuren der Sänger vor sich herpeitschte und der Moderator des *BR* dem tapferen Publikum schließlich verkündete, dass die Vorstellung aufgrund des drohenden Unwetters abgebrochen werden müsse. Er bat die Zuschauer, die Plätze bitte ruhig und friedlich zu verlassen. Diese Aufforderung hätte es wohl nicht gebraucht, denn bei diversen Schwenks über das größtenteils weißhaarige Publikum war zu erkennen, dass potenzielle Randalierer in Form von betrunkenen Jugendlichen, springerstiefeltragenden Neonazis oder auch messermitführenden Migrantengangs (offizielle Bezeichnung: „Partyvolk") eher in der Minderzahl waren. Schließlich entließ der Moderator das Publikum endgültig mit den Worten: „So, und nun haltet euch an den Händen und habt euch lieb!"

Ich war verwirrt. War er betrunken? Oder wohnte er in einer ganzheitlichen Yoga-WG, in der dieser „Piep-piep-piep, wir haben uns lieb"-Babysprech normal ist? Warum redet ein Moderator des öffentlich-rechtlichen Rundfunks mit offensichtlich sehr erwachsenen Menschen, als ob er eine Gruppe von Kita-Kindern vor sich hat? Ich weiß, was Sie denken: Das ist doch nun wirklich kein Grund, sich aufzuregen. Stimmt. Es ist nur ungewöhnlich, denn ich glaube, vor 20 Jahren wäre so ein Satz viel mehr Menschen aufgefallen als in unserer heutigen infantilisierten Welt. Denn die Übertragung des Klassikkonzerts hatten tatsächlich viele in meinem Bekanntenkreis gesehen, an die Bemerkung konnte sich allerdings keiner erinnern.

Einige Wochen später erging es mir dann ähnlich mit der Eröffnungsveranstaltung der Olympischen Spiele in Paris: Warum zum

Teufel musste Regisseur Thomas Jolly aus Leonardo da Vincis „Das letzte Abendmahl" eine schrill-laszive Szenerie mit übergewichtigen Dragqueens samt einem Papa Schlumpf alias Bacchus, dem sein kleines, blaues Zipferl aus der Hose baumelte, machen, wenn er doch nur „eine Botschaft der Liebe" aussenden wollte? Dafür hätten mir der Édith-Piaf-Song von Céline Dion und rote Luftballons in Herzform gereicht. Als ich am nächsten Tag mit Bekannten zusammenstand, die ebenfalls die Eröffnungsveranstaltung gesehen hatten, und ich mich aufregte, wie geschmack- und espritlos, deplatziert und uncharmant unfranzösisch ich die Veranstaltung insgesamt fand, schauten mich alle mit großen Augen an. Aber Paris wäre doch toll und die Frisuren der Tänzer hätten trotz des strömenden Regens gehalten. Ja, schon, sagte ich, aber was sollte die Anspielung auf den todbringenden apokalyptischen Reiter? Also nicht Robert Habeck, sondern den aus der Offenbarung des Johannes. Und das Goldene Kalb? Und überhaupt die Verhöhnung des letzten Abendmahls durch diese Freakshow? Das sei doch alles kein Zufall, sondern eine bewusste Provokation der woken Kultur, die die Verachtung der christlichen Grundwerte Europas offen zeigt, um ihre eigene Ersatzreligion zu etablieren. Außerdem: Hätte man eine ähnliche Szene mit dem Propheten Mohammed nachgestellt, wären wohl die Spiele noch am selben Abend beendet gewesen, da bereits eine Stunde später ganz Paris gebrannt hätte. Wieder erntete ich leere Blicke. Vielleicht war doch ich diejenige, die zu überempfindlich war. Jedoch sorgte die Eröffnungsshow durchaus weltweit für Aufruhr und sowohl Kirchenoberste als auch viele Vertreter konservativer Kreise protestierten, während die Veranstalter und linke Bessermenschen noch abwiegelten: Nur dumme Provinzspießer würden glauben, dass mit dieser Szene das letzte Abendmahl gemeint sein könne, wohingegen doch jeder halbwegs gebildete Mensch von Welt wisse, dass dies lediglich die Nachstellung des Festmahls des Dionysos gewesen sei. Aha. Nur dumm, dass die lesbische Darstellerin Barbara Butch, die in der Mitte der Szenerie prangte, euphorisch in die Welt twitterte, sie sei der „Olympic Jesus" und die Szene würde das „New Gay Testament" zeigen. Während sich zu Coronazeiten die meisten Verschwörungstheorien erst nach Monaten als wahr herausstellten, dauerte die Entlarvung im Fall der Olympischen Spiele nur wenige Stunden.

Wohl auch, weil unter anderem der amerikanische Telekommunikationsanbieter C Spire aus Protest gegen die Eröffnungsveranstaltung sein Sponsoring auch für künftige Olympische Spiele zurückzog, entschuldigte sich der Veranstalter für das „blasphemische Abendmahl" – und das IOC löschte das Video der Eröffnungsfeier. So weit, so heuchlerisch.

Immer wieder wurde von Veranstaltern und dem Komitee betont, dass das Motto dieser Spiele Inklusion sei, was darin gipfelte, dass Frauen in ihren Disziplinen erstmals gegen biologische Männer antreten mussten: Beim Frauenboxen beispielsweise brach eine Person namens Imane Khelif, die sich – obwohl offenkundig mit einem X- und Y-Chromosom geboren (also biologisch ein Mann) – als Frau identifiziert, aufgrund seiner/ihrer körperlichen Überlegenheit seiner/ihrer Gegnerin, der Italienerin Angela Carini, bereits nach 20 Sekunden die Nase, sodass diese nach 40 Sekunden den Kampf abbrechen musste. Man hörte als Zuschauer, dass die völlig aufgebrachte Frau Carini ihrem am Ring stehenden Trainer wütend zurief: „Non è giusto, non è giusto!", auf Deutsch: „Das ist nicht gerecht, das ist nicht gerecht!" Die Reporterin flötete ins Mikro: „Irgendwas scheint der Italienerin nicht zu passen." Was wohl: Das Mädel hatte jahrelang hart trainiert, viel Zeit, Leidenschaft und auch Geld in Ernährung, Training, Trainer und Physiotherapeuten investiert, um sich am Ziel ihrer Plackerei, nämlich bei den Olympischen Spielen, nach wenigen Sekunden von einem Kerl alles zerschmettern lassen zu müssen: ihre Nase und ihre Träume.

Und Imane Khelif? Die wurde schließlich zur Olympiasiegerin im Frauenboxen gekürt. In einer anderen Gewichtsklasse gewann zudem Lin Yu-ting aus Taiwan, die ebenfalls ein X- und ein Y-Chromosom ihr eigen nennt und somit ein biologischer Mann ist, die Goldmedaille. Ist das der Geist von Olympia, dass wir Frauen uns in Zukunft mit biologischen Männern, denen wir körperlich vollkommen unterlegen sind, messen müssen? Ist das fair? Ist das nicht eigentlich zutiefst anti-feministisch? Ich frage für eine FreundIn.

Als kleine Randnotiz: Es gab übrigens bei Olympia keinen einzigen Transmann – also eine biologische Frau –, die sich mit Männern in männlichen Disziplinen messen wollte. Ich vermute aus dem gleichen Grund, weshalb Angela Carini gegen Imane Khelif keinerlei Chance hatte und daher so wütend war: weil sie/er körperlich vollkommen unterlegen wäre!

Aber auch die Sache mit dem Frauenboxen haben viele nicht mitbekommen und selbst wenn, dann höre ich oft den Satz: „Ja, was will ich denn als Einzelperson schon tun?" Diesen Satz hatte Patricia Silva aus Fairbanks (Alaska) offenbar nicht in ihrem Portfolio. Sie besuchte ihr Stamm-Fitnessstudio der Marke „Planet Fitness" und beobachtete, dass sich in der Damenumkleide des Studios ein biologischer Mann auszog und gemütlich rasierte. Da auch minderjährige Teenager in der Kabine waren, die sich von der Anwesenheit des Mannes gestört fühlten, forderte sie ihn auf, die Umkleide zu verlassen. Er antwortete, er identifiziere sich eben als Frau und würde bleiben. Sie filmte die Situation und beschwerte sich beim Betreiber des Studios. „Planet Fitness" kündigte daraufhin Patricia Silvas Mitgliedschaft und erstattete Anzeige bei der Polizei mit der Begründung, die Fitnesskette habe sich dazu verpflichtet, ein integratives Umfeld zu schaffen. Daraufhin stellte Silva ihr Video online und so viele Menschen solidarisierten sich mit ihr und kündigten ihr Abonnement bei „Planet Fitness", dass der Konzern innerhalb einer Woche einen Wertverlust von 400 Millionen Dollar hinnehmen musste. „Go woke, go broke" heißt es in der amerikanischen Geschäftswelt.

Das Wort Schadenfreude – das sich übrigens in keine andere Sprache der Welt übersetzen lässt, weil es offenbar urtypisch deutsch ist – möchte ich vermeiden, aber ich glaube zutiefst, dass es wichtig ist, genau hinzuschauen und ab und an das Maul aufzumachen, wenn etwas völlig schiefläuft. Und der irre Trend zum spontanen Geschlechterwechsel hat durch das komplett wahnsinnige Selbstbestimmungsgesetz längst auch Deutschland erreicht: Im fränkischen Erlangen musste sich Doris Lange, die Betreiberin des Fitnessstudios „Ladys First" (sic!), nicht nur mit einem biologischen Mann ohne geschlechtsangleichende Operation (also im Klartext: mit Penis) herumärgern, der die Aufnahme in das Studio, in dem nach Aussage der Chefin auch durch sexuelle Gewalt traumatisierte Frauen trainierten, erzwingen wollte. Im Anschluss an die (eigentlich selbstverständliche) Verweigerung der Mitgliedschaft bekam Frau Lange auch noch Post von Ferda Ataman, der Antidiskriminierungsbeauftragten der Bundesregierung, mit der Aufforderung, sich mit dem Interessenten zu einigen oder diesem 1.000 Euro für die erlittene Persönlichkeitsverletzung zu zahlen. Frau Lange wehrte sich gegen diese Willkür – und erlebte eine Welle der Solidarität, die ich nur aus vollem Herzen unterstützen kann.

Denn ohne Gegenwehr werden die Herrschaften von der „Woko Haram"-Sekte unsere Gesellschaft immer ein kleines Stückchen weiter in ihre Richtung drängen, immer mehr Männer werden – teils sicherlich auch aus niedrigen Beweggründen – in Schutzräume von Frauen eindringen und alle Regierungen der westlichen Welt werden fragwürdige Bücher zur frühkindlichen Sexualisierung herausbringen, wie es die Australier gerade tun. Die grüne Bundestagsabgeordnete Tessa Ganserer, früher als Markus Ganserer ein unauffälliger Hinterbänkler im bayerischen Landtag, wird derweil unser Parlament endgültig in einen Laufsteg für ihre bizarre Lack-und-Leder-Fetisch-Freakshow verwandeln, während sich die Mehrheit der Deutschen irgendwann konsterniert umschauen und sich fragen wird: Wie konnte es so weit kommen? Wann ist das passiert? Wie konnten wir das zulassen? Warum hat denn niemand was gesagt? Nun, zumindest haben Sie es jetzt gelesen. Bleibt nur die Hoffnung, dass das sogenannte Selbstbestimmungsgesetz von der nächsten

Bundesregierung dorthin befördert wird, wo es nicht nur nach Ansicht von ernsthaften Frauenrechtlerinnen gehört: auf den immer größer werdenden Müllhaufen der Geschichte.

Nicht das Erreichte zählt, das Erzählte reicht – wer nichts wird, wird ... Politiker

Andreas Hock

In der „Gaststätte zum Flugplatz" am Rande unseres Viertels hing über dem Tresen ein poliertes Messingschild mit einem Sinnspruch, den ich nie ganz verstand, wenn wir jeden zweiten Sonntag dort essen gingen. Mir erschloss sich schon nicht, was der Name der Wirtschaft zu bedeuten hatte, denn es befand sich weit und breit kein Flugplatz in der Nähe. Allerdings war der Betreiber Georg Strobel, den alle nur den „Schorsch" nannten, ein begeisterter Modellflugzeugsammler, was man an den zahlreichen Exponaten im urigen Gastraum sehen konnte und was die Benennung vielleicht erklärte. Das Schild aber ergab für mich wirklich keinen Sinn. Auf ihm war zu lesen: „Wer nichts wird, wird Wirt", aber das stimmte in meinen Augen überhaupt nicht. Herr Strobel konnte herausragend kochen, sieben Pils parallel zapfen, nebenher bedienen und auch noch blitzschnell kopfrechnen. Und er war, zumindest erzählte das mein Vater, in seinem früheren Leben seit seinem 15. Lebensjahr Fliesenleger gewesen, bevor seine Knie kaputtgingen und er sich als Gastronom selbstständig machte. Der Mann hatte also einiges auf dem Kasten und sogar etwas Anständiges gelernt. Und er sorgte an sechs von sieben Wochentagen von 10 Uhr morgens bis tief in die Nacht dafür, dass jeder seiner Gäste satt, zufrieden und häufig auch etwas angesoffen wieder nach Hause ging.

In der Politik sind, zumindest auf höherer Ebene, derartige Laufbahnen eher selten anzutreffen. Also Menschen, die idealerweise eine Ausbildung absolviert sowie einen normalen Beruf erlernt haben und sich nebenher politisch engagieren, bis sie es irgendwann in den Bundestag oder ein Landesparlament schaffen. In der aktuellen Legislaturperiode haben fast 80 Prozent aller deutschen Abgeordneten stattdessen eine teils recht ausdauernde akademische Karriere hinter sich: Die meisten von ihnen sind Juristen, Wirtschafts- und Politikwissenschaftler, aber es finden sich auch noch sagenhafte 150 weitere Studiengänge in den Lebensläufen unserer Parlamentarier. Studierte Fliesenleger sind eher nicht dabei. Und unstudierte schon gar nicht.

Nicht, dass ich etwas gegen eine Universitätsausbildung habe. Ich bin auf alle Fälle der Meinung, dass jedes zivilisierte Land auch eine kluge, wissenschaftliche Kaste braucht, die sich über die übergeordneten Zusammenhänge in Quantenphysik oder Gegenwartsphilosophie Gedanken machen kann und sich nicht wie unsereins mit schnöden Alltagsproblemen herumplagen muss. Auch spricht aus mir keinerlei Neid, weil ich mein eigenes Jura-Studium aufgrund pathologischer Unfähigkeit und einer guten Portion Resignation abbrechen musste. Aber etwas mehr Praxisnähe in der Politik wäre vermutlich gerade in einer angespannten Situation, wie wir sie derzeit erleben, gar nicht schlecht. Niemand würde doch auf die tollkühne Idee kommen, einen diplomierten Soziologen mit der Reparatur eines defekten Spülklosetts zu betrauen oder einen promovierten Germanisten anzurufen, wenn der Wagen mit einem Kolbenfresser liegenbleibt. Aber wenn es um unsere Volksvertreter geht, zählen Kompetenz und Sachverstand plötzlich gar nicht mehr.

In unserem Plenum sitzen derzeit gerade mal zehn Unternehmer, fünf Krankenpfleger, vier Erzieher, vier Landwirte und eine einzige Altenpflegerin – dafür aber massenhaft Anwälte, Beamte oder Bankkaufleute. Zwar können sich sogar solche Menschen möglicherweise durchaus in komplizierte Sachverhalte einarbeiten. Mir wäre aber wohler dabei, die fachliche Expertise gerade in sensiblen gesellschaftlichen und ökonomischen Bereichen wie der Kinder- und Altenversorgung, der Agrarwirtschaft, dem Handwerk oder dem Gesundheitswesen wäre etwas stärker ausgeprägt. Das Medizinstudium unseres Noch-Gesundheitsministers Karl Lauterbach zählt hier übrigens nicht, denn dieser Mann hat keinen Tag als niedergelassener Arzt verbracht oder in einem Krankenhaus gewirkt, sondern sich lieber in der Forschung aufgehalten, Studien gelesen und Aufsätze veröffentlicht. Das ist selbstverständlich nicht verwerflich, aber dass Theorie und Praxis bisweilen sehr weit auseinanderklaffen, hat man an Herrn Lauterbachs Verhalten während und nach der Coronapandemie gemerkt oder an seinem Wankelmut bei der Cannabis-Freigabe. Jemand, der sich schon vor einer Prise Salz im Essen vor Angst in die Hose macht, hätte man vielleicht nicht unbedingt mit unserem angeschlagenen Gesundheitssystem betrauen sollen – auch wenn er sich durch das jahrelange Belagern sämtlicher Talkshowformate in den Augen seines Chefs dafür qualifiziert haben mag.

Mir fehlen bei unseren Verantwortungsträgern die Pragmatiker, die wissen, worum es geht, wenn sie in Berlin Gesetze beschließen. Nur so sind Regelungen zu erklären, die derart lebensfremd wirken, dass man sich als normaler Bürger fragt, ob das Trinkwasser im Regierungsviertel möglicherweise mit bewusstseinsverändernden Substanzen verunreinigt ist. Während etwa Soloselbstständigen wie Tischlern, Schreinern, Bäckern und Metzgern, aber auch Gastronomen oder Ärzten mit immer absurderem bürokratischem Mehraufwand die Existenz vergällt wird, war es ein Leichtes, den Staat mit gefälschten Coronatests um zweistellige Millionenbeträge zu bescheißen. Aber wer sich gleich nach der wirtschaftlichen Krisenzeit der Pandemie einen Wirtschaftsminister gönnt, der nicht einmal zu verstehen scheint, was eine Unternehmenspleite wirklich bedeutet, der braucht sich auch nicht zu wundern, wenn auch auf anderen politischen Feldern geistige Insolvenz angemeldet wird. Aber vielleicht ist Robert Habeck gar nicht naiv, sondern hat nur aufgehört, nachzudenken.

Immerhin hat er in seinem früheren Leben als Schriftsteller Geld vereinnahmt, das ihm nicht die öffentliche Hand ausbezahlte. Das unterscheidet ihn schon mal von vielen seiner Kolleginnen und Kollegen. Familienministerin Lisa Paus beispielsweise hat nach ihrem insgesamt elfjährigen Studium für einen Europaabgeordneten gearbeitet, bevor sie in den Bundestag gewählt wurde. Auch Bauministerin Klara Geywitz wirkte nach der Uni bei einem brandenburgischen SPD-Landtagsmitglied, ehe sie selbst politische Karriere machte. Kanzleramtsleiter Wolfgang Schmidt – den werden Sie nicht kennen, und das zu Recht – folgte nach einer kurzen Dienstzeit als wissenschaftlicher Mitarbeiter der Uni Hamburg seinem Mentor Olaf Scholz schon seit dessen Generalsekretärszeiten. Arbeitsminister Hubertus Heil war parallel zu seiner Studienzeit ab 1994 Mitarbeiter gleich zweier Parlamentarierinnen, bevor er 1998 seinerseits in den Bundestag gewählt wurde. Und Außenministerin Annalena Baerbock hat neben Hörsälen und den Redaktionsräumen der Hannoverschen Allgemeinen Zeitung, für die sie neben ihrer Hochschulzeit als freie Mitarbeiterin jobbte, auch nur Parlamentsbüros und Fraktionssäle der Grünen gesehen. Das alles ist freilich keinesfalls ehrenrührig – aber mit dem wahren Leben und seinen vielfältigen Herausforderungen haben solche Karrieren eher nicht so viel zu tun.

Anstatt uns ohne belastbares reales Wissen die Welt zu erklären, wäre es in diesem Zusammenhang doch schön, wenn ein selbst ernannter Migrationsexperte, der uns permanent einredet, wie unsere Willkommenskultur zu funktionieren hat, mal in einer

Brennpunktschule einer deutschen Großstadt unterrichtet hätte. Oder wenn mit der Finanzgesetzgebung betraute Staatssekretäre zuvor beim Erstellen der Steuererklärung eines mittelständischen Betriebs mitgeholfen hätten. Oder wenn ein Energiepolitiker wenigstens ein Praktikum bei einem Grundversorger durchlaufen hätte, wo ihm idealerweise gezeigt worden wäre, woher unser Strom kommt, wenn kein Wind weht und keine Sonne scheint.

Zu Kevin Kühnerts Ehrenrettung sei gesagt, dass er zwischen seinen beiden bis dato nicht zu einem erfolgreichen Ende geführten Studiengängen als Angestellter eines Callcenters mitbekommen haben dürfte, wie schlecht die dortigen Arbeitsbedingungen für viele Mitarbeiter waren. Ansonsten aber hat der bis vor Kurzem amtierende SPD-General in etwa ebenso viel für unser Allgemeinwohl geleistet wie Sebastian Vettel für den Klimaschutz. Trotzdem steht zu befürchten, dass in nicht allzu ferner Zukunft auch jemand wie Herr Kühnert – in welchem Amt auch immer – darüber bestimmen darf, wie wir unser Leben gestalten. Wenn er denn wieder gesund und im Vollbesitz seiner Kräfte ist, was ihm persönlich natürlich absolut zu wünschen ist. Aber vielleicht nutzt er seine Auszeit auch und absolviert eine anständige Lehre, mittels derer er eines Tages dann einen normalen Beruf ausüben kann. Weder einen Abschluss noch eine ordentliche Ausbildung kann auch die ehemalige Grünen-Vorsitzende Ricarda Lang vorweisen, die sich dafür seit ihrem 18. Lebensjahr in ihrer Partei engagiert – was dafür ausreichen muss, wöchentlich fundierte Verbesserungsvorschläge für unser aller Alltag auszustoßen. Auch solche Äußerungen erzeugen übrigens CO_2, aber das ist ganz sicher noch das geringste Problem.

CDU-Kanzlerkandidat Friedrich Merz hingegen hat zwar den Steuerzahler in seiner Eigenschaft als öffentlich bestellter, hoch dotierter Berater beim einst geplanten Teilverkauf der WestLB an einen privaten Investor ebenfalls eine Menge Geld gekostet – er soll damals einen Tagessatz von 5.000 Euro aufgerufen haben. Aber immerhin hat er durch die Besteuerung seines üppigen Einkommens als Aufsichtsratsvorsitzender des Finanzinvestors BlackRock in Deutschland, im argwöhnischen Volksmund auch kleingeistig als „Heuschrecke" diffamiert, wieder einiges davon eingespielt. Trotzdem befürchte ich, dass jemand, der mit dem eigenen Privatflugzeug zur Hochzeit eines Kollegen einfliegt, mit den Problemen von Otto Normalverbraucher unter Umständen nicht ganz so vertraut ist. Vielleicht täusche ich mich aber auch und Frau Merz schickt ihren Gatten am Samstag wenigstens zum Wochenendeinkauf bei Netto (es war ja auch zu hören, dass er manchmal sogar selbst seine Hosen bügelt, aber das kann auch ein bösartiges Gerücht sein). Wie auch immer: Schlechter als Olaf Scholz kann der Mann es auf alle Fälle nicht machen.

Unserem Stammwirt Schorsch Strobel, der Kohlrouladen machen konnte wie kein Zweiter, waren Politiker jeglicher Couleur immer suspekt und hätte es damals den Begriff schon gegeben, wäre er höchstwahrscheinlich so etwas Ähnliches wie ein Querdenker gewesen. „Nicht das Erreichte zählt, das Erzählte reicht", lachte er immer, wenn am Stammtisch nach vier oder fünf Bieren die Sprache auf Helmut Kohl, Franz Josef Strauß, Willy Brandt oder Hans-Jochen Vogel kam. Trotzdem hätte er für seine Leistungsbilanz posthum das Bundesverdienstkreuz verliehen bekommen müssen. Denn nach ungefähr 55 Jahren sozialversicherungspflichtiger Arbeit ist der Schorsch Ende der 90er-Jahre eines Abends nach Schankschluss hinter seinem Tresen einfach umgekippt und mit knapp 70 an einem Herzinfarkt gestorben, ohne netterweise die Rentenkasse weiter zu belasten. Vermutlich hatte er sich, man kann es bedauerlicherweise nicht anders sagen, zu Tode gearbeitet. Das immerhin kann den meisten unserer heutigen Politiker zum Glück nicht passieren.

Spieglein, Spieglein an der Wand – wer ist die schönste Grüne im Land?

Monika Gruber

Ergänzend zum vorherigen Kapitel über unsere Politiker war die erste Meldung des Tages diesmal tatsächlich eine, über die ich laut lachen musste: Der Bund der Steuerzahler eruierte, dass die Kosten der Ampelkoalition für Friseure, Fotografen und Visagisten gegenüber dem Vorjahr um 80 Prozent auf satte 1,5 Millionen Euro gestiegen sind. Allein die Aufwendungen für Annalena Baerbocks Maskenbildnerin schlagen mit 137.000 Euro zu Buche, um „den eigenen Auftritt ins gewünschte Licht zu rücken", so wird es von der Steuerzahlerlobby angeprangert. Nur mal zum Vergleich: Ich bezahle bei der Kosmetikerin meines Vertrauens circa 100 Euro für eine fast zweistündige Behandlung inklusive Mikrodermabrasion, Aromadampf, Maske und einer Gesichtsmassage, während der ich wegpenne und dann durch mein eigenes Schnarchen frisch wie der Tau am Morgen wieder erwache. Für die Kohle, die Frau Baerbock uns Steuerzahlern für ihre Aufhübschung aufbürdet, könnte also auch ich fast 1.370 Mal im Jahr zu meiner Tanja gehen, was aber – so verlockend das auch klingt – beim besten Willen zeitlich nicht zu schaffen ist!

Fans aus dem Team Annalena mögen nun vielleicht anmerken, dass der Außenministerin der Bundesrepublik Deutschland, die schließlich unser Land weltweit vertritt (oder zur Not bei ein paar Spielen der Fußball-Europameisterschaft auch im Inland), selbstverständlich zustehe, sich ins optimale Licht rücken zu lassen. Kritiker von Frau Baerbock werden angesichts dieser Meldung genüsslich lästern, man hätte doch „unser" Geld besser für eine Zehnerkarte beim Logopäden oder einen Volkshochschulkurs „Englisch für Anfänger" investieren sollen. Beide Positionen kann ich durchaus nachvollziehen. Und schließlich wird die englische Prinzessin Kate ja auch täglich auf Steuerzahlerkosten perfekt geschminkt und gestylt. Und das sogar gefühlt fünf Minuten, nachdem sie von einem 8-Pfünder entbunden wurde, um diesen anschließend mit perfekt sitzendem Make-up und wallender Lockenpracht der wartenden Pressemeute zu präsentieren. Aber die gute Kate schreibt ihren Untertanen – anders als die grüne Ver- und Gebotspartei von Frau Baerbock – auch nicht vor, aus Klimaschutzgründen die Dusche durch eine Katzenwäsche mit einem Waschlappen zu ersetzen. Wohlgemerkt mit EINEM Waschlappen. Meine Oma hätte zumindest zwei empfohlen: einen fürs Gesicht und einen fürs Derrière. Sei's drum.

Daher ist es umso putziger, dass die grünen Moralhüter offenbar nicht den leisesten Hauch eines schlechten Gewissens haben, Friseure und Maskenbildner auf Steuerzahlerkosten um die halbe Welt mitzuschleppen und gleichzeitig den Bürgern einer der (ehemals) wichtigsten Industrienationen nahezulegen, doch das morgendliche Geschäft in die Dusche zu verlegen, um Wasser zu sparen. Denn Frau Baerbocks Position als Außenministerin legt ja nahe, dass sie eher selten beim 75-jährigen Bestehen des Karnickelzüchtervereins von Bad Rippoldsau-Schapbach ein Foto mit dem 85-jährigen Ehrenvorsitzenden Hans-Konrad Piepenrieder macht, sondern doch eher zwischen Paris und Washington mit Amtskollegen wie Jean-

Noël Barrot oder Antony Blinken abgelichtet wird. Und da werden Maskenbildner und Friseur wohl mit auf Reisen gehen dürfen, selbst wenn es nur ein nächtlicher Kurzflug über 184 Kilometerchen von Frankfurt nach Luxemburg ist. Oder vielleicht gibt's ja eine pfiffige Person, die sowohl Mähne als auch Gesicht von Frau Baerbock im Griff hat beziehungsweise zu optimieren versteht. Vielleicht tue ich Frau Baerbock auch unrecht und der Haar- und Gesichtskünstler jettet gar nicht mit ihr um die Welt, sondern die Tagesstrategie für Frisur und Make-up wird durch ein morgendliches Skype-Meeting festgelegt? Andererseits ist der Flieger ja eh schon in der Luft – und ob nun eine oder zwei Personen mehr mitfliegen, sollte für den Gesamt-CO_2-Fußabdruck relativ unerheblich sein. Vielleicht teilt sich ja Frau Baerbock mit dem Visagisten sogar ein Doppelzimmer und dieser legt mit einer fundierten Nachtpflege gleich die perfekte Basis für die Restaurierungsarbeiten am nächsten Morgen quasi im Schlaf (der Außenministerin)?

Aber von all dem abgesehen ist Frau Baerbock ja empirisch gesehen eine sehr attraktive Frau mit einer frischen, natürlichen, fast schon schneewittchenhaften Ausstrahlung: brünett, dunkle Augen, etwas pausbäckig mit einer ansprechenden weiblichen Figur. Keine Falten, keine ersichtlichen Makel, nichts, was es fürs bloße Auge zu kaschieren oder zu optimieren gilt. Da muss frau gar nicht so viel in Zeit in Haare und Make-up investieren wie zum Beispiel meine Wenigkeit: Ich habe von Haus aus eine blässlich-hefeteigige Haut, schmale Lippen, einen relativ ausgeprägten Riechkolben und neige dazu, als Erstes im Gesicht abzunehmen, was mir sofort den Eindruck verleiht, ich hätte gerade eine schwere mehrwöchige Bronchitis hinter mir. Oder beim fettigen Chinesen schlecht gegessen. Meine natürliche Haarfarbe ist die eines rumänischen Straßenköters und wenn nur ein Lufthauch von Feuchtigkeit im Anflug ist, bekomme ich Locken. Allerdings ähnelt mein Haupthaar in keiner Weise der glänzenden Lockenpracht von Prinzessin Kate, sondern es kräuselt sich in alle Himmelsrichtungen wie das Engelshaar, das bereits ein Vierteljahrhundert lang alljährlich wieder aus einer Kiste auf dem Dachboden meiner Eltern gekruscht und auf dem Christbaum drapiert wird.

Und doch habe ich in all den Jahren gelernt, mich für öffentliche Anlässe wie zum Beispiel meine Bühnenauftritte zu schminken: weil es Kosten spart, schneller geht und einfach niemand mein Gesicht so gut kennt wie ich. Und wenn ich es mit meinen über 53 Jahren schaffe, Haare und Gesicht in 45 Minuten bühnentauglich zu bekommen, dann wage ich die steile These, ich würde das bei Frau Baerbock, die fast zehn Jahre jünger ist als ich, in 20 Minuten schaffen. Und wenn sie das wünscht, zeige ich ihr das sehr gern bei einem Glas Prosecco. Zeitaufwand: eine Stunde. Steuerersparnis für den Steuerzahler: 137.000 Euro. Die zwei Gläser Prosecco gehen auf mich. Und nur ganz nebenbei bemerkt: Auch Frau Baerbock wird ja nachweislich nicht jünger. Wenn die Dame wider Erwarten doch länger im Amt bleiben sollte, dürfte die Ersparnis für uns alle also perspektivisch gesehen noch viel größer ausfallen.

Unabhängig davon hat mich wirklich erstaunt, dass außerdem ausgerechnet unser Wirtschaftsminister Robert Habeck mittlerweile so viel Wert auf sein Erscheinungsbild legt. Zwar hat der Mann keinen Visagisten, zumindest ist mir nichts dergleichen bekannt. Dennoch sind auch seine Auftritte inzwischen komplett durchchoreografiert und das jeweilige Outfit vermutlich hochprofessionell festgelegt. Ja, auch der natürlich gefärbte Kapuzenpullover aus nachhaltiger Baumwolle für die Kabinettsklausur will sorgsam ausgesucht sein. Vor einigen Jahren war dem Mann das noch ziemlich wurscht: Ich erinnere mich nämlich gut an ein Interview für ein großes deutsches Magazin, während dessen er sich medienwirksam selbst mit der Nagelschere die Haare schnitt, um zu zeigen, was für ein lässiger Hund doch in ihm steckt. Und jetzt das Outing: Er ist eben doch nur ein Trans-Narzisst, gefangen im Körper eines verwuschelten Kinderbuchautors.

Der Präsident des Steuerzahlerbundes, Reiner Holznagel, forderte nach der Enthüllung über die Baerbock'schen Kosmetikkosten jedenfalls, dass jeder Minister „sich ab sofort als Sparminister" verstehen solle. Anstatt immer nur nach neuen Finanzierungsquellen – ob Steuern, Abgaben oder Schulden – zu suchen, müssten erst einmal alle Ausgaben auf den Prüfstand. Gerade solche wie jene, die nicht der Sache dienen, sondern nur dem eigenen Aussehen.

Zumindest Karl Lauterbach hat sichtlich nie einen eigenen Maskenbildner für sich in Anspruch genommen. Allein die Kosten für die professionelle Zahnreinigung sowie die Haartönung für seinen eichhörnchenfarbenen Playmobil-Helm würden die Sanierungskosten einer durchschnittlichen Eigenheimheizung aber wahrscheinlich bei Weitem übersteigen.

Fahr dichter auf, ich schieße so schlecht: Von Sonderlackierungen, illegalen Autorennen und Deppenkennzeichen

Andreas Hock

Meine erste Begegnung mit einem Deppenkennzeichen hatte ich im zarten Alter von 18 Jahren. Einige Wochen zuvor war mir die Führerscheinprüfung gelungen, obwohl ich beim Rechtsabbiegen einen Rennradfahrer übersah. Da der Prüfer, ein korpulenter Vollbartträger mit einem durchgängigen, glänzenden Schweißfilm auf dem Gesicht und dem Körpergeruch einer hochsommerlichen Biotonne, allerdings in diesem Augenblick einer vorbeilaufenden Dame auf den Hintern sah, bemerkte er meinen Fehler nicht. Dass ich wiederum den Radler nicht wahrnahm, lag vermutlich daran, dass damals Menschen, die sich auf einem Zweirad fortbewegten, noch nicht in den magentafarbenen Signaltönen des Teams Telekom gekleidet waren oder sich gleich selbst ein gelbes Trikot über die Presswanne spannten. Das kam erst einige Zeit später und bis heute erschließt sich mir nicht, warum man für die kurze Fahrt von zu Hause zum

Bäcker um die Ecke gekleidet sein muss wie beim Zeitfahren auf den Champs-Élysées.

Jedenfalls wurde ich, der ich dank eines von meinem Vater auf der Heckscheibe peinlicherweise angebrachten Aufklebers mit der Aufschrift „Anfänger" als Führerscheinneuling erkennbar war, von einem dunklen Sportwagen bedrängt. Dem Fahrer war ich offenkundig zu langsam. Aber ich bewegte mich innerorts auf unserer zweispurigen Ringstraße und hielt mich damals noch akribisch, wie ich es bei Herrn Zuber in der Fahrschule gelernt hatte, an die Höchstgeschwindigkeit von 50 km/h (die sicherlich bald, den Grünen sei Dank, flächendeckend Tempo 30 geopfert werden wird). Also scherte der Fremde aus, überholte rechts und bremste vor mir abrupt ab – wahrscheinlich, um mich als dämlichen Schleicher zu maßregeln. Ich erkannte erst nach dem Knall, dass es sich bei dem Wagen, auf den ich gerade aufgefahren war, um einen BMW 635 CSi handelte, einer zugegeben für damals gerade volljährig gewordene Jungs absolut geilen Karre, für die es im Sportwagen-Quartett mit am meisten Punkte gab. Und auf dem Nummernschild standen neben der Ortskennung die Buchstaben „YY" sowie die Ziffern „999".

Der Mann stieg aus und beschimpfte mich, während ich die zerborstene Stoßstange meines acht Jahre alten Zweier-Golf betrauerte. Wie die Geschichte genau weiterging, kann ich nach so langer Zeit gar nicht mehr sagen. Nur, dass ich mich von dem brüllenden CSi-Typ einschüchtern ließ, wir keine Polizei verständigten und ich schlussendlich rund 800 Mark für die Beseitigung des winzigen Lackschadens am BMW und noch mal einen Fünfziger für meine Ersatzstoßstange vom Schrottplatz blechen musste. Ich kann mich nicht mal erinnern, welches Kennzeichen mein mintgrüner Golf mit seinen tapferen 55 PS und seinen stolzen vier Gängen trug, den ich immerhin noch die nächsten sechs Jahre besitzen sollte. Aber die Nummer des anderen weiß ich heute noch. Und seitdem betreibe ich subjektive empirische Forschungen zu diesem Thema.

Man soll sich ja vor Verallgemeinerungen hüten, aber nach nunmehr drei Jahrzehnten intensiven Beobachtens wage ich zu behaupten, dass 99,9 Prozent der Menschen mit einem derart auffälligen Nummernschild Idioten sind, die sich im Straßenverkehr nicht benehmen können. Während ich mir noch eingehen lasse, dass man seine Initialen oder meinetwegen das Geburtsdatum der Ehefrau dort verewigt – vielleicht auch, um es nicht zu vergessen –, erschließt sich mir nicht, warum man sich für eine Kombination entscheidet, die es anderen Verkehrsteilnehmern extrem erleichtert, einen anzuzeigen. Das ist zwar ganz praktisch, etwa wenn ein Auto mit entsprechend bescheuerter Beschilderung vom alleinstehenden und augenscheinlich unversehrten Nutzer mal wieder wahlweise auf dem Mutter-Kind- oder dem Behindertenparkplatz des Supermarkts abgestellt wurde, weil der Weg von dort aus zum benachbarten Fitnessstudio knappe zehn Meter kürzer ist. Aber ich bin in dieser Hinsicht auch einfach zu kleinlich, vielleicht muss man sich vor dem eineinhalbstündigen Pumpen an Hantelbank und Beinpresse einfach seine Kräfte einteilen.

Oft beobachte ich zudem eine Korrelation zwischen Kennzeichen und Fahrzeugtyp. So haben Halter eines Q-Modells von Audi überproportional häufig auch den Aufdruck „QQ", während der geneigte BMW-X-Klasse-Benutzer eben „XX" bevorzugt und Mercedes-M-Klasse-Fans mit Vorliebe „MM" wählen. Meistens werden diese Schriftzeichen kombiniert mit einer Schnapszahl, bevorzugt der „666", aber eher kaum aus Gründen der Bibelfestigkeit und auf keinen Fall bei Porsche-911-Fahrern, die selbstredend auf der 911 als Zahlenfolge bestehen. In Österreich ist es besonders schlimm, weil man dort gegen einen kleinen Aufpreis die schnöde Zufallskombi aus Buchstaben und Zahlen durch lustige Bonmots wie SEPPL1, KLA4 oder GIB8 ersetzen kann. Auch waren zu Recht in Ungnade gefallene Kürzel wie NSDAP oder KKK (für Ku-Klux-Klan) dort bis vor Kurzem noch möglich, während in Deutschland immerhin SS, SA, HJ oder gar KZ per Zulassungsverordnung von vornherein ausgeschlossen sind.

Inwiefern sich die seltsame Vorliebe für solche Autonummern im Zusammenhang mit einem über 2,5 Tonnen wiegenden Kfz psychologisch ergründen lässt, vermag ich als Laie nicht zu sagen. Wohl aber, dass ich noch nie auf der Autobahn von, sagen wir mal, einem Opel Corsa von hinten genötigt, absichtlich geschnitten oder ausgebremst wurde, auf dessen Nummernschild irgendetwas Banales wie „CP 254" stand. In den letzten Jahren kam erschwerend auch noch der Hang chauffierender Selbstdarsteller zur Sonderlackierung dazu, gern in mattfarben. Ohne jemandem zu nahe treten zu wollen, aber mit einem folierten Land Rover Defender und einem Deppenkennzeichen ist eine StVO-konforme Fahrweise offenbar schlichtweg nicht möglich.

Auch sogenannte illegale Autorennen lassen sich prima unter diesem Phänomen zunehmender Verblödung im Straßenverkehr subsumieren. Allein in den Jahren 2019 bis 2023 hat sich laut *Spiegel.de* die Anzahl solch mobiler Machtdemonstrationen bei uns von rund 2.100 auf fast 6.200 nahezu verdreifacht – trotz „Raser-Paragraf" und damit einhergehend drastisch erhöhten Strafen, die freilich voraussetzen, dass man auch erwischt wird. Wenn sich die traditionell modern ausgestattete Berliner Polizei aber mit einem altersschwachen Passat auf die Jagd nach einem Maserati Levante GT begibt, braucht es schon verdammt viel Glück oder einen ungünstig platzierten Laternenmast, um den Raser dingfest machen oder ihn wenigstens aus seinem Coupé schneiden zu können. Dass sich unter den Teilnehmern derart gemeingefährlicher Hobby-Wettfahrten über nächtliche innerstädtische Hauptverkehrsadern verhältnismäßig wenig ältere Frauen mit Hochschulabschluss befinden, ist allerdings nur eine bösartige Vermutung meinerseits und lässt sich statistisch von mir nicht belegen.

Natürlich wäre es Anfang der 90er-Jahre auch mir mit meinem bemitleidenswerten Golf möglich gewesen, irgendeinen Unsinn zu veranstalten: Selbst der brachte es mit eineinhalb Minuten Geduld und einem durchgetretenen Gaspedal auf gut 130 Stundenkilometer und ich schnitt als Teenager leider zu lausig in Physik ab, um die Gefahren der Fliehkraft umfänglich abschätzen zu können. Es wäre mir aber nicht im Traum eingefallen, weil mir nicht nur mein Fahrlehrer beigebracht hatte, dass gegenseitige Rücksichtnahme und eine gute Spur Vernunft im Auto dringend anzuraten sind.

Von daher plädiere ich für folgende Sofortmaßnahmen, um diesem Wahnsinn auf unseren Straßen ein Ende zu bereiten: das Verbot von identischen Buchstaben und/oder Ziffernkombinationen im Zusammenhang mit den Farben mattschwarz, mintgrün sowie leuchtorange und die Beschränkung der jeweiligen PS-Zahl auf den Intelligenzquotienten des Fahrers. Wie man den genau herausfindet, müsste man natürlich noch festlegen, aber vielleicht kann der TÜV einen Test entwickeln, bei dem die Befragten zum Beispiel den Unterschied zwischen Tachometer und Kilometer in eigenen Worten erklären müssen. Ich denke, das wäre ein Anfang. In Österreich wird notorischen Rasern übrigens künftig nicht nur die Fahrerlaubnis, sondern gleich die getunte Karre eingezogen – und zwar für immer. Eine Sanktion, die ich mit absoluter Vehemenz befürworte.

Einige Monate nach meinem ärgerlichen Auffahrunfall sah ich den dunklen BMW 635 CSi übrigens wieder. Er stand samt seinem Eigentümer auf dem Grünstreifen neben einer wenig befahrenen Landstraße ganz in der Nähe meiner Heimatstadt. Ich war unterwegs zu meiner Freundin, die im nächsten Dorf wohnte, und dem Mann war offensichtlich während einer Spritztour der Sprit ausgegangen – zumindest wedelte er hilfesuchend mit einem Kanister herum. Ich konnte mir nicht verkneifen, ganz langsam an ihm vorbeizufahren und ihn mit der feierlichsten Hupfanfare zu begrüßen, die man mit einem Volkswagen, Baujahr 1984, erzeugen konnte. Dass es wirklich derselbe Kerl war, daran bestand auf alle Fälle kein Zweifel. Sein Kennzeichen hatte ich mir gemerkt!

Das politisch korrekte Kirmes-Karussell: Nachhaltigkeit in der Kinderbelustigung

Monika Gruber

Bevor ich zu meinem eigentlichen Anliegen komme, eine Anmerkung: Ich stimme dem Kollegen Hock natürlich bei fast allen Themen zu, die wir gemeinsam bearbeiten. Aber wie gesagt eben nur bei FAST allen: Zum Thema „Deppenkennzeichen" erlaube ich mir anzumerken, dass meine Wenigkeit ebenfalls über selbiges verfügt. Und zwar nicht unbedingt freiwillig, sondern quasi, äh, hüstel, räusper ... wie soll ich sagen ... aus Höflichkeit. Also meinerseits. Ich lease meine Berufsvehikel nämlich seit Jahren bei einem großen Münchner Autokonzern mit drei Buchstaben (den Namen BMW darf ich zu Werbezwecken natürlich nicht nennen). Alle zwei Jahre werde ich vom Verkäufer beziehungsweise seit 2021 der Verkäuferin meines Vertrauens gefragt, ob ich denn ein Wunschkennzeichen möchte. Und jedes Mal lautet meine Antwort gleich: „Nix Besonderes bitte, es reicht ja, wenn meine Klamotten ständig paillettenbesetzt zwischen neonpink, himmelblau und lilablassblau schimmern!" Und jedes Mal wieder stehe ich bei der Abholung vor meinem neuen Fahrzeug und der Verkäufer oder die Verkäuferin weist mich augenzwinkernd auf das Kennzeichen hin, das immer „ED-MG" samt einer dreistelligen Ziffernfolge lautet und mich beim Einsteigen auf dem Display mit dem Worten „Willkommen, Monika!" begrüßt. Da ich das Kennzeichen nun eh nicht mehr ändern kann, erlaube ich mir, zumindest die Display-Einstellung neu zu konfigurieren, indem ich „Willkommen, Moni – du geile Sau!" eingebe. Mögen sich die Herren, die meinen jährlichen Kundendienst erledigen, denken, was sie mögen. Wenn schon auffallen, dann richtig. Aber ansonsten kann ich mit Fug und Recht von mir behaupten, dass ich a) noch nie so doof war und vergessen habe, rechtzeitig zu tanken, und b) stets ein zurückhaltender, höflicher Autofahrer bin, der den anderen Verkehrsteilnehmern gegenüber rücksichtsvoll begegnet. Es sei denn, sie fahren getunte Autos in unmöglichen Grün-, Orange- oder Gelbtönen (Dienstwägen der Post selbstverständlich ausgenommen), die nur die zuvor beschriebenen Deppen oder Hämorrhoiden-Patienten fahren.

Nun aber zum eigentlichen Thema: Kennen Sie das? Sie schlagen morgens die Zeitung auf und lesen dort Städtenamen wie Buxtehude, Wanne-Eickel oder Osnabrück. Und zwischen zwei Schlucken Kapselkaffee und einem Löffel Ihres schlonzigen Porridges fragen Sie sich: „Warum war ich eigentlich noch nie in Buxtehude? Oder in Osnabrück?" Die Frage lässt sich von meiner Seite aus schnell beantworten: Als gebürtige Oberbayerin und somit Angehörige des selbst ernannten Adels unter den deutschsprachigen Volksstämmen bin ich mit so einer bräsigen Arroganz ausgestattet, dass ich a) absolut nichts über diese Städte weiß und b) sowieso glaube, dass es sie in Wahrheit gar nicht gibt. Vielmehr halte ich die Städte für blanke Erfindungen von Journalisten vom Schlage eines Claas Relotius, die für ihre erdachten Geschichten einfach lustige Ortsnamen benötigen.

Nur so lässt sich folgende Meldung erklären, die mir ein gewisser Peter Baumgartner aus Unterschleißheim (besten Dank an dieser Stelle, lieber Herr Baumgartner) vor einiger Zeit per Post hat zukommen lassen, verbunden mit dem persönlichen Vermerk: „Liebe Monika, Du darfst nicht aufhören mit Kabarett. Themen gibt es genug, siehe unten!" Im Anhang befand sich die Kopie eines Zeitungsausschnitts mit der Überschrift „Karussellautos sind jetzt tabu – Schausteller von städtischer Verfügung kalt erwischt". Dabei ging es um besagte Stadt Osnabrück, die – wie ich inzwischen weiß – tatsächlich existiert und immerhin von rund 170.000 Bewohnern mitten im schönen Niedersachsen mit Leben gefüllt wird. In Osnabrück gibt es meinen Recherchen zufolge einen schönen Zoo sogar mit Elefanten, ein Museumsquartier mit mehreren renommierten Häusern, den Ossensamstag mit über 100.000 Besuchern – und eine Verwaltung, die offenbar nicht mehr alle Latten am Zaun hat, wenn man denn dem Bericht Glauben schenkte.

Denn in der Meldung ging es um eine Verfügung, die ein Schausteller namens Bernhard K. kurz nachdem er seine Stände auf dem örtlichen Weihnachtsmarkt abgebaut hatte, angeblich vom Fachbereich Umwelt und Klimaschutz bekommen hatte. Darin wurde er darauf hingewiesen, dass in Zukunft keine Karussells mehr aufgestellt werden dürfen, auf denen Kinder auf kleinen Autos, Lkws, Motorrädern, Flugzeugen, Hubschraubern oder auf dem Rücken exotischer Tiere ihre Runden drehen. Wörtlich hieß es in dem Schreiben: „Genehmigungsfähig sind (…) nur noch Modelle von Fahrrädern, Nutztieren, Kutschen sowie Fahrzeugen des öffentlichen Personennahverkehrs". Bei Zuwiderhandlungen sei mit empfindlichen Geldstrafen zu rechnen. Auf Nachfrage der Zeitung bestätigte der Stadtbaurat das Verbot und begründete dies so: „Der motorisierte Individualverkehr ist ganz klar ein Konzept von vorgestern." So weit, so absurd. Im Nachhinein stellte sich dann heraus, dass der Artikel in der Silvesterausgabe der *Neuen Osnabrücker Zeitung* erschienen und als Witz gemeint war. In diesen Zeiten jedoch, in denen der Berliner Politikbetrieb dafür sorgt, dass man Satire und Realität nicht mehr voneinander unterscheiden kann, ist es nun mal nicht auszuschließen, dass solche Verordnungen eines Tages nicht doch noch Realität werden!

Daher bleiben für einen blutigen Laien in Klima- und Verkehrsfragen wie mich viele Fragen offen:

1. Fällt die Benutzung eines Vibrators auch unter die Bezeichnung „motorisierter Individualverkehr"? Und wenn ja: Was wäre die Alternative für die armen Frauen in Osnabrück? Käme der Herr Stadtbaurat persönlich vorbei, um das „Konzept von vorgestern" in die Neuzeit, ja, äääh ... gewissermaßen zu transferieren?
2. Da Lkws offenbar ebenfalls „ein Konzept von vorgestern" sind, Nutztiere aber nicht, werden also der Transport und der Aufbau der Karussells ebenso wie der anderen Fahrgeschäfte sowie der sicherlich bei solchen Veranstaltungen vorhandenen Bierzelte mit Ochsen- und Eselsgespannen und nicht – wie sonst üblich – mit 20-Tonnern vonstattengehen?
3. Da der Osnabrücker Stadtrat mit dieser Regelung „ein Signal für Nachhaltigkeit in der Kinderbelustigung" setzen möchte, mutmaße ich, dass keiner der Stadträte an Weihnachten Spielzeug, Smartphones oder Sneakers angesagter Marken an seinen Nachwuchs verschenkt. Stattdessen darf ich davon ausgehen, dass die Ratsmitglieder, die diesem Verbot zugestimmt haben, ihren Kindern erklären, dass diese Waren natürlich allesamt aus China und somit klimatechnisch nicht vertretbar sind? (Ein Transport mit oben erwähnten Ochsen- oder Eselskarren oder Ruderbooten dürfte allerdings die Vorfreude auf das Geschenk beträchtlich in die Länge ziehen.)
4. Haben Berufskraftfahrer, Taxifahrer, Piloten und generell Menschen, die im weitesten Sinne im Bereich des „Konzepts von vorgestern" tätig sind, Zutrittsverbot zu Veranstaltungen im Stadtgebiet von Osnabrück?
5. Da Wildtiere ebenso auf der, tja, Abschussliste des Fachbereichs Umwelt und Klimaschutz der Stadt stehen, muss sich

folglich der Betreiber des Karussells Herr K. umbenennen in „Herr Gans", „Herr Erpel" oder „Herr Hahn"? Oder stößt dies eventuell auf Widerstand der veganen Fraktion der Osnabrücker Regenbogen-Koalition?
Warten wir einfach mal ab, was unseren Verkehrsexperten noch so einfällt ...

Chlorreiche Halunken: Wie unsere Freibäder zu No-go-Areas werden konnten

Andreas Hock

Zwischen meinem vorletzten und meinem letzten Freibadbesuch lagen ungefähr 25 Jahre. Und um das schon mal vorwegzunehmen: In dieser Zeit muss eine ganze Menge schiefgegangen sein in unserer Gesellschaft.

Dass ich so lange nicht mehr in das idyllische Waldbad mit dem alten Kiosk, dem großen Schwimmerbecken und dem kleinen Liegehügel gegangen war, das ich in meiner frühen Jugend so sehr liebte, hatte vielschichtige Gründe. Erstens war Susanne Schmidt inzwischen glücklich verheiratet, aber eben nicht mit mir. Allein wegen ihr habe ich schätzungsweise zehn Zentner durchgeweichte Pommes gegessen und mehrere Hektoliter Colaweizen getrunken, weil ich wusste: Im Sommer war sie direkt nach der Schule da und bräunte sich mit ganz viel Glück oben ohne. Zweitens haben sich irgendwann meine Freizeitaktivitäten in den Abend verlagert und weil ich nach fünf Stunden in der prallen Sonne und eben mehreren Colaweizen nicht noch auf die Piste gehen konnte, verbrachte ich die Nachmittage irgendwann im schattigen Garten meiner Eltern. Und drittens prägte sich bei mir ab circa Anfang 20 eine diffuse Angst vor Keimen aus, die vor allem beim Benutzen der Toiletten des Waldbads hervortrat, was sich aber nach dem Genuss von drei oder vier Halblitergetränken nicht vermeiden ließ. Noch heute ist das bloße Betreten eines Schwimmbad-WCs, bei dem man nie weiß, ob die Flüssigkeit am Boden nun von den nassen Badeklamotten oder von ganz woanders stammt, für mich eine noch größere Horrorvorstellung als das Absolvieren einer Essensprüfung im Dschungelcamp.

Meine Keimphobie war ein gutes Vierteljahrhundert später zwar nicht verschwunden, aber nach zwei Coronasommern und einem verregneten Mistsommer danach war die Sehnsucht nach einem erfrischenden Kollektiverlebnis heuer größer als alle Vernunft und ich verabredete mich mit zwei Freunden an einem heißen Augusttag in ebenjenem Bad. Bei der Ankunft stellten wir erstaunt fest, dass das alte Kassenhäuschen noch genauso aussah wie einst. Auch der Geruch, der schon vom Fahrradparkplatz aus wahrzunehmen war, weckte umgehend Kindheitserinnerungen: Es war die Mischung aus nicht mehr ganz frischem Frittierfett, Chlor und Sonnencreme, die es so wohl ausschließlich in deutschen Freibädern gibt. Der Unterschied zu damals bestand nur darin, dass das quietschende Drehkreuz am Eingang von zwei im Gesicht tätowierten Litfaßsäulen in orangefarbenen Warnwesten mit dem Aufdruck „Security" flankiert wurde.

Natürlich hatten wir mal von sonderbaren Vorkommnissen in Berlin, Mannheim oder München gehört, aber in unserer beschaulichen Stadt sollte der Besuch eines Freibades doch nach wie vor unbeschwert möglich sein. Dass uns die Litfaßsäulen vor dem Weg zur Umkleide nach Messern und Schlagringen durchsuchten, befremdete mich zwar etwas. Vielleicht erfolgte die Anstellung besagter Herren aber gar nicht aus Sicherheitsaspekten, sondern war eine Wiedereingliederungsmaßnahme für während der Pandemie arbeitslos gewordene Türsteher. Wir lagen keine zehn Minuten im Schatten, als wir wussten, dass dem leider nicht so war.

Aus Richtung des Kiosks hörten wir plötzlich lautes Geschrei, immer mehr Menschen rannten aufgeregt dorthin und kurz darauf prügelten ungefähr 30 Jungs aufeinander ein, teils unter Zuhilfenahme der vergilbten Plastikstühle, auf denen ich mir schon als Halbwüchsiger Mut angetrunken hatte, bevor ich mich aufs 5-Meter-Brett wagte. Ich hatte keine Ahnung, wer diese Leute waren, aber sagen wir mal so: Nach rivalisierenden Konfirmanden oder zwei verfeindeten Pfadfindergruppen sahen sie eher nicht aus.

Der deutsch-arabische Psychologe, Autor und Islamexperte Ahmad Mansour nannte derlei Gewaltausbrüche in einem Beitrag für den *Focus* eine „explosive Mischung", die vorwiegend dann entstehe, wenn man „Männlichkeitsvorstellungen, Aggressivität, testosterongesteuerte Maskulinität und patriarchalische Strukturen mit Minderwertigkeitskomplexen durch kulturelle Erziehungsmethoden" mische. Nun konnte ich den Tumult aus rund 20 Meter Entfernung freilich in diesem Moment weder psychologisch noch gesellschaftspolitisch ergründen. Ich selbst fühlte mich auch nicht bedroht. Ich war nur gottfroh, ohne meine Tochter hierhergekommen zu sein, denn für ein Kindergartenkind wäre es vermutlich nachhaltig verstörend gewesen, vom Planschbecken aus beobachten zu müssen, wie eine Horde Halbwüchsiger mit Kunststoffmöbeln aufeinander losging. Zumindest wussten wir jetzt, dass die Sicherheitsmitarbeiter nicht ohne Grund die Taschen der Gäste nach Waffen durchsuchten, auch wenn das zulasten der Stühle ging.

Nachdem binnen weniger Minuten drei Polizeistreifen eingetroffen waren, bekamen einige der Streithähne einen Platzverweis, wurden hinausbegleitet und die Situation beruhigte sich wieder. Meine Kumpels und ich beschlossen, auf den Schreck ein Colaweizen zu trinken und erkannten, dass der Bademeister, der sich gerade mit dem Kioskbetreiber unterhielt, noch derselbe war wie zu unserer Zeit. Dieser Mann besaß für uns den Status eines Hollywoodstars und hatte noch immer die Hautfarbe des jungen Harry Belafonte und die Schultern des jungen Burt Reynolds, nur die Falten ähnelten mittlerweile denen des alten Clint Eastwood. Seinerzeit hatten wir ein einziges Mal mächtig Ärger mit ihm bekommen, weil wir heimlich auf das gesperrte Sprungbrett stiegen und einen Arschbombenwettbewerb veranstalteten, um Susi Schmidt und ihren Freundinnen zu imponieren.

Nun sprachen wir ihn an, stellten uns vor und fragten ihn, was denn gerade zu dieser Eskalation geführt hatte. Er blickte resigniert zurück und antwortete, er wisse das auch nicht genau. Nur dass wohl ein Junge aus der einen Gruppe ein Mädchen zu lange angesehen habe, das offenbar die Schwester von einem Jungen aus der anderen Gruppe gewesen sei. Es ging anscheinend um die „Familienehre" und solche Dinge, die einfach lächerlich sind, wenn sie von einem 13- oder 14-Jährigen ausgesprochen werden. Der Bademeister erzählte noch, dass solche Zwischenfälle inzwischen mehrere Male im Monat vorkamen, er die Tage bis zu seinem Ruhestand bereits sehnsüchtig herunterzählte und er es kaum erwarten konnte, diesen Irrsinn bald hinter sich zu lassen.

„Morgen sind die sowieso alle wieder da", sagte er noch, senkte den Blick und zog von dannen.

Nach dem recht traurigen Gespräch begriffen wir, dass die Freibäder unserer Vergangenheit nichts mehr mit den Freibädern der Gegenwart und erst recht nicht der Zukunft zu tun hatten. Und dass das Freibad an sich auch nur eine Metapher für viele andere falsche Entwicklungen ist – jahreszeitenunabhängig und somit auch unabhängig vom „Klimawandel", der laut einem *WDR*-Bericht schuld an den Ausschreitungen im heißen Sommer war.

Abgesehen von der leider absolut berechtigten Frage, welche Synapsen im Oberstübchen falsch zusammengeschlossen sein müssen, um harmlose Kids auf eine solche Weise einzuschüchtern, finde ich, dass derartige Ereignisse klar angesprochen und konsequent aufgearbeitet werden müssen. Und zwar auch auf die Gefahr hin, dass dann wieder irgendein unverbesserlicher Integrationsbeauftragter einen Kreislaufzusammenbruch vor Empörung bekommt. Auch wenn manche Politiker es nicht wahrhaben wollen, wird immer offenkundiger, dass wir zu lange weggesehen haben, wenn bestimmte Elternhäuser falsche oder gar keine Wertevorstellungen vermitteln und zu viele gesellschaftliche Konflikte sich selbst überlassen bleiben. Vor allem aber haben wir es versäumt, denen, die über das Ziel hinausschossen, die Grenzen aufzuzeigen.

Meine Freunde und ich haben auch viel Quatsch gemacht vor 25 oder 30 Jahren. Wir sind nachts ein paar Mal ins Waldbad geklettert, um mit unseren Freundinnen heimlich herumzumachen. Wir haben uns auch mal mit anderen Jugendlichen gekabbelt auf einer Party, meistens auch wegen der Mädchen. Wir haben hin und wieder über den Durst getrunken und unter Umständen, ganz genau kann ich das nicht mehr rekonstruieren, an Silvester den Briefkasten unseres damaligen Klassenlehrers gesprengt. Es wäre uns allerdings nie in den Sinn gekommen, uns wegen einer vermeintlichen Ehrverletzung, die so banal ist, dass man eigentlich nur darüber lachen kann, zu verdreschen oder gar auf Unbeteiligte loszugehen. Stattdessen haben wir uns nach dem epochalen Anschiss wegen der illegalen Sprungbrettbesteigung kleinlaut entschuldigt, uns danach erst mal ein paar Wochen nicht ins Bad getraut und anschließend die aufgestellten Regeln notgedrungen akzeptiert. Sonst hätten wir nämlich für die restliche Saison Hausverbot bekommen und das wäre im Hinblick auf die bevorstehenden Sommerferien absolut fatal gewesen.

Was mir nach diesem Tag außer einem höllischen Sonnenbrand auf den Schulterblättern und dem Nasenrücken blieb, ist die eine bedrückende Erkenntnis, dass ich meine Kinder eines Tages nur mit einem sehr mulmigen Gefühl in ein ganz normales Freibad gehen lassen dürfte – was ich aber trotz aller Bedenken wohl oder übel muss, da weder Platz noch Sparkonto für einen eigenen Pool ausreichen. Und die andere, dass es verdammt schwer wird, derlei Tendenzen auch nur zu verlangsamen; von der Umkehr gar nicht zu reden. Ein Bademeister dürfte in der heutigen Hierarchie an Respektspersonen vieler junger Heranwachsender jedenfalls nicht besonders weit oben angesiedelt sein. Wenn den Job überhaupt noch jemand macht.

Was also tun, wenn ein ordentlicher Rüffel schon lange nichts mehr nutzt und selbst polizeiliche Anordnungen von manchen Zeitgenossen und ihren Erziehungsberechtigten bestenfalls verhöhnt werden? Ein Anfang wäre, die Strafmündigkeit herabzusetzen. Wer mit Zwölf – einem Alter, in dem ich übrigens noch einen Ottifanten als wirksamen Schutzpatron gegen böse Geister oder kleine Monster zum Schlafen mit ins Bett genommen habe – bandenmäßige Ladendiebstähle begeht, dutzendweise Bushäuschen zerstört oder eben mit einem Stuhl auf einen anderen eindrischt, der muss auch Konsequenzen spüren, die über ein halbstündiges Gespräch mit einer überforderten Jugendamtsmitarbeiterin hinausgehen. Es muss ja nicht gleich eine Haftstrafe sein. Einen Sommer lang die Freibadklos reinigen, das würde vielleicht schon helfen.

Kein bisschen Spaß muss sein: Warum uns nicht nur die jährliche Silvesterparty Angst machen sollte

Monika Gruber

Wenn wir das immer noch leicht fettverschmierte Raclette-Zubehör beziehungsweise den arg ramponierten Fondue-Topf aus den Untiefen des hauseigenen Kellers hervorkramen und uns auf einen ruhigen Silvesterabend im Kreise befreundeter Pärchen freuen, wird sich der eine oder andere vielleicht nicht nur die üblichen und letztlich vergeblichen Neujahrsvorsätze vornehmen – wie weniger Schokolade zu essen, nicht mehr zu rauchen oder nie wieder Grün zu wählen. Sondern er wird, insofern er ein halbwegs vernünftiger und gesetzestreuer Bürger ist, womöglich auch folgende Fragen stellen: Wie wird die Lage wohl dieses Jahr in Berlin und anderen Großstädten mit Brennpunktvierteln sein? Ähnlich wie in den Jahren zuvor? Sprich: Wird es wieder Bilder geben, die denen aus tatsächlichen Krisengebieten nicht unähnlich sind mit brennenden Fahrzeugen und mit Rettungskräften, die sich in Hauseingänge oder

Imbisse retten müssen, und mit verwüsteten Straßenzügen, von denen man sich gar nicht vorstellen kann, dass hier wieder irgendwann normales Alltagsleben herrschen wird?

Werden im Anschluss an diese unseligen Straßenschlachten im Namen des Jahreswechsel-Brauchtums dieselben hilflosen Politgestalten wieder mit betroffener Miene in die Kameras der TV-Sender stammeln, dass man entsetzt und schockiert über die Ereignisse sei und man mit aller Härte des Rechtsstaates gegen diese Straftäter vorgehen müsse? Werden sie vor allem aber betonen, dass man auf gar keinen Fall zulassen dürfe, diese Vorgänge einzelnen Personengruppen zuzuordnen, weil das nur bestimmte Vorurteile schüren würde? Werden sich die Kommentatoren in der „Tagesschau" wieder winden wie die Regenwürmer in einem Komposthaufen, um uns provinziellen Naivlingen fernab der großen Metropolen sachgemäß zu erläutern, dass es sich bei dem „feiernden Partyvolk" auch dieses Jahr allenfalls um bedauernswerte, weil insbesondere nach den kargen Jahren der Pandemie von der Gesellschaft abgehängte Jugendliche handeln würde, mit denen man den Dialog suchen müsse?

Oder müssen wir auf diese Bilder verzichten, weil sich Jugendexperten, Sozialforscher, Politiker, Medien- und Meinungsschaffende sowie die gesamte Gut- und Bessermenschen-Elite in diesem Land einig waren und endlich ein Böllerverbot eingeführt wurde? Natürlich: Das Gute liegt oft so nah! Mit einem solchen Erlass würde es derlei Ausschreitungen logischerweise nicht mehr geben: Sobald das Innenministerium oder die jeweils zuständigen Ordnungsämter ein entsprechendes Verbot verkündet haben, werden in den Shishabars, Wettbüros und Spielhallen unserer Städte die jungen Burschen sicherlich darüber sinnieren, wie man nun ohne Knallkörper, Kanonenschläge und Schreckschusswaffen etwas Stimmung in die tristen Kieze bringen könnte. Vielleicht stellen die jeweils zuständigen Clan-Oberhäupter dann ja ein paar Hüpfburgen in ihren Straßen auf, um wenigstens ein bisschen kollektive Freude in der Silvesternacht zu erzeugen.

Im Ernst: Auch ich kann der sinnbefreiten Knallerei nur wenig abgewinnen. Ich verstehe jeden Tierhalter, der diesen Tag und die darauffolgende Nacht ebenso verflucht wie jene seltsamen Zeitgenossen, die zwar regelmäßig nicht wissen, wie sie die nächste Monatsmiete bezahlen sollen – aber pünktlich ab dem 29. Dezember Hunderte Euro für Feuerwerkskörper mit den vertrauenerweckenden Namen „Inferno", „Hellraiser" oder „Lucifer" ausgeben. Kurzum: Ich halte es seit Langem mit der Devise „Sekt statt Böller", finde aber Kollektivstrafen wegen des Fehlverhaltens einiger genauso daneben.

Ein Böllerverbot wäre ungefähr so, als würde Ihr Kind an Silvester total betrunken nach Hause kommen, vorher die Autos der Nachbarn demolieren, danach Ihrer Katze den Schwanz anzünden und zum Schluss in den Hausflur kotzen und Sie würden nicht Ihrem Sohn oder Ihrer Tochter eine ordentliche Standpauke über anständiges Benehmen und den Umgang mit Alkohol halten, sondern die Stadtverwaltung bitten, dem Betreiber der Diskothek, in dem sich Ihr Goldstück die Birne zugelötet hat, die gewerbliche Schanklizenz zu entziehen. Ein Böllerverbot als Präventionsmaßnahme, um Ausschreitungen von Jugendlichen zu verhindern – das ist ganz klar: Themaverfehlung, Note 6, bitte setzen.

Überhaupt: Wer die ganze Problematik auf die Silvesternacht reduziert, hat doch – um im Jargon zu bleiben – den Schuss nicht gehört. Das Problem von marodierenden Jugendlichen vorwiegend mit Migrationshintergrund ist doch omnipräsent, übrigens nicht nur in Deutschland. Zwar schrieb der bekannte Psychoanalytiker Wolfgang Schmidbauer in einem Gastbeitrag für die *Welt*, es sei doch „sehr unwahrscheinlich, dass die Täter und auch die johlenden Dabeisteher sämtlich jeden Tag des Jahres die Gesetze des zivilen Zusammenlebens nicht respektieren und wir deshalb der Allgemeinheit einen Gefallen tun, sie allesamt einzufangen und einzusperren".

Damit mag er sogar recht haben, denn selbst die hartgesottensten Intensivtäter brauchen vermutlich mal einen Tag Pause. Darüber hinaus aber erinnerte mich die Aussage vom Naivitätslevel her stark an die Worte von Henriette Reker, der Oberbürgermeisterin von Köln, die nach den sexuellen Übergriffen auf Frauen im Bereich der Kölner Domplatte an Silvester 2015 die Frauen aufforderte, sich in Zukunft testosterongesteuerte Männerhorden lieber durch das Ausstrecken eines Arms vom Leib zu halten.

Sehr geehrter Herr Schmidbauer: Selbstverständlich täte man der Gesellschaft einen Gefallen, wenn man rechtskräftig verurteilte Straftäter zur Rechenschaft zieht und sie gegebenenfalls – je nach Schwere der Tat – tatsächlich auch einsperrt. So funktioniert schließlich meiner laienhaften juristischen Analyse nach unser Strafrecht. Die Ursache für diese Eskalationen ist doch gerade, dass Straftaten viel zu oft ungesühnt bleiben und daraus letztendlich bei einer gewissen Klientel diese grenzenlose Verachtung unseres schwachen Staates resultiert. Dass 2023 mehr als 34 Prozent aller Straftaten von nicht deutschen Tatverdächtigen begangen wurden, ist keine gefühlte Wahrheit, sondern Polizeistatistik. Ich habe in meinem bisherigen Leben weder an Silvester marodiert noch Drogen verkauft und war auch bislang bei keiner Hochzeit eingeladen, während der ein Korso aus tiefergelegten Sportwagen eine Autobahn blockierte und mit scharfen Waffen in die Luft geschossen wurde.

Was sich seit einiger Zeit bei uns abspielt, ist bei manchen unserer Nachbarn wie Frankreich und Belgien längst Alltag, wo ähnliche Bevölkerungsgruppen etwa nach Spielen bei der letzten Fußballweltmeisterschaft in Katar wahllos Autos in Brand setzten, Schaufensterscheiben einschlugen, Geschäfte plünderten und sich Gefechte mit den Einsatzkräften lieferten. Sogar im oberösterreichischen Linz kam es an Halloween an zwei Tagen zu schweren Ausschreitungen von vorwiegend migrantischen Jugendlichen. Nebenbei bemerkt: Derlei Bilder sieht man übrigens nie in polnischen, ungarischen, tschechischen oder kroatischen Städten.

Die nackten Fakten sind leider immer die gleichen: Diejenigen Staaten mit den höchsten Zuwachsraten von Asylsuchenden haben alle die gleichen Probleme. Schweden, das 2015 die meisten Asylsuchenden prozentual zur Bevölkerung aufgenommen hat, hat nun die höchste Zahl an Schusswaffentoten und setzt seither auf eine restriktive Asylpolitik. Genauso wie Dänemark, dessen sozialdemokratische Regierung nach dem Erstarken der rechten Partei konsequent ein Null-Ziel für Zuwanderer (wohlgemerkt: nicht für Flüchtlinge) durchgesetzt hat. Der ehemalige dänische Migrationsminister Mattias Tesfaye, dessen Vater selbst aus Äthiopien nach Dänemark migrierte, sagte zu diesem Thema: „Dänemark ist ein Land mit einem Volk." In diesem Zusammenhang sehe die dänische Regierung auch die Vergabe der Staatsbürgerschaft. „Die Staatsbürgerschaft muss am Ende der Integration stehen. Man soll nicht jemandem die Staatsbürgerschaft geben in der Hoffnung, dass er sich integrieren werde." Käme ein solcher Satz von beispielsweise Friedrich Merz, wäre das Geschrei des linksgrünen Establishments im Bundestag groß.

Man stelle sich nur vor, was Helmut Schmidt, Franz Josef Strauß oder Helmut Kohl wohl zu Zuständen wie an Silvester in Berlin gesagt hätten. Altkanzler Schmidt warnte bereits 2013 vor einer weiteren Zuwanderung: „Ich bin sehr skeptisch, was die Einwanderung aus islamischen Kulturen angeht", sagte Schmidt damals in einem Gespräch mit dem *Spiegel*. „Bei den Türken, bei den Leuten aus dem Libanon und den islamischen Staaten insgesamt" sehe er ein Problem: Viele der Zugewanderten lebten in Ghettos. „Das verstärkt die Binnenkultur", so sein Fazit. Nun war der 2015 verstorbene Hamburger zweifellos ein alter und in jeglicher Hinsicht weißer Mann. Klug und weitsichtig aber war er dennoch und auf jeden Fall vollkommen unverdächtig, rechten Populisten nach dem Mund zu reden.

Doch anstatt dieses Problem offen zu benennen, wiederholen heutige Politiker sowie viele Medien- und Kulturschaffende ständig das Mantra, die größte Gefahr für unsere Gesellschaft komme ausschließlich von rechts. Um Missverständnissen vorzubeugen:

Selbstverständlich muss konsequent gegen rechtsradikale Tendenzen vorgegangen werden! Aber wenn ich an den Anschlag vom Breitscheidplatz in Berlin oder auch an die rasant steigende Anzahl von Messerattacken wie in Würzburg denke, dann bestätigt sich meine ursprüngliche Befürchtung, dass 2015 der Ausgangspunkt für eine neue Qualität von Gewalt war, ausgeführt von vorwiegend männlichen Straftätern, die mit einer verschleierten Identität zu uns gekommen sind und von denen wir gar nicht wissen, wer sie sind und wenn ja, wie viele. Bei den seit dem furchtbaren Angriff der Hamas am 7. Oktober 2023 immer häufigeren israelfeindlichen Protesten müssten sich die Nazis schon sehr geschickt als Araber verkleidet haben, sollten sie sich unter die antisemitischen Idioten gemischt haben.

Um die steile These jedoch zu untermauern, wurde mit viel Brimborium und lautem Brennpunktgetöse der verhinderte Staatsstreich durch drei Dutzend Reichsbürger mit ihren rostigen Gehhilfen und einer Handvoll Schreckschusspistolen telegen inszeniert durch bundesweite Razzien in Stehausschänken und Seniorenheimen. Okay, es waren anscheinend auch einige schwere Waffen dabei, aber bei Heinrich XIII. Prinz Reuß hätte ich eher Bedenken, dass er sich beim Bedienen selbiger mit seinem Hosenträger in der Gehhilfe verheddert und sich dabei seine adeligen Körperteile wegballert. Sämtliche Qualitätsmedien waren sich unisono einig: Die rechte Gefahr wurde in letzter Minute gebannt, die Machtergreifung sowie die Installation eines Vierten Reiches gerade noch verhindert. Aufatmen in den Redaktionen der Republik. Aber nicht bei mir: Wenn ich mir vorstelle, dass meine drei Nichten in ein paar Jahren erstmals abends allein unterwegs sein werden, dann besteht meine größte Angst sicherlich nicht darin, dass sie in der U-Bahn von einem kahl geschorenen Neonazi in Springerstiefeln oder einem senilen Reichsbürger in Tweedhosen belästigt werden.

Interessanterweise haben viele Journalisten von Medien aus dem benachbarten Ausland kein Problem damit, die Dinge beim Namen zu nennen. Der Chefredakteur der *Neuen Zürcher Zeitung* in Deutschland, Marc Felix Serrao, betitelte seinen Kommentar zu den letzten Silvesterausschreitungen wie folgt: „Silvester in Deutschland: Die Gewalt hat einen Migrationshintergrund." Und dieser liege in der muslimischen Welt, in dessen archaischem Wertekodex Frauen weniger wert seien als Männer und die westliche Lebensweise generell als verachtenswert gelte. Das lasse ich einfach mal so stehen. Auch in der österreichischen *Krone* oder der *New York Times* finden sich oft sehr treffende, weil kritisch-fundierte Auseinandersetzungen mit dem deutschen Versagen in Migrations-, Wirtschafts- oder Gesellschaftspolitik.

Ich wage nun die meines Erachtens ganz und gar nicht rechte, sondern nur sehr realistische Prognose, dass in absehbarer Zeit nichts geschehen dürfte, was die vorhandenen Integrationsprobleme lösen könnte. Stattdessen werden weiter jedes Jahr Menschen entsprechend der Einwohnerzahl einer durchschnittlichen Großstadt zu uns einwandern. Die dringend benötigten Fachkräfte werden mangels eines konkreten Einwanderungsgesetzes samt Forderungskatalog wie beispielsweise in Kanada eher nicht darunter sein. Dafür aber viele Schafhirten – jedenfalls viel mehr, als man für die Schafe in diesem Land brauchen wird. Auch wenn die ebenfalls immer mehr werden.

Legal, illegal, Wandregal: Was meine Garage mit kriminellen Clans zu tun hat

Andreas Hock

Abgesehen von Silvester gelten bei uns auch an den anderen 364 Tagen im Jahr Rechtsnormen, deren Einhaltung eigentlich für jeden Bürger selbstverständlich sein sollte. Wer beispielsweise einem anderen etwas stiehlt, muss damit rechnen, dass er bis zu fünf Jahre ins Gefängnis muss. Zumindest theoretisch. Denn so steht das in Paragraf 242 StGB, der aber in der Praxis zunehmend weniger streng angewandt wird, weil die meisten Gerichte heillos überlastet sind und es viele Richter für eine Bagatelle halten, wenn jemand zum wiederholten Mal dabei erwischt wird, wie er einen Fernseher aus einem Elektrofachmarkt trägt, ohne ihn zuvor bezahlt zu haben. Im Prinzip aber muss sich jeder daran halten und die gute Nachricht ist, dass von knapp 83 Millionen Einwohnern Deutschlands rund 81 Millionen im vergangenen Jahr laut amtlicher Kriminalstatistik nicht straffällig geworden sind.

Andererseits existieren aber auch Regeln, die so bescheuert klingen, dass man sie allerhöchstens als scherzhafte Antwort auf eine der ersten vier Fragen bei „Wer wird Millionär?" verorten würde – die aber von unserem Staat bitterernst gemeint sind. Bei diesen Vorschriften wird erfahrungsgemäß häufig etwas strenger hingeschaut als bei manchen vermeintlich bedeutsameren Vergehen wie Raub, schwere Körperverletzung oder sexueller Missbrauch von Schutzbefohlenen. Und damit meine ich nicht irgendwelche lustigen Vorschriften, die noch von Kaiser Wilhelm I. oder anderen längst verblichenen Herrschern eingeführt wurden und sich bis heute gehalten haben, weil man es 150 Jahre lang vergessen hat, sie zu löschen oder zu überarbeiten – wie im Gleichschritt über eine Brücke zu marschieren, in einem Abwasserkanal zu schwimmen oder einen herrenlosen Bienenschwarm zu verfolgen. Nein, es geht vielmehr um die kleinen hoheitlichen Gängeleien, die uns das Leben schwer machen und den Eindruck erwecken, dass die juristischen Schwerpunkte gelegentlich falsch gesetzt werden. Warum das so ist, ist schwer zu erklären. Wahrscheinlich liegt es jedoch schlicht daran, dass man jemandes, der seine Hecke zwei Wochen zu spät gestutzt hat und der logischerweise problemlos an seiner Meldeadresse anzutreffen ist, ein bisschen einfacher habhaft wird als eines untergetauchten Mehrfachvergewaltigers mit gefälschten Papieren.

Unlängst begegnete auch ich diesem Phänomen: In unserer Garage befinden sich neben dem Auto, für das ich sie vorwiegend gebaut habe (beziehungsweise habe bauen lassen), unter anderem folgende Gegenstände: ein elektrischer Rasenmäher, zwei Fahrräder, das ausgemusterte Dreirad meiner Tochter, der Tretroller meines Sohnes, ein Satz Winterreifen und auf einem Wandregal eine Kiste mit Rasendünger, eine Schlauchtrommel, ein alter Motorradhelm sowie seit gut zweieinhalb Jahren eine defekte Heckenschere, die ich jedes Mal vergesse, zum Wertstoffhof mitzunehmen. Ich gehe davon aus, dass sich unsere Garage inhaltsmäßig damit nicht besonders von anderen Garagen unterscheidet, und nie hätte ich daran gedacht, dass das eigentlich streng verboten ist. Bis einer meiner Nachbarn eine Anzeige bekam.

Herr Fegmann konnte es selbst nicht glauben. Doch in dem Bescheid, den ihm die Gemeinde per Einwurfeinschreiben zugestellt hatte, stand schwarz auf Recyclingpapier geschrieben, dass er seine Garage als Abstellraum und Werkstatt zweckentfremdet habe und dies sofort unterlassen müsse. Andernfalls drohe ihm ein Bußgeld von bis zu 5.000 Euro. Rechtsgrundlage dafür war die Bayerische Garagenverordnung – kurz, aber hässlich: GaStellV –, die es in vergleichbarer Form in nahezu allen anderen Bundesländern und auch in Österreich gibt und die offenbar keinen Spielraum vorsieht, wenn man als passionierter Heimwerker eine Werkbank und ein paar Schränke darin aufbewahren möchte. Selbst dann, wenn man – wie im Falle von Herrn Fegmann – gar kein Auto besitzt.

Ich war einigermaßen fassungslos. Offenbar hatte jemand anderes aus der Umgebung meinen ansonsten vollkommen rechtschaffenen Nachbarn angeschwärzt, woraufhin sich die Ordnungsmacht sofort in Gestalt eines städtischen Außendienstmitarbeiters vor Ort von dem Verstoß überzeugte und Herrn Fegmann in flagranti erwischte, wie er gerade an einem Puppenhaus für seine Enkelin arbeitete – in der Garage, die rechtlich gesehen aber eben nur für Kraftfahrzeuge oder im Zusammenhang mit diesen stehendes Zubehör wie Wagenheber, Gepäckträger oder Ersatzkanister mit maximal 20 Litern Benzin zulässig ist. Mit meinen Winterreifen war ich also auf der sicheren Seite, womöglich drückte das Amt auch noch bei den Fahrrädern ein Auge zu, aber schon beim Wandregal würde es eng werden, wenn mich ebenfalls ein Hobby-Blockwart verpfiff. Und spätestens mit meinem Rasenmäher bewegte ich mich absolut im Bereich der Illegalität.

Als ich darüber nachdachte, wo ich den ganzen Krempel künftig unterbringen könnte, kam mir unsere Hauptstadt wieder in den Sinn. Ich hatte neulich irgendwo gelesen, dass Lena Kreck, die damals amtierende Justizsenatorin von der Linkspartei, neben kleineren Diebstählen auch das Schwarzfahren in öffentlichen Verkehrsmitteln „entkriminalisieren" wolle, wie sie sagte. Also plane sie, diesem Delikt den Status einer Ordnungswidrigkeit zu nehmen. Nun muss man wissen, dass laut offiziellen Zahlen der Berliner Verkehrsbetriebe BVG im Schnitt fast 600.000 Menschen pro Jahr ohne Fahrschein erwischt werden, was an sich 60 Euro „erhöhtes Beförderungsentgelt" nach sich zieht. Ein Betrag, der den meisten Erwischten ziemlich wehtun dürfte und idealerweise dazu führt, dass man sich das nächste Mal lieber ein Ticket kauft. Da ohnehin nur knapp jeder Dritte überhaupt bezahlt oder – besser gesagt – bezahlen kann, landen schlussendlich lediglich etwas mehr als sieben Millionen Euro bei der BVG. Die kann das Geld aber gut gebrauchen, um zum Beispiel die Schäden durch Vandalismus wie zerkratzte Scheiben, aufgeschlitzte Sitze oder besprühte Waggons reparieren zu lassen, die in den vergangenen Jahren auf mehr als 1.000 Fälle im Jahr angestiegen sind.

Den Unterschied in der Herangehensweise an derartige Verhaltensmuster kann man, nebenbei bemerkt, ganz gut anhand von Singapur feststellen. In dem multikulturellen Stadtstaat steht schon auf das Entsorgen einer einzelnen Cola-Dose im Straßengraben eine Strafe von umgerechnet mehr als 600 Euro und wer – wie meine Schwägerin – seit Längerem dort lebt und bei einem Heimatbesuch mal wieder in unsere chronisch vermüllten U- oder S-Bahnen steigt oder beim Neujahrsspaziergang durch tonnenweise liegen gebliebenen Silvesterunrat watet, möchte am liebsten den nächsten Flieger zurück nach Asien nehmen, mit einem One-Way-Ticket.

Ich fragte mich, ob überhaupt noch jemand eine Fahrkarte lösen würde, wenn er wüsste, dass eine Fahrt ohne sie keinerlei Konsequenzen nach sich zöge. Und ich erinnerte mich daran, welchen Kloß im Hals ich spürte, als ich bei meinen wenigen Schwarzfahrten in Straßen- oder U-Bahn unterwegs war, weil ich das Geld für das Ticket dummerweise vergessen oder anderweitig ausgegeben hatte oder ich den Zug unbedingt noch erwischen musste und es nicht mehr zum Automaten geschafft hatte. Immer, wenn zwei Personen in dunkelblauen Regenjacken gleichzeitig in den Waggon stiegen, wurde ich fast ohnmächtig vor Schreck und das einzige Mal, bei dem ich im

Alter von 16 oder 17 dann doch aufflog, fühlte sich an, als hätte ich den Opferstock in unserer Kirche leer geräumt. Seitdem, das schwöre ich beim Leben von Volker Wissing, habe ich nie wieder ein öffentliches Verkehrsmittel ohne Fahrschein benutzt.

Die Begründung für den seltsamen Vorstoß der Linken-Senatorin war, dass nur durch solche Maßnahmen das Ziel, Polizei und Justiz wirkungsvoll zu entlasten, erreicht werden könne. Im Umkehrschluss bedeutete das: Wenn nur genug Delikte begangen würden, die die Schreibtische von Polizeibeamten oder Staatsanwälten fluteten, bekämen bald vermutlich auch Hausfriedensbrecher, Betrüger oder Drogenhändler einen Freifahrtschein. Für Mitglieder der von uns wohl geschätzten und in Berlin recht umtriebigen kriminellen Clans wäre das sicher ein prima Anreiz, in bestimmten Berufsfeldern demnächst noch etwas aktiver zu werden, um durch eine permanente Überlastung die Ermittlungsbehörden in die Knie und besonders weitsichtige und rücksichtsvolle Politiker*innen wie Frau Kreck zu noch tolleren Ideen zu zwingen. Auf den Gedanken, mehr Polizisten oder Richter einzustellen, um auf diese Weise in den Amtsstuben für Entlastung zu sorgen, kam die Dame, die übrigens ihren Professorentitel wegen möglicher Unregelmäßigkeiten in der Berufsbezeichnung ruhen lässt, irgendwie nicht. Vermutlich ist sie selbst auch noch nie öffentlich zu ihrem Dienstsitz gefahren, weil sie von einem Chauffeur dorthin gebracht wird, aber das wiederum ist natürlich blanke und billige Polemik und sowieso ein anderes Thema.

Kurze Zeit darauf sah ich eine Fernsehsendung, in der eine Handvoll Experten darüber diskutierte, ob es Deutschland der Organisierten Kriminalität nicht allzu leicht mache. Hintergrund war eine von der internationalen Ermittlungsgruppe „Eureka" durchgeführte Razzia gegen den deutschen Ableger der 'Ndrangheta, eine der wohl gefährlichsten italienischen Mafia-Gruppierungen. An der Razzia waren 1.000 Polizisten beteiligt und im Ergebnis konnten immerhin 30 Haftbefehle vollstreckt werden. Ich kenne mich mit polizeilicher Ermittlungsarbeit zwar nicht aus, finde aber 33 eingesetzte Polizisten pro verhaftetem Mafioso ehrlich gesagt nicht besonders beruhigend. Wie auch immer: Normalerweise gibt es in solchen Talkshows Streit und gegenseitige Schuldzuweisungen, aber die Gäste – Nordrhein-Westfalens Innenminister Herbert Reul, Eureka-Leiter Oliver Huth, der frühere Berliner LKA-Ermittler Klaus Nachtigall sowie Mafia-Expertin und Autorin Petra Reski – waren sich erstaunlich einig darin, dass Deutschland für Mafia und Clans geradezu das Paradies darstelle, weil zum Beispiel der Datenschutz des Einzelnen Vorrang vor dem Schutz der Allgemeinheit habe. Fazit: In nahezu keinem anderen Land in Europa herrschen bessere politische und gesetzliche Bedingungen für kriminelle Banden. Nachdem ich anschließend die halbe Nacht nicht schlafen konnte, beschloss ich, solche Sendungen künftig nicht mehr anzusehen, zumindest nicht am Abend.

Wenig später räumte Herr Fegmann seine Garage notgedrungen aus, weil er sich ein etwaiges Bußgeld von 5.000 Euro bei seiner kleinen Rente keinesfalls leisten konnte und er überdies in einer Zeit nach dem Krieg aufgewachsen ist, in der man sich noch bemühte, staatliche Vorschriften einzuhalten – auch wenn sie einem möglicherweise ziemlich unlogisch vorkamen. Das Puppenhaus hat seine Enkelin trotzdem bekommen, nur hat er es im Keller fertig gebaut und sich dabei wegen der hohen Luftfeuchtigkeit eine schwere Lungenentzündung zugezogen. Inzwischen hat sich der gute Mann zum Glück wieder erholt, seine Garage aber steht jetzt seit geraumer Zeit leer. Vielleicht möchte ja irgendein Krimineller seinen sicherlich ganz legal erworbenen Sportwagen unterstellen. Zumindest so lange, bis er wieder zum Amt muss, um seine Stütze abzuholen.

Erziehung per Deppenkastl: Das Problem unserer kollektiven ADHS-Störung

Monika Gruber

Es war ein sonniger, aber kalter Wintermorgen. Das Thermometer zeigte um 7:30 Uhr minus drei Grad an. Trotzdem – und auch weil die Sonne schien (und ich abends für einen Auftritt fit sein wollte) – quälte ich meinen steifen Körper aus den Federn, schmiss mich in meine ausgelatschten Laufschuhe (Notiz an mich selbst: Geschirrspültabs, Ahornsirup *und* neue Laufschuhe besorgen) und fing an, im nahe gelegenen Park meine Runden zu drehen. Mein etwas scheppernder, stoßweiser Atem hinterließ kleine Wölkchen in der klirrenden Winterluft. Von Weitem sah beziehungsweise hörte ich eine Dame in dicker Daunenjacke, die an ihrem vorbildlich angeleinten Jack-Russell-Terrier zerrte und ihn dauernd mit „Aus, aus!"-Rufen von irgendetwas abbringen wollte. Da unser Stadtpark nicht nur bei Joggern und Hundebesitzern, sondern auch bei Familien und partybereiten Jugendlichen sehr beliebt ist, könnte der Wauzi im Unterholz alles erschnüffelt haben: vom Karton mit Resten einer Pizza Regina (daher vermutlich auch der Begriff „Doggybag") über eine nonchalant entsorgte, vollgeschissene Windel bis zu gebrauchten Kondomen oder was zusätzlich noch alles von den Krähen, die sich in unserer Kleinstadt zu einer wahren Plage entwickelt haben, von den Baumwipfeln fallen gelassen wurde.

Als ich schnaufend näher trabte, merkte ich erst, dass der kleine Kerl gar nichts erschnüffelt hatte, sondern lediglich an seiner Leine zerrte, weil er seine tägliche Gassirunde fortsetzen wollte. Das war aber nicht möglich, da sein daunenverpacktes Frauchen an einem iPhone – oder wie ich es nenne: an ihrem Deppenkastl – herumdaddelte, dem Tier gewohnheitsmäßig in 10-Sekunden-Abständen einfach „Aus, aus!" entgegenbrüllte und gleichzeitig mit zwei freien Fingern die Leine samt Zamperl ruckartig zurückzog. Der gute Martin Rütter wäre bei diesem Anblick wahrscheinlich in Tränen ausgebrochen oder hätte dem depperten Weibsstück gleich eine geschossen. Ich gebe zu: Dieser Impuls überkam mich für eine Viertelsekunde ebenfalls, dann allerdings fragte ich mich: Da stand eine ungefähr 55-jährige Frau morgens um halb acht im Unterholz des Stadtparks Erding und suchte im Internet nach, ja ... nach was eigentlich? Einem Heilpraktiker für Hunde, um dem kleinen Jackie sein lästiges Leinengezerre abzugewöhnen? Oder doch eher nach reduzierten Wintermänteln bei Zara oder Zalando? Vielleicht hatte sie auch um 9 Uhr einen Italienischkurs bei der Volkshochschule und wollte noch schnell wissen, was auf Italienisch „Mein kleiner Köter macht nie das, was ich möchte!" heißt? (Die Lösung: „Il mio piccolo bastardino no fa mai quello che voglio!" – ein Satz, den man im Urlaub immer mal wieder brauchen kann ...)

Letzteres wäre allerdings kontraproduktiv, denn auch ich versuche seit etlichen Jahren, mein Italienisch zu verbessern und höre deswegen ab und zu italienische Podcasts, um mein Vokabular endlich über „Due Aperol Sprizz con ghiaccio" hinaus zu erweitern. Und in einem dieser Podcasts meinte kürzlich ein ziemlich bekannter italienischer Sprachwissenschaftler: Wer bereits morgens seinen Tag damit beginnt, wahllos Social-Media-Kanäle oder andere Internetseiten zu durchforsten, anstatt sich beispielsweise auf die Lektüre einer Zeitung oder ein Gespräch zu konzentrieren, der hätte im Hinblick auf seine künftige Sprachfertigkeit schon verloren.

Aber zurück zur chronisch abgelenkten Dame in unserem Stadtpark: Diese war ja nur die Spitze des Eisbergs einer kollektiven ADHS-Störung, die längst nicht mehr nur handysüchtigen Jugendlichen vorbehalten ist, sondern gut situierte Einfamilienhaus-Arztgattinnen ebenso erfasst hat wie Bewohner von sozialen Brennpunkten: Eine wachsende Zahl von Menschen ist nicht mehr in der Lage, sich voll und ganz auf eine Tätigkeit zu konzentrieren und diese womöglich auch noch zu genießen. Und ich spreche nicht nur von der morgendlichen Gassirunde mit dem Haustier. Mütter und Väter, die mit Kopfhörern von der Größe eines Waffeleisens auf dem Schädel und dem Smartphone vor dem Gesicht einen Kinderwagen samt Inhalt durch die Landschaft schieben, gehören inzwischen zum Alltagsbild. Deshalb freue ich mich immer, wenn ich noch strahlende Omas beobachten kann, die ihre Enkel durch den Park ruckeln und glückselig vor sich hingurren: „Schau mal, Valentina, da ist die Entenmama und dahinter schwimmen die Entenbabys. Und schau, da vorn, uiiiiii, da kommt aber ein großes Hundilein! Wie macht der Hund? Genauuuu!!!! Wauwau!" Auch ein paar Großväter, die mit ihren Enkelsöhnen in Buggys oft mehrmals am Tag dieselbe Baustelle besuchen, weil offensichtlich die Faszination von Baggern, Kränen und anderen riesigen Fahrzeugen bei großen und kleinen Buben genetisch verankert zu sein scheint, gehören Gott sei Dank noch zum Stadtbild. Aber es werden immer weniger.

Das halbautistische Borderline-Verhalten einiger Jungeltern, die einhändig teilnahmslos und stumm ihren Nachwuchs vor sich herschieben und mit der anderen Hand ihren WhatsApp-Status verändern, macht mich hingegen ehrlich gesagt wahnsinnig. Da ist er nun endlich da, der heiß ersehnte Nachwuchs, und viele Mamas oder Papas haben – abgesehen von den paar obligatorischen Instagram-

Storys mit dem perfekt in Szene gesetzten Neugeborenen – keine Lust, sich mit ihrem Kind anständig zu beschäftigen oder ihm die Welt zu erklären. Ich frage mich immer: Warum kaufen sich solche Leute nicht einfach einen Goldhamster? Der braucht wenig Pflege, keinerlei Ansprache und nach spätestens zwei Jahren kann man den Käfig wieder auf Ebay-Kleinanzeigen verscherbeln.

Im Restaurant kann man seit einigen Jahren das gleiche Phänomen beobachten: Manche Kinder werden nicht mehr erzogen, sondern geradezu elektronisch sediert. Ich war letztes Jahr mit meiner Familie im Urlaub im Kroatien. Wir saßen auf der Terrasse eines gemütlichen Restaurants, das von sehr vielen Touristen unterschiedlicher Nationen besucht wurde. Amüsiert betrachteten meine zwei Nichten (damals sieben und 13 Jahre alt) sowie mein 15-jähriger Neffe, wie drei knapp dreijährige Kinder hingebungsvoll und mit geradezu akribischer Präzision die Bepflanzung aus riesigen Übertöpfen entfernten. Nachdem die drei (wirklich goldig aussehenden) Kinder ihr Werk fast vollendet hatten, kam schließlich eine offensichtlich erziehungsberechtige Dame von Mitte 30, säuberte die erdverschmierten Patschehändchen der kleinen Rabauken und zerrte diese zurück an den Tisch. Dort saßen: ein männliches Gatten-Material sowie das zweite Elternpärchen, die nun die drei Ableger auf Hochstühle bugsierten. Da die Kinder aber keine Lust auf Spaghetti hatten, sondern viel lieber wieder ihrer Tätigkeit als angehende Landschaftsgärtner nachgehen wollten, wurde jedem einzelnen Kind das inzwischen zur Kleinkinder-Grundausstattung gehörende Tablet vor der Nase aufgestellt, wo irgendein knallbunter Quietsch-Dreck lief. Damit die umliegenden Tische nicht vom Zeichentrick-Geblöke gestört wurden und vor allem, weil die Eltern selbst ihre Unterhaltung fortsetzen wollten, verpassten sie den Kleinen jeweils einen Kopfhörer. Drei der vier Elternteile hatten in der einen Hand ein Weinglas, mit der anderen wurde den Kids widerwillig die Pasta in den Mund geschoben. Wahrscheinlich wird es keine zehn Jahre mehr dauern, dann kann sich jeder einen persönlichen Avatar erstellen lassen, der sich um den Nachwuchs kümmert, während man selber entspannt am Weinglas nippt und parallel dazu das nächste Video für den eigenen TikTok-Account bearbeitet.

An solchen Abenden ertappe ich mich selbst dabei, dass ich in nostalgische Verzückung gerate, wenn ich mich an meine eigene Kindheit erinnere. Denn erstens erklärten unser Papa und unsere Mama uns vollumfänglich die Welt, wann immer wir mit ihnen unterwegs waren. Sie zeigten uns die Schönheit blühender Blumenwiesen, stapften mit uns durch die oberbayerische Natur oder brachten uns die rurale Tierwelt näher. Und an den wenigen Sonntagen, an denen meine Brüder und ich zusammen mit unseren Eltern ins Restaurant durften, machte meine Mama bereits im Auto eine unmissverständliche Ansage: „Gell, ihr bleibt's schön sitzen im Lokal und seid's leise. Und wenn's ihr brav zammgessen habt's, dann gibt's vielleicht noch a Steckerleis!" Da saßen wir Geschwister nun, lauschten den Gesprächen unserer Eltern, die für uns Würstel bestellten, und passten höllisch auf, dass wir das Glas mit Orangenlimo nicht umwarfen. Und beim Eis sah uns die Mama zufrieden an, achtete darauf, dass wir die Tischdecke nicht vollkleckerten, und lobte uns, weil wir so brav gewesen waren. Und da war nicht nur sie, sondern waren auch wir ein kleines bisschen stolz. Tempi passati.

Bares ist Rares: Warum ich meine Currywurst nicht mit Karte bezahlen möchte

Andreas Hock

Es gibt diese Abende, an denen obsiegt am Ende immer die Unvernunft, und obwohl man schon mehrfach zuvor warm und ausreichend gegessen und weiß Gott erst recht genug getrunken hat und daher lieber schleunigst den Weg nach Hause einschlagen sollte, macht man noch einen Abstecher zu der kleinen Imbissbude kurz vor der Straßenbahnhaltestelle. Dort wartet neben einem eiskalten Absacker-Bier auch die beste Currywurst südlich von Berlin: Zumindest glaubt man das, was daran liegen könnte, dass man sie noch nie in nüchternem Zustand konsumiert hat. So war es auch neulich wieder – nur, dass ich in jener Nacht erstmals unverrichteter Dinge von dannen ziehen musste. Das war im Hinblick auf meinen Cholesterinspiegel sicherlich die bessere Option, andererseits auch sehr bedenklich. Denn der Betreiber hatte sich einige Wochen zuvor entschlossen, von seinen Gästen kein Bargeld mehr anzunehmen, sondern nur noch Kartenzahlung zu akzeptieren. Das teilte er auf einem kleinen Schild neben der

Ausgabe mit und da ich an derartigen Abenden aus Prinzip keine Wertsachen dabeihabe und deshalb nur noch den kümmerlichen Rest meines zuvor abgehobenen Fuffis mitführte, hatte ich Pech gehabt.

Es begann in der Hochphase der Coronapandemie: Plötzlich konnten selbst Kleinstbeträge auf elektronischem Wege bezahlt werden. Regten sich Ladeninhaber oder Kassiererinnen zuvor meines Erachtens zu Recht auf, wenn man wegen fünf läppischer Euro seine Visa-Card bemühte und damit eine für den Händler bisweilen sehr aufwendige Finanztransaktion auf den Weg brachte, war es jetzt selbstverständlich, selbst ein einzelnes Brötchen auf diese Weise zu erwerben. Ich erinnere mich daran, dass in jenem unseligen Frühjahr des Jahres 2020 das Gerücht kursierte, das SARS-CoV-2-Virus könne sich durch Bargeld besonders effektiv übertragen. Wie dieser Unsinn exakt zustande kam, lässt sich nicht mehr einwandfrei rekonstruieren. Wahrscheinlich hatte Karl Lauterbach zwischen 3 und 5 Uhr morgens irgendeine amerikanische Studie gelesen und am nächsten Tag bei Markus Lanz darüber berichtet. Auf einmal ging überall die Angst um, sich durch eine Handvoll Münzen oder eine Banknote mit Corona zu infizieren. Weil ich schon als Kind gelernt hatte, nach dem Berühren von Geld meine Hände zu waschen, reagierte ich einigermaßen gelassen auf die Aufregung, unabhängig davon aber nahm das Unheil seinen Lauf.

Über mögliche Pläne, unser Bargeld nach und nach abzuschaffen, existieren schon lange seltsame Theorien. Ich persönlich glaube eher nicht, dass eine geheime Weltregierung existiert, die ein solches Vorhaben im Verborgenen vorantreibt, um insbesondere die europäischen Völker zu enteignen. Meiner Erfahrung nach wollen jene Menschen, die so etwas erzählen, meistens nur selbst jede Menge Kohle verdienen, durch krude Anlagetipps etwa, und ob es sich bei den abgezockten Summen um Bares, Schecks oder Schuldverschreibungen handelt, ist ihnen ziemlich schnuppe. Stattdessen habe ich mit der abnehmenden Bedeutung von echtem Geld, das man noch ganz klassisch in seinem speckigen Portemonnaie aufbewahrt, ganz andere Probleme.

Eines davon ist meine statistisch durchaus belegbare Vermutung, dass immer mehr Leute den Überblick verlieren, wenn sie nicht mehr sehen, was und wie viel sie ausgeben – und daher immer tiefer in den finanziellen Abgrund geraten. Laut Bundeszentrale für politische Bildung (bpb) sind inzwischen mehr als vier Millionen erwachsene Menschen hierzulande überschuldet, im Schnitt mit über 28.000 Euro (ohne gescheiterte Immobilienfinanzierungen), und nur rund neun Prozent davon einkommensbedingt, weil ihr Lohn eben nicht ausreicht für ein halbwegs normales Leben. Der Rest wundert sich unter Umständen beim Blick auf die mehrseitige Kartenabrechnung, dass am Ende des Geldes noch so viel Monat übrig ist und nicht umgekehrt. Auch auf die Gefahr hin, mich argumentativ zu wiederholen, aber: Hätte ich von meinen Eltern nicht die klare Ansage bekommen, dass mein Taschengeld in Höhe von erst zwei, später fünf und irgendwann zehn Mark, das ich jeden Montagmorgen feierlich in die rechte Hand gedrückt bekam, für meine persönlichen Anschaffungen ausreichen muss, wäre mein Bezug zu Geld heute vermutlich etwas legerer. Eine Scheckkarte für Kinder, die man im Kiosk beim Kauf eines Micky-Maus-Heftchens einfach an ein Lesegerät halten muss, gab es damals noch nicht und das war auch besser so.

Es mag ja gute Gründe dafür geben, Beträge ab einer gewissen Größenordnung unter staatliche Kontrolle zu stellen – die EU hat hier eine Obergrenze von 10.000 Euro vorgesehen. Da aber vermutlich nicht einmal ein Familienmitglied der Remmos seine neue Eigentumswohnung in Grunewald cash bezahlt, dürfte auch das neue Sanktionsdurchsetzungsgesetz, das Ende 2022 in Kraft trat, weitgehend ins Leere laufen. Schon die Abschaffung des 500-Euro-Scheins vor einigen Jahren brachte nichts und selbst die Bundesbank musste eingestehen, dass gerade mal 20 Prozent der im Umlauf befindlichen 500er-Scheine zurückgegeben wurden. Wer wirklich große Summen vor dem Fiskus verschleiern möchte, weil er sie nicht unbedingt auf eine ehrliche Art und Weise erarbeitet hat, wird in einem Europa der offenen Grenzen und damit auch der skrupellosen Verbrecher aller Herren Länder immer Mittel und Wege dazu finden.

Die meisten unverbesserlichen pekuniären Romantiker wie ich betreiben hingegen keine Geldwäsche, wenn sie selbst größere Einkäufe lieber in bar begleichen. Sie haben außer dem befriedigenden Gefühl, stets die Kontrolle über die eigenen Ausgaben zu behalten, vielleicht einfach keine Lust, dass der Staat, eine Bank, der Supermarkt oder ein Kreditkartenunternehmen sämtliche finanziellen Handlungen nachverfolgen und entsprechende Schlüsse daraus ziehen können. Ich lege weder Wert auf personalisierte Angebote aller Art in meinem Mail-Postfach, noch möchte ich auf meinem Kaufverhalten basierende Werbung auf einem Smart-TV oder dem Mobiltelefon zu sehen bekommen. Und wer diese Tür einmal geöffnet hat, darf sich auch nicht darüber wundern, wenn seine digitale Geldbörse in Zukunft unter Umständen noch mit ganz anderen, viel sensibleren Informationen verknüpft wird. In China wird jedenfalls bereits über Guthabenformen nachgedacht, die nach einiger Zeit automatisch verfallen könnten – um die Bevölkerung so in konjunkturellen Krisen gewissermaßen zum Konsum zu zwingen.

Außerdem, und auch in diesem Punkt bin ich leider sehr altmodisch, habe ich weniger Angst vor einem traditionellen Taschendieb als vor einem top ausgestatteten Cyberkriminellen. So kann ich es natürlich nicht ausschließen, dass mir im Gewühl des Nürnberger Christkindlesmarktes in einem unbemerkten Augenblick mal ein geschickter Langfinger den Geldbeutel aus der Gesäßtasche zieht. Da ich aber selten mehr als 50 Euro, meinen Ausweis, die Mitgliedskarte des 1. FC Nürnberg und den Führerschein einstecken habe, wäre zwar mein Ärger über die entwendeten Dokumente groß, der materielle Schaden jedoch überschaubar. Nachdem voriges Jahr einem Freund von mir offenbar mit einem Skimming-Gerät mehrere Hundert Piepen über die kontaktlose Geldkarte abgefischt wurden, was er erst am folgenden Tag beim Onlinebanking feststellte, bin ich viel skeptischer geworden, was die Segnungen der Technik in diesem Zusammenhang betrifft.

Wie jemand sein Erspartes in Bitcoin, Ethereum, Tether oder andere virtuelle Anlageformen stecken kann, wird mir sowieso für alle Zeiten ein Rätsel bleiben. Seit ich mich aufgrund der sehr überzeugenden Argumente von Johannes B. Kerner zum Kauf von Air-Berlin-Aktien hinreißen ließ, was einige Jahre später bekanntermaßen zum Totalverlust dieser Investition führte, lasse ich die Finger von Dingen, von denen ich nichts verstehe, und wünschte mir, Herr Kerner hätte das auch getan. Allerdings bezweifle ich, dass jeder, der sich als oberschlauer Freizeit-Finanzberater ausgibt und leidenschaftlich zum Wechsel in Kryptowährungen rät, wirklich Ahnung davon hat, wie eine Blockchain funktioniert oder was es mit der Peer-to-Peer-Struktur auf sich hat. Ich habe es ganz sicher nicht und dennoch wünsche ich jedem, der sich ein sogenanntes NFT – ein „Non-Fungible Token", eine Art virtuelles Kunstwerk – auf die Festplatte schaufelt, dass dies eines fernen Tages eine ähnliche Wertigkeit besitzt wie ein echter Van Gogh, Renoir oder Franz Marc. Immerhin kann das ganze digitale Zeugs nicht von Klimaaktivisten mit Kartoffelbrei beschmiert werden.

Meine Currywurst möchte ich noch eine ganze Weile so bezahlen, wie ich es immer schon getan habe – auch wenn die in der letzten Zeit ganz schön teuer geworden ist. Deshalb werde ich, wenn ich bald mal wieder nächtlichen Hunger kriege, zu einem anderen Imbissstand laufen. Und zur Freude des Verkäufers einen echten Euro Trinkgeld geben.

Warum Nazis gern stricken: Die wirre Masche mancher Tugendwächter

Monika Gruber

Ich besitze neben viel zu vielen Schuhen, dem Schaumwein-Vorrat einer mittelständischen Kellerei und einem ganzen Schrank voller unbeschriebener Notizbücher eine offenbar mir angeborene Aversion gegen Denunziantentum in jedweder Form. Bereits im Kindergarten war ich nicht in der Lage, mich bei meinen netten Kindergarten-Fräuleins (die hießen damals so, nämlich „Fräulein Anni" und „Fräulein Brigitte") darüber zu beschweren, dass ein Mädel namens Claudia mich und meine Freundinnen Sonja und Elisabeth aus unerklärlichen Gründen nicht in die Puppenecke mit der kleinen Kochzeile ließ.

Jedes Mal, wenn wir uns schüchtern nur dem Eingangsbereich der Puppenecke näherten, kam sie wie ein kleiner, dicker Terrier angeschossen und begann, uns ohne jegliche Vorwarnung die Gesichter zu zerkratzen. Irgendwann fiel es Fräulein Anni auf, dass wir immer wie hungrige Kätzchen um die Puppenküche herumschlichen, uns aber nie hineintrauten. Und da berichteten wir ihr schließlich widerstrebend, dass wir eigentlich sehr gern auch mal am Herd einen Brei für unsere Puppen kochen würden, aber zu viel Angst vor dem Nachwuchszerberus namens Claudia hatten. Fräulein Anni sprach dann ein Machtwort und Sonja, Elisabeth und ich durften einen ganzen Nachmittag zu dritt kochen, backen und den Tisch decken. Wir waren selig. Daheim lief ich sofort zu Mama in den Stall und erzählte ihr, dass heute der schönste Nachmittag meines Lebens war. Wir hatten allesamt daheim vorher nichts von der rabiaten Puppenküchen-Besetzerin erzählt. Wir waren ja schließlich keine Petzen.

Spätestens aber seit den irren Coronajahren scheint Denunzieren, Anschwärzen und Stigmatisieren neben dem Hamstern von Grundnahrungsmitteln und Klopapier sowie Bierpong der neue Volkssport geworden zu sein. Wenn dieser dann noch mit einer Extraportion Wokeness zusammenkommt, ergibt sich eine nervige und ganz und gar nicht ungefährliche Kombination aus Dummheit und Blockwarttum. Meine Freundin Zana schickte mir neulich den Tweet einer selbst ernannten Influencerin und Tugendwächterin namens Roma Maria Mukherjee, die folgendes Schwurbelgut auf ihrem Kanal postete: „Rechtsextreme Frauen unterwandern aktuell aktiv auch die textile Hobbyszene (z. B. zum Thema Stricken). Bitte setzt euch aktiv damit auseinander, wer was anbietet und wer Angebote bietet." Vom holprigen Deutsch mal abgesehen bekam die Dame für dieses sinnbefreite Statement immerhin 217 „Gefällt mir"-Angaben – was bedeutet, dass mindestens 217 Menschen diesen Schwachsinn wohl ebenso sehen. Angesichts der allgemeinen Verblödung auch und gerade in den sozialen Netzwerken steht sogar zu befürchten, dass es leider deutlich mehr sind.

Abgesehen davon, dass ich extrem neidisch bin auf die Zeit, die Frau Mukherjee offenbar übrig hat, um solche grotesken Gedankengänge zu entwickeln, frage ich mich nur, woran man rechtsextreme Strickerinnen genau erkennt. Haben diese Frauen womöglich acht oder gar 33 (!) Kinder, für die sie nur braune Pullover, Schals in AfD-blau oder gar schafswollene SS-Uniformen stricken? Und stricken sie nur *rechte* Maschen? Brüllen sie bereits beim Eintreten in die gute Strickstube „Strick heil"? Tragen diese Nazi-Strickerinnen ihr Haar in Zöpfen und Dirndl am Körper und naschen nebenher ungeniert „Mohrenköpfe"? Hätte ich vor über 40 Jahren schon misstrauisch werden müssen, als meine Mutter in den Wintermonaten ihre wenigen freien Nachmittage im Handarbeitsladen „Braun" (!) in Erding verbrachte, wo sie unter geduldiger Anleitung von Frau Braun senior komplizierteste Strickmuster in Trachtenjacken umsetzte?

Von solchen verstörenden Gedanken mal abgesehen ist es mir ein Rätsel, was jemand mit dem Namen „Roma Maria Mukherjee" in der „textilen Hobbyszene" treibt? Ich hätte sie eher beim tantrischen Chakren-Turnen oder einem veganen Urschrei-Seminar verortet, aber das ist wahrscheinlich nur ein peinliches Klischee, dem ich als alte, weiße Frau noch immer nachhänge. Davon abgesehen, dass mir bis dato gar nicht klar war, dass es neben den Reichsbürgern, dem Nationalsozialistischen Untergrund und anderen rechten Terrororganisationen auch noch so etwas wie eine „rechte textile Hobbyszene" gibt. Aber wo trifft sich diese rechts unterwanderte Hobbyszene? In subversiven Versammlungsräumen in unseren Großstädten oder doch eher auf dem Land, zum Beispiel rund um den Obersalzberg in Berchtesgaden? In alternativen Strickcafés bei Soja-Latte und Haferkeksen oder doch eher in angemieteten Gemeindesälen bei selbst mitgebrachtem Filterkaffee und Donauwellen? Und erkennt man die faschistoiden Maschen-Liesln daran, dass sie nicht mit dem von der urbanen Elite goutierten Lastenfahrrad, sondern im zwölf Jahre alten Renault Clio oder, noch schlimmer, einem Mercedes 770, Baujahr 1933, zum kollektiv-radikalen Fadenumschlingen vorfahren?

Und was meint Frau Mukherjee überhaupt, wenn sie ihre Follower auffordert: „Bitte setzt euch aktiv damit auseinander, wer was anbietet und wer Angebote bietet"? Sollen die geschätzten Wächterinnen der Moral und des Antifaschismus im Programm der Volkshochschule nach „Fascho-Stricken für Anfänger" suchen? Oder gleich bei Nancy Faesers neu gegründeter Stasi-Behörde für kollektives Denunzieren die Nachbarin anschwärzen, sobald diese mit einem Weidenkorb voller Schafswolle, Strickwaden und Tupper-Kuchenbox das Haus verlässt?

Und überhaupt: Heißt Roma Maria Mukherjee vielleicht im wahren Leben doch eher bloß „Maria Müller" und hat sich kurzerhand umbenannt, da beides – sowohl Vor- als auch Nachname – schwer nach „Bund Deutscher Mädel" klingt? Das allerdings wäre dann natürlich eine illegitime kulturelle Aneignung und die wird in diesem Buch an anderer Stelle behandelt.

Die wesentliche Frage allerdings ist: Woher kommt dieser hyperventilierende Antrieb, hinter jeder noch so unbedeutenden Kleinigkeit gleich rechtes Gedankengut zu vermuten? Erst neulich klärte mich eine Freundin auf, dass in bestimmten Kreisen schon Wandern als rechts gelte. Was jedoch muss in Gehirnen vorgehen, die die ursprünglichste Form der Fortbewegung der menschlichen Spezies als politisches Statement diffamieren? Genauso gut könnte ich sagen: Schweinsbraten mit Knödel essen ist rechts. Oder Prinzregententorte. Oder Schneefall, weil er nun mal weiß ist und alles Schwarze, Grüne oder Bunte am Boden zudeckt.

Ausgerechnet diejenigen, die immer am lautesten Toleranz, Diversität und Vielfalt einfordern, hauen uns bei der kleinsten Abweichung vom Mainstream-Kanon das Totschlagargument „rechts" um die Ohren. Wer bei Corona nur den leisesten Hauch von Zweifel an der Gefährdung durch die Krankheit, an der Wirksamkeit der Impfung oder an der Sinnhaftigkeit der teilweise völlig sinnbefreiten Maßnahmen äußerte, wurde als Schwurbler, Covidiot, Sozialschädling, Querdenker oder Nazi beschimpft.

Ich betrachte mit wachsender Sorge, in welche Richtung eine Gesellschaft marschiert, die sich einerseits ultraliberal gibt, dabei ständig Toleranz und Vielfalt fordert – andererseits aber den angeblich ach so freien Individuen das eigenständige kritische Denken verbietet. Der Dreiklang „Hirn ausschalten, Steuern zahlen, Klappe halten" scheint für manche Kreise die einzig genehme staatsbürgerliche Verhaltensweise zu sein. Kein kritischer Diskurs, kein Abwägen aller unterschiedlichen Aspekte, aller Fürs und Widers mehr, kein Einbeziehen unterschiedlicher Standpunkte von Menschen aus unterschiedlichen gesellschaftlichen Schichten. Das ist letztendlich Gleichschaltung und somit die Auflösung unserer bisherigen Solidargemeinschaft.

FDP-Urgestein und Bundestagsvizepräsident Wolfgang Kubicki, der sich aufgrund seiner liberalen Einstellung zur Impfung während der Coronakrise als Verschwörungstheoretiker und somit automatisch auch als „Rechtsradikaler" verunglimpfen lassen musste, äußerte sich über die Aushebelung fundamentaler demokratischer Prozesse in dieser Zeit wie folgt: „Ich dachte immer, unsere Demokratie, unser Rechtsstaat, ist gefestigt und wir sind gefeit gegen totalitäre Einschränkungen. Und in der Coronakrise hat sich gezeigt: Das stimmt nicht, wir sind nach wie vor ein Volk, was sehr gern bereit ist – wenn man ihm mit ganz bösen Dingen droht –, totalitäre Maßnahmen hinzunehmen."

Dem ist bedauerlicherweise nichts hinzuzufügen, außer dass man bei vielen Menschen sogar den Eindruck hat, sie seien erleichtert, wenn jemand anders für sie bestimmt, wo's langgeht – weil sie selbst dann nichts entscheiden müssen. Einfach Hirn ausschalten, Klappe halten. Und immer häufiger nicht mal mehr Steuern zahlen, was natürlich noch bequemer ist. Nichts hinterfragen, nichts kritisieren, keinerlei Widerspruch, denn wer möchte in unserer vielfältigen und farbenfrohen Zeit schon rechts sein. Und so schleicht sich ganz leise der Faschismus wieder an, nur halt dieses Mal von der anderen Seite. Im schlimmsten Fall werden wir in 30 Jahren unseren Enkelkindern sagen, wir hätten von nichts gewusst. Wie denn auch, wenn das Hirn aus und die Klappe zu waren. Aber wenigstens haben wir vermeintlich Rechten dann alle warme Stricksachen an.

Komm hol' das Lasso raus – wir canceln Cowboy und Indianer: Wer die wahren Narren im Karneval sind

Andreas Hock

Dass der Fasching im Grunde genommen schon immer eine ernste Angelegenheit gewesen ist, weiß jeder, der irgendwann mal eine Prunk- oder Gildensitzung oder eine ähnlich offizielle Veranstaltung besucht hat. Während es auf den Karnevalsfeiern, die für Otto Normalverbraucher (und natürlich auch für Ottilie Normalverbraucherin!) gedacht sind, meistens auch aufgrund des Genusses zahlreicher alkoholhaltiger Kaltgetränke recht fröhlich zugeht, ähnelt die organisierte Fastnacht in Sachen Humor einem CDU-Bundesparteitag. Hinter den Kulissen wird um Posten gerungen, es gilt jede Menge persönliche Befindlichkeiten zu berücksichtigen, der Proporz muss eingehalten werden und wenn bei der Begrüßung jemand Wichtiges übergangen wird, hat der Büttenredner zum letzten Mal in dieser Funktion gesprochen. Nichtsdestotrotz gehört diese fünfte Jahreszeit seit Jahrhunderten zu unserer Kulturgeschichte dazu und auch wenn man dem närrischen Treiben eher skeptisch gegenüberstehen mag: Den meisten von uns schadet es nix, wenigstens mal ein paar Tage im Jahr etwas lockerer zu sein und die Sau rauszulassen. Das Leben ist anstrengend genug.

Leider ist aber auch der gute alte Karneval (oder Fasching) nicht mehr das, was er mal war: ein möglicherweise sinnloser, aber unbeschwerter Brauch, dessen hauptsächlicher Zweck darin besteht, vorwiegend über sich selbst und ein bisschen über andere zu lachen. So zumindest habe ich ihn in Erinnerung und auf dem alten Foto, das mir beim Ausräumen des Hauses meiner Eltern in die Hände fiel, sahen meine Klassenkameraden und ich auch sehr lustig aus. Es muss ein Bild aus der dritten oder vierten Jahrgangsstufe gewesen sein. Darauf befanden sich: vier schwer bewaffnete Cowboys, ein halbes Dutzend kriegsbereite Indianer, ein Polizist, drei Ritter, mehrere Prinzessinnen, eine Pippi Langstrumpf und eine Biene Maja sowie eine Handvoll grimmiger Piraten. Ich gehörte zu den Rittern und erinnere mich noch, unter der Plastikrüstung geschwitzt zu haben wie ein Schwein. Aber es war ein riesengroßer Spaß und niemand, wirklich niemand hat sich an einem der Kostüme gestört – obwohl sich mit Paul Nowak sogar einer der Piraten schwarz angemalt und uns allen passenderweise jede Menge Mohrenköpfe mitgebracht hatte.

Paul war Pole, deshalb nannten ihn alle – auch die Lehrer – nur „Paulinski", um ihn vom zweiten Paul in unserer Klasse zu unterscheiden; eine nett gemeinte Bezeichnung, die aber heute sicherlich wegen der Verhohnepipelung seiner ethnischen Herkunft auch nicht mehr statthaft wäre. Seine Eltern waren Anfang der 70er-Jahre vor dem Kommunismus in den Westen geflohen und das Musterbeispiel für gelungene Integration: Sie engagierten sich in der katholischen Gemeinde und im Elternbeirat, organisierten die Sonnwendfeier oder gaben ihrem Sohn jede Woche eine gigantische Tupperschüssel voller Piroggen mit, die er dann an uns verteilte. Und sie machten sich immer die große Mühe, ihn an den tollen Tagen anständig zu maskieren, weil sie vermuteten, dass dieses Fest in ihrer neuen

Heimat irgendwie wichtig war. Auf besagtem Foto sah Paulinski also aus wie eine geschrumpfte Version von Roberto Blanco mit selbst gebasteltem Holzbein, sein Gesicht glänzte vor Schuhwichse und hätte man im Zimmer das Licht ausgemacht, hätte das Strahlen seines Lachens den ganzen Raum erhellt.

Würde es heute ein Kind wagen, am Rosenmontag so in eine Schule zu gehen und noch dazu Schaumküsse (wie es nun ohne die Verwendung des N- oder M-Wortes korrekterweise heißt) mitzubringen, könnten die Eltern von Glück reden, wenn es außer ernsten Gesprächen mit Schulleitung und Vertrauenslehrkraft nicht auch noch eine Meldung ans Jugendamt oder besser gleich an den Verfassungsschutz gibt. Ich muss zugeben, dass ich mich als inzwischen – leider – mittelalter, weißer Mann nicht in einen Menschen mit dunkler Hautfarbe hineinversetzen kann. Von daher sind Paulinski und sein kombiniertes Seeräuber-/Mohrenkostüm vielleicht nicht das beste Beispiel dafür, mit wie viel ideologischem Übereifer selbst solch banale Angelegenheiten wie der Fasching diskutiert werden. Rassistische Motive würde ich den Nowaks aber niemals unterstellen – es ging ihnen einfach nur darum, ihren Buben bestmöglich in die hiesigen Riten einzufügen. Aber nun gut, selbst wenn das jetzt verächtlich „Blackfacing" genannte Bemalen heller Haut mit dunkler Farbe auch den Sternsingern sei Dank durchaus auch als Aufgeschlossenheit gegenüber Afrika verstanden werden kann, lassen wir das mal beiseite.

Eine Verkleidung als Indianer ist derweil ebenso wenig statthaft, weil es sich dabei um eine unbotmäßige Aneignung der Kultur der lange unterdrückten indigenen Bevölkerung Nordamerikas handele. Zwar bezweifle ich, ob der mitteleuropäische Karneval jemals bis zum echten Stamm der Apachen vorgedrungen ist. Unabhängig davon aber steckt hinter unserem Indianer-Bild sicherlich vor allem das romantische Ideal des von Karl May erdachten Romanhelden Winnetou. Mag sein, dass das mal wieder etwas einfach gedacht ist. Trotzdem kann ich nicht erkennen, warum man sich nicht aus

Bewunderung für eine äußerst sympathische fiktive Figur so gewanden sollte wie jener stolze Häuptling, dessen prachtvoller Federschmuck als Zeichen von Tapferkeit und Mut galt und der in Sachen Loyalität, Aufrichtigkeit und Moral seinen weißen Brüdern um Längen überlegen war. Wenn ich im Hofbräuhaus von Las Vegas von einem netten Latino in einem Lederhosenimitat aus Polyester und Nike-Haferlschuhen bedient werde, käme ich doch auch im Traum nicht darauf, mich als Stammesangehöriger der Bajuwaren in meiner ureigenen Kultur herabgewürdigt zu fühlen. Wenn schon nicht als Kompliment, empfände ich es wenigstens als witzig.

Die Angst vor einem unaufhaltsamen Shitstorm in diesem unseligen Zusammenhang geht so weit, dass selbst vollkommen harmlose Gassenhauer, die den Begriff „Indianer" enthalten, nicht mehr gespielt werden. Von Ballermann-Schlagern wie Olaf Hennings „Komm hol' das Lasso raus" oder Purs „Wo sind all die Indianer hin" mal ganz abgesehen hat auch Florian Silbereisen in einer TV-Show bei seiner Interpretation von Klaus Lages „1.000 und 1 Nacht" in vorauseilendem Gehorsam die Textzeile „Wir haben Indianer gespielt" durch „Wir haben *zusammen* gespielt" ersetzt und damit den Urheber des Textes, Liedermacher Diether Dehm, auf die Zinne gebracht. Der wiederum ist des rassistischen Gedankenguts ziemlich unverdächtig, hat er doch nach seiner Zeit als Musikproduzent Karriere als Politiker der Linkspartei gemacht.

Ebenso unangemessen ist mittlerweile die kulturelle Aneignung der Lebensweise von Lateinamerikanern durch das Überziehen eines Ponchos sowie eines Sombreros. Das dürfte meinen Freund Olli hart treffen, der in diesem Outfit alljährlich seit dem Ende der Neunziger unbefangen durch den fränkischen Fasching zieht und als Gipfel der dreisten Übernahme fremder Ausdrucksformen einen schwarzen Schnauzbart angeklebt hat. An seinem Beispiel kann man sehen, wie man sich in einem Menschen täuschen kann: Obwohl sich der Mann sein Leben lang als toleranter und rücksichtsvoller Kerl inszeniert hat, steckte in ihm offenbar doch die ganze Zeit ein überheblicher Vertreter dominanten europäischen Kolonialgebarens. Gleiches gilt auch, sollten Sie erwägen, als Geisha, Haremsdame, Scheich oder gar Rastafari auf eine Party zu gehen! Das Tragen einer Soutane hingegen ist meines Wissens noch nie als geschmacklose Verspottung der Kirche beanstandet worden. Der damals bereits recht altersschwache Papst Benedikt XVI. wurde gar mit Urinfleck im Schritt ungestraft vom Satiremagazin *Titanic* verunglimpft, aber das Messen mit zweierlei Maß hat in Kreisen der Löschguerilla ja Tradition.

Und auch wenn der Chinese an sich seit der unschönen Sache mit dem Coronavirus sogar bei besonders argwöhnischen Antidiskriminierungsaktivisten etwas kritischer beäugt wird: Ich bin sehr gespannt, wie lange sich noch der „Chinesenfasching" im oberpfälzischen Dietfurt an der Altmühl halten kann. Die dortige Bevölkerung – nachweislich zu weiten Teilen ohne jeglichen asiatischen Migrationshintergrund – wagt es seit rund 70 Jahren, sich mehrere Tage lang in Seidengewänder zu hüllen, Reishüte aufzusetzen und ihr kulinarisch angeeignetes Chop Suey mit Stäbchen zu essen. Dass sogar eine Städtepartnerschaft mit der Metropolregion Nanjing besteht und offizielle Vertreter Chinas beim feierlichen Umzug mitmarschieren, rechtfertigt eine solche Kollektivbeleidigung eines ganzen Volkes natürlich in keiner Weise und führt mit schöner Regelmäßigkeit zur Schnappatmung einiger besonders lauter Weichmacher im Internet.

Cowboys, Piraten und Ritter bekommen derlei Rechte von den Vertretern der sogenannten Cancel Culture hingegen nicht zugebilligt. Dennoch sollten zumindest Kinder künftig auch auf solche Maskierungen verzichten, weil das Mitführen einer Spielzeugpistole, eines Plastikschwerts oder einer Kunststoffhellebarde in den Augen manch übereifriger Erzieherinnen der Verherrlichung von Waffengewalt Vorschub leistet. Auch wenn der pädagogische Ansatz in diesem Fall noch nachvollziehbar scheinen dürfte, frage ich mich, ob diese Leute schon mitbekommen haben, was auf unseren Pausenhöfen zwischenzeitlich los ist. Angesichts der riesigen Herausforderungen durch die Integration ausländischer Kinder oder der vielfältigen Bedrohungen durch das Internet dürfte ein Knallplättchenrevolver in der Fastnacht wirklich das geringste Problem sein.

Ebenfalls für Kinder aufgrund des stereotypen Rollenbildes auf den Index wandern sollten Prinzessinnen und Krankenschwestern. Rotkäppchen wiederum geht aufgrund der Verharmlosung von Alkohol nicht – immerhin wurde das arme Mädchen mit einer Flasche Rotwein zur Großmutter geschickt. Und über Pippi Langstrumpf brauchen wir ohnehin kein Wort zu verlieren, allein die wenig artgerechte Haltung ihrer Haustiere ist nicht mehr guten Gewissens vermittelbar.

Wenn Sie das alles eher erheiternd finden, warten Sie mit dem Lachen, bis ich Ihnen abschließend die wahre Geschichte der Tochter einer Freundin meiner Frau geschildert habe. Die kam kurz vor der Faschingswoche mit der Maßgabe nach Hause, im Rahmen der Nachhaltigkeitsbemühungen ihres Kindergartens eine Verkleidung aus Recyclingmaterial anzufertigen. Auf den Einwand der Mutter, das Auftragen des Hexenkostüms der großen Schwester sei doch so ziemlich das Nachhaltigste, das man an Karneval anziehen kann, hieß es vonseiten der Kita nur, dass man auf selbst gebastelte Outfits Wert lege, um den Mädchen und Jungen den dort vorherrschenden ökologisch-alternativen Erziehungsansatz effektiver näherbringen zu können. Ein Astronaut*innen-Anzug aus den vom Klopapier übrig gebliebenen Pappbrollen etwa wäre ein gutes Beispiel. Die Mutter glaubte erst an einen Faschingsscherz, war dann regelrecht bestürzt und meldete ihr Kind schließlich von der Kita ab. In die neue Einrichtung wird das Mädchen im nächsten Jahr hoffentlich als Hexe gehen können – falls sich bis dahin keine Interessengruppe benachteiligter Schadenzauberinnen meldet und Einwände erhebt. Denn zur Kluft gehört neben einem Umhang, einem Besen und einem spitzen Hut auch eine anklebbare Warze. Und da ist man bekanntlich ganz schnell im Bereich des Bodyshaming!

Tampon-Irrsinn im Ländle: Die hellseherischen Fähigkeiten der Monty Pythons

Monika Gruber

Immer wenn man, frau oder transperson denkt, der Irrsinn könne gar nicht mehr größer werden, kommt wieder irgendein besonders guter Gutmensch mit dem IQ einer Bratpfanne ums Eck – und zwar mit einer Forderung, die man selbst im geschlossenen Vollzug einer psychiatrischen Anstalt bestenfalls für eine unerwünschte Reaktion des Gehirns auf die Kombination mehrerer nicht aufeinander abgestimmter Psychopharmaka halten würde.

So geschehen vor nicht allzu langer Zeit im schönen Schwabenländle, das trotz oder vielleicht gerade wegen Kehrwochen und Turboboliden auch nicht gefeit vor wirrem und in diesem Fall einmal mehr recht grünem Gedankengut zu sein scheint: In der Landeshauptstadt Stuttgart, einst dank Daimler wirtschaftlicher Stolz des Landes und heute nicht nur wegen „Stuttgart 21" Synonym für politisches Vollversagen, sorgte die Grünen-Stadträtin Jitka Sklenářová für erhöhte Drehzahl beim Blutdruck einiger Kollegen. Die Dame forderte nämlich, dass Spender mit kostenlosen Tampons auch auf den Herrentoiletten des Rathauses installiert werden müssen.

Dort, wo früher also Erzählungen meiner männlichen Bekannten zufolge Automaten mit Kondomen, Travel Pussys, Einwegzahnbürsten oder anzüglichen Witzen hingen, sollen sich die Herren der Schöpfung und solche, die es werden wollen, mit ihrer Monatsblutung auseinandersetzen. Abgesehen davon, dass ich eh nicht verstehe, warum ein o.b. für jederfrau und jedermann in einem Rathaus unbedingt kostenlos sein soll, wäre mir beim Lesen der Meldung fast die Ginflasche ins Müsli gefallen. Dennoch vertraute ich auf die Vernunft des Stadtrates, der Frau Sklenářová sicher umgehend in eine Heilanstalt für Mateteeabhängige Kommunalpolitiker*innen einweisen würde.

Wer nun aber denkt, dass dieser Vorschlag aus Abstrusistan von den Damen Rats-Kollegen kurz als ADHS-Symptom einer aufmerksamkeitsaffinen Nachwuchsgrünen belächelt wurde und man nach belustigtem Geräusper und zwei Schlückchen Filterkaffee milde lächelnd wieder zur Tagesordnung überging, dem sei Folgendes gesagt: Oberbürgermeister Frank Nopper (CDU) sprach sich zwar gegen die Tampon-Offensive aus, wurde aber überstimmt. Weil es offensichtlich dem Großteil der Stuttgarter Stadträte einleuchtete, dass Männern deutlich gemacht werden soll, dass auch Transmänner die Herrentoilette benutzen, die deshalb möglicherweise auch o.b.s brauchen, wenn die Hormontherapie noch nicht gegriffen hat. Und dass Männern, die sich als Frau fühlen, das Angebot gemacht werden soll, dass sie Tampons benutzen können, auch wenn sie es gar nicht brauchen.

Mir fiel beim Lesen dieser Schildbürger-Posse sofort die berühmte Szene aus Monty Pythons „Das Leben des Brian" ein – dem 1979 entstandenen und an das Leben Jesu Christi angelehnten Kultfilm jener genialen britischen Komikertruppe, deren Ideen so abseitig komisch waren, dass man sich fragte, welche bewusstseinserweiternden Substanzen diese Burschen während des Drehbuchschreibens wohl jedes Mal zu sich genommen haben. Niemand konnte ahnen, dass die Herren Cleese, Idle, Palin, Gilliam und Jones vor über 40 Jahren gewissermaßen die Visionäre einer außer Kontrolle geratenen Geschlechterordnungspolitik gewesen sind. Die Szene jedenfalls geht so:

Eric Idle als Stan verkündet bei einer konspirativen Besprechung der „Volksfront von Judäa" in die Runde: „Ich möchte eine Frau sein. Ich möchte, dass ihr mich ab heute Loretta nennt!"
Reg (alias John Cleese): „Was?"
Stan: „Das ist mein Recht als Mann."
Reg: „Ja, aber warum möchtest du eine Frau sein, Stan?"
Stan: „Weil ich Babys haben möchte."
Reg: „WAS MÖCHTEST DU?? BABYS??"
Stan: „Jeder Mann hat das Recht, sie zu haben, wenn er sie haben möchte."
Reg: „Aber du KANNST keine Babys haben."
Stan: „Unterdrück mich bitte nicht."
Reg: „Ich unterdrücke dich überhaupt nicht, Stan, aber du hast keine Mumu, eine Gebärmutter hast du auch nicht. Wie soll denn das funktionieren? Willst du's in einer Zigarrenkiste aufheben?"
Stan (fängt an zu weinen).
Judith (alias Sue Jones-Davies): „Wartet, ich habe eine Idee. Nehmen wir an, dass ihr euch darauf einigt, dass er keine Babys bekommen kann, weil er keine Gebärmutter hat, woran niemand schuld ist, nicht mal die Römer, aber dass er das absolute Recht hat, Babys zu bekommen."
Francis (alias Michael Palin): „Gute Idee, Judith, wir kämpfen gegen die Unterdrückung für dein Recht, Babys zu haben, Bruder ... ähhh, Verzeihung, Schwester!"
Reg: „Das ist doch aber sinnlos."
Francis: „Was?"
Reg: „Das ist vollkommener Blödsinn, für sein Recht, Babys zu bekommen, zu kämpfen, wenn er keine Babys bekommen KANN!"

Francis: „Es ist symbolisch ... für unser Ringen gegen die Unterdrückung!"
Reg (mit Blick auf Stan): „Symbolisch für SEIN Ringen gegen die Realität."

So weit, so komisch.

Die Stadt Stuttgart ist nun sogar schon einen Schritt weiter als die weitsichtige und geradezu hellseherische Truppe der Monty Pythons: Man hat sich darauf geeinigt, dass Männer (abgesehen von oben genannten Transmännern) zwar nicht menstruieren, aber das absolute Recht darauf haben, eine Menstruation zu WOLLEN. Jedenfalls werden die Männer im Rathaus bereits beim Betreten der Herrentoilette durch die aufgestellten Tamponspender genau daran erinnert. Das ist aber Frau Sklenářová nicht genug: Sie möchte das Damenhygieneangebot nun auch auf alle Jungentoiletten Stuttgarts ausdehnen. Kostenpunkt: ein sechsstelliger Betrag. Da die Stadt aufgrund der zumindest immer noch vorhandenen Autoindustrie über recht üppige Gewerbesteuereinnahmen verfügen dürfte, nehme ich an, dass auch dieser sinnbefreite Vorschlag mehrheitlich durch den Stadtrat abgesegnet werden wird.

Mein Vorschlag an dieser Stelle: Da ich mutmaße, dass die Klos auch an den Stuttgarter Schulen ähnlich marode und ungepflegt sein dürften wie im Rest der Republik, würde ich das Geld lieber dafür verwenden, die vorhandenen Mädchen- und Bubentoiletten ebendort zu sanieren. Dieses Unterfangen scheitert hoffentlich nicht an der Umsetzung, da unsere zukünftigen Fliesenleger, Maurer und Sanitärfachkräfte lieber an Kreuzungen kleben oder Soziologie studieren. Aber das ist ein anderes Thema.

Davon abgesehen bleiben für mich noch folgende Fragen offen:
1. Sind die Tampons in verschiedenen Größen erhältlich?
2. Und wenn ja, sind es dieselben Größen, die für Damen genormt sind? Und wenn nochmals ja: Ist das nicht sexistisch allen Transmännern gegenüber?

3. Sind es Tampons in Regenbogenfarben, weil sich sonst eventuell nicht alle Geschlechter angesprochen fühlen könnten?
4. Dürfen die Dinger auch bei Durchfall (Prüfungsangst!) zweckentfremdet werden, um ihre ansonsten sinnlose Existenz wenigstens rektal zu rechtfertigen?

Fragen über Fragen, von denen die wichtigste zum Schluss kommt: Warum ist die ganze Welt denn plötzlich verrückt geworden? Handelt es sich um eine Wohlstandsdegeneration im Allgemeinen? Einen überausgeprägten Toleranzwahn mit Tendenz zum Gender-Schwachsinn? Oder doch nur um spätrömische Dekadenz im weiteren Sinne? Die Posse aus dem Schwabenländle kann nun wirklich nicht mehr den Römern angelastet werden. Sie ist einfach ein weiteres Kapitel, das jeden halbwegs normalen Menschen zurücklässt. Vollkommen ratlos, aber immerhin nicht ohne Tampon.

Auf einem Auge blöd: Über seltsame Richter und unverständliche Urteile

Andreas Hock

Meine Karriere als angehender Jurist dauerte genau sechs Semester. Warum ich nach meinem Abitur ausgerechnet dieses Fach gewählt habe, wird mir auf ewig ein Rätsel bleiben. In unserer Familie gab es weder Anwälte noch Richter, ich interessierte mich nicht für Gesetzestexte, Paragrafen und Mädchen in Barbour-Jacken und mein einziges Talent, sofern ich überhaupt eines besaß, wurde mir von unserer Deutschlehrerin Frau Riedel im Verfassen von Texten zugebilligt. Mein Bezug zur Rechtswissenschaft war folglich in etwa genauso groß wie zum Dressurreiten – also gleich null. Trotzdem schrieb ich mich Mitte der 90er-Jahre in Erlangen für ein Jurastudium ein. Schnell musste ich feststellen, dass das, was wir dort in muffigen Hörsälen und angeleitet von scheintoten Professoren in speckigen Cordanzügen durchnahmen, in etwa so spannend war wie die Lektüre der Betriebsanleitung eines Handstaubsaugers. Als in mir die Erkenntnis reifte, dass ich sogar lieber als Aushilfsvorwäscher in einer Autowaschstraße gearbeitet hätte als in einer Kanzlei, waren drei kostbare Jahre meines Lebens vergangen. Trotzdem war ich überglücklich, als der Spuk endlich vorbei war.

Zuletzt jedoch musste ich mir öfter eingestehen, dass ich vielleicht doch mehr akademisches Durchhaltevermögen hätte an den Tag legen sollen. Dann könnte ich mir zwar nicht meinen Frust über die Verblödung unserer Gesellschaft von der Seele schreiben, aber unter Umständen zu einem winzigen Stück mehr Gerechtigkeit in unserem Land beitragen. Denn was immer häufiger an seltsamen Urteilen gesprochen wird, hat mit dem großen G-Wort – zumindest nach meiner Interpretationsweise und der vieler anderer vernünftiger Menschen – bisweilen nicht wirklich viel zu tun. Hier drei Beispiele:

- Ein 30-jähriger Mann wurde für die Vergewaltigung eines 15-jährigen Mädchens in Osnabrück lediglich zu einer Bewährungsstrafe verurteilt – obwohl Paragraf 177 StGB für einen solchen Fall bis zu fünf Jahre Gefängnis vorsieht. Der Täter stammte aus Syrien, was normalerweise nichts zur Sache täte, weil Arschlöcher erfahrungsgemäß überall vorkommen. In diesem Fall muss es aber schon erwähnt werden: Der Richter sprach in seiner Urteilsbegründung nämlich davon, dass man dem Mann zugutehalten müsse, dass er als Flüchtling nach Deutschland gelangt sei, über eine Wohnung verfüge, bald auch eine Anstellung habe und sich folglich auf dem Weg befände, ein ganz normaler Mitbürger zu werden. Das aber ist ein Argument, über das man sicherlich geteilter Meinung sein kann.
- Mit einem Jahr auf Bewährung kam auch ein mutmaßlich 16-Jähriger (genau ließ sich das nicht feststellen) davon, der in Neustrelitz eine 11-Jährige vergewaltigt hatte. Dass der in diesem Fall afghanische Täter als erzieherischen Lerneffekt mit auf seinen weiteren Lebensweg bekam, eine Tat mit derart weitreichenden Folgen für das Opfer habe in seiner

neuen Wahlheimat keine wirklich spürbaren Konsequenzen für den Verbrecher, darf ebenfalls als durchaus problematisch betrachtet werden.

- Auch in Wien endete zuletzt der Prozess um die Vergewaltigung einer 13-Jährigen mit einem milden Urteil: Ein zum Tatzeitpunkt 14-jähriger Bub zwang das Mädchen mit äußerster Brutalität zu sexuellen Handlungen und musste von seiner zwölfmonatigen Haftstrafe gerade einmal vier Wochen absitzen, der Rest wurde zur Bewährung ausgesetzt. Sein Kumpan, der die Tat gefilmt hatte, ging ohnehin straffrei aus, da er mit seinen zarten 13 Lenzen auch in Österreich noch nicht als strafmündig galt. Dem Prozess ist er denn auch folgerichtig unentschuldigt ferngeblieben.

Dies sind nur drei von zahlreichen ähnlich gelagerten Fällen in den vergangenen Jahren, bei denen ich mich immer frage, ob die Menschen, die solche Entscheidungen im Namen des Gesetzes treffen, selbst ebenfalls Väter oder Mütter von Kindern sind – oder, falls nicht, zumindest noch alle Latten am Zaun haben. Gesetz beziehungsweise Gesetzgeber können übrigens meist nichts für solche Richtersprüche, von daher greifen reflexartige Forderungen nach härteren Regeln ins Leere. Es liegt nämlich einzig an den Gerichten, den rechtlichen Rahmen einer Norm auszuschöpfen, was leider viel zu selten passiert. Mag sein, dass ich in dieser Hinsicht wieder einmal besonders rückständig denke. Aber nach meinem juristisch selbstverständlich überaus laienhaften Dafürhalten sollte eine Strafe vorwiegend dazu dienen, darüber nachzudenken, ob das, was man gemacht hat, nicht doch irgendwie falsch war. Das unterscheidet unsere moderne Zeit nicht von den Anfängen unserer Rechtsordnung, wenn auch das Verbrennen auf dem Scheiterhaufen oder das Abschlagen einzelner Gliedmaßen inzwischen der Aufklärung sei Dank glücklicherweise etwas in Verruf geraten ist – zumindest, bis auch bei uns die Scharia das StGB vollständig ersetzt hat.

In einer meiner ersten Vorlesungen, bei denen ich seinerzeit noch genau zuhörte und mir die Zeit nicht bei einer Runde Stadt-Land-Fluss mit meinem Banknachbarn vertrieb, hatte ich gelernt, dass der Begriff der Strafe als wirkungsvolle Sanktion im 16. Jahrhundert Einzug in das weltliche Strafrecht hielt. Ihr Zweck war, einen sittlichen Tadel an den Übeltäter auszusenden – was in heutige Sprache übersetzt bedeutet: ihn gefälligst merken zu lassen, dass er Mist gebaut hatte. Ob der Aufenthalt auf einer griechischen Ferieninsel jugendliche Intensivtäter zur Einsicht bringen kann, wage ich ebenso zu bezweifeln wie die nachhaltige Abschreckungswirkung von ein paar Stunden Sozialarbeit im örtlichen Zoo für aggressive Messerangreifer.

Der Duisburger Buchautor Thorsten Schleif hat ausgerechnet, dass etwa 80 Prozent der Täter eines Körperverletzungsdeliktes mit Bewährungsstrafen von maximal zwei Jahren davonkommen, obwohl der Gesetzgeber die Höchststrafe 1998 sogar auf zehn Jahre erweitert hat. Angriffe auf Polizeibeamte ahndeten die Gerichte Herrn Schleif zufolge in fast zwei Dritteln aller Verfahren lediglich mit Geldstrafen – ungeachtet dessen, dass hier bis zu fünf Jahre Gefängnis möglich wären. Und bei sexuellem Kindesmissbrauch wurde laut seinen Recherchen in mehr als 80 Prozent aller Prozesse keine Haft verhängt. Bevor jemand wegen solch populistischer Zahlendrehereien zu hyperventilieren beginnt: Der Mann weiß vermutlich sehr genau, wovon er schreibt – er ist im Hauptberuf Amtsrichter.

Die Frage ist nur, woran es liegt, dass zwar unsere Paragrafen als solche gar nicht zwingend verändert werden müssten, die Auslegung derselben allerdings seit Längerem aus dem Ruder gelaufen zu sein scheint. Manchmal wirkt es fast so, als bräuchte ein Angeklagter gar keinen Verteidiger mehr, weil dessen Fürsprache stattdessen der Kammervorsitzende gleich selbst mit übernimmt. Mag sein, dass viele Gerichte überlastet sind oder manche Richter Angst vor Formfehlern und peinlichen Revisionsverfahren haben. Meine persönliche Theorie für solche Phänomene hingegen ist wie immer sehr viel schlichter: Ich glaube, dass einfach zu viele Waschlappen mit linksalternativer und antiautoritärer Erziehung ihr Jurastudium im Gegensatz zu mir zu einem erfolgreichen Ende gebracht haben.

Das aber ist sicher keine ausreichende Erklärung. Vielmehr überschätzen manche Richter mutmaßlich die einschüchternde Wirkung, die der schmucklose Sitzungssaal eines sanierungsbedürftigen Amtsgerichts und ein paar Menschen in einer schlecht sitzenden Robe auf manche Zeitgenossen mittlerweile haben. Nur ein Beispiel: Die Straßenschlachten zwischen verfeindeten libanesischen und syrischen Großfamilien mit teilweise über 500 Beteiligten im Ruhrgebiet haben einmal mehr aufgezeigt, wie viel Respekt mancherorts unseren Hoheitsorganen entgegengebracht wird. Nämlich – Achtung, Überraschung – gar keiner. Was dann schwierig ist, wenn man als Rechts- und sogar als Linksstaat trotzdem den Anspruch hat, eine gewisse gesetzliche Grundordnung aufrechterhalten zu wollen, anstatt sich derlei aggressives Klientel einfach die Köpfe gegenseitig einhauen zu lassen, wie es vermutlich in Teilen des Libanons oder Syriens der Fall wäre. Wird dann bei einem eventuellen Urteil auch noch der an sich richtige, oft aber ins Leere gehende Resozialisierungsgedanke höher gewichtet als die Wirkung einer spürbaren Bestrafung in Form eines langen Haftaufenthalts, muss man sich nicht wundern, wenn sich zu Bewährungsstrafen verurteilte Räuber, Schläger oder Betrüger schneller wieder ihrem vorherigen Betätigungsfeld widmen, als die beteiligten Juristen die entsprechenden Akten ins Archiv gestellt haben.

Dass Justitia an vielen Amts- oder Landgerichten auf einem Auge blind und auf dem anderen blöd zu sein scheint, ist aber bedauerlicherweise nur konsequent. Schließlich bekommen die dortigen Entscheidungsträger höchstrichterlichen Anschauungsunterricht in Sachen Messen mit zweierlei Maß. Wenn das Bundesverwaltungsgericht etwa erst in diesem Jahr den Datenschutz für wichtiger erachtet als den Schutz der Bevölkerung vor illegal eingewanderten

Menschen, muss man sich wenigstens nicht über fragwürdige Urteilssprüche wundern. In jenem Fall hatte eine nach eigenen Angaben aus Afghanistan stammende Frau dagegen geklagt, dass das Bundesamt für Migration es in einem Anflug übergriffiger Unverschämtheit wagte, ihr Mobiltelefon zur Identitätsfeststellung heranzuziehen. Da die Dame dummerweise ihren Pass zu Hause vergessen hatte, offenbar niemanden bitten konnte, ihn in Kabul mal kurz aufs Fax zu legen, und die Behörden leise Zweifel an ihrer eher inoffiziellen Heiratsurkunde hegten, sahen die BAMF-Mitarbeiter keine andere Möglichkeit. Die deutschen Verwaltungsrichter entschieden aber, dass die lapidare Überprüfung der Zugangsdaten eines Handys ein unverhältnismäßiger und damit rechtswidriger Eingriff in die Privatsphäre dieser Frau wäre und somit nicht für einen Herkunftsnachweis erfolgen dürfe. Wenn es nun jedoch offenbar ausreicht, irgendeinen nichtssagenden Wisch vorzulegen, um unser Asylrecht zu unterlaufen, ist das doch ein Hinweis auf den erschütternden Zustand eines Rechtsstaates.

Auch das Bundesverfassungsgericht tut sich immer mal wieder mit Beschlüssen hervor, die selbst bei wohlwollender Betrachtung nur den Schluss zulassen, das Jägerschnitzel in der Karlsruher Gerichtskantine sei mit Magic Mushrooms statt mit Dosenchampignons zubereitet worden. So erklärte Gerichtspräsident Stephan Harbarth – einst übrigens CDU-Bundestagsabgeordneter mit stattlichen Nebeneinkünften und in Pandemiezeiten gern gesehener Gast bei Abendessen mit Ex-Bundeskanzlerin Angela Merkel – den Einsatz einer speziellen Polizei-Software kürzlich für verfassungswidrig. Einziger Zweck des Computerprogramms war es, Datenbanken von Behörden nach Personen zu durchsuchen, um so eventuelle Querverbindungen von potenziellen Straftätern möglichst schnell zutage fördern zu können. Dass bei solchen Vorgängen naturgemäß auch Menschen erfasst werden, die selbst nur Zeugen oder Opfer von Straftaten waren, erschien Herrn Harbarth und seinem Senat als ausreichend genug für ein Verbot in der ursprünglichen Variante.

Zu befürchten hatten Unbeteiligte dabei eigentlich nichts – ihre Daten wären umgehend wieder gelöscht worden.

Nun mag es Leute geben, die ein solches Urteil als Sieg für die Bürgerrechte in Deutschland feiern. Ich hingegen würde mich ehrlich gesagt wohler fühlen, wenn die Bekämpfung von Terrorismus, Organisierter Kriminalität, Drogen- und Waffenhandel oder Kinderpornografie den höchsten Stellenwert polizeilicher Ermittlungsarbeit besäße. Dafür reihe ich mich mit meinen eigenen Bürgerrechten gern dahinter ein. Aber mich hat man leider auch dieses Mal nicht zu meiner Meinung gefragt.

Und auch die Entscheidung, das Gesetz zum pauschalen Verbot von Kinderehen als verfassungswidrig einzustufen, muss ich mit meinem unfundierten juristischen Halbwissen nicht verstehen – und möchte es auch nicht. Ich finde es einfach sonderbar, dass sich unsere höchsten Richter nicht daran stören, wenn 14-jährige Mädchen aus Afghanistan, Syrien oder dem Irak vermutlich nicht ganz freiwillig den Bund fürs Leben eingehen müssen. Gehört das zur Weltoffenheit unserer Gesellschaft?

Es ist erschreckend, aber bis auf die Sache mit der Strafe als Sanktion und wenige andere Begrifflichkeiten ist aus meinem Studium rein gar nichts hängen geblieben. Ich habe mir nur noch einen alten Juristenwitz gemerkt, den ich ebenfalls im allerersten Semester zu hören bekam – und an den ich immer denken muss, wenn ich einmal mehr von derartiger Rechtsprechung lese. Er geht folgendermaßen:

Was ist der Unterschied zwischen Juristen und dem lieben Gott? Gott hält sich nicht für einen Juristen.

Ein Saubär für 500 Euro: Aus den Niederungen eines bayerischen Amtsgerichts

Monika Gruber

Halt – eine kleine Anekdote aus dem juristischen Gaga-Land hätte ich auch noch hinzuzufügen: Im Raum Altötting sorgte erst vor wenigen Monaten ein Gerichtsurteil für große Aufregung. Eine 57-jährige Busfahrerin musste stattliche 500 Euro Geldstrafe bezahlen, weil sie einen 11-jährigen Schüler als „Saubär" bezeichnet hatte. Und das kam so: Der Bursche hatte an einem regnerischen Nikolaustag bei der Heimfahrt von der Schule seine Füße samt verdreckten Schuhen auf der gegenüberliegenden Sitzreihe abgelegt. Die Fahrerin forderte ihn daraufhin mehrmals auf, seine Schuhe von den Sitzen zu nehmen. Der Sechstklässler jedoch war Medienberichten über den Fall zufolge für solche Anweisungen leider nicht empfänglich, da er gerade höchst konzentriert mit seinem Mobiltelefon beschäftigt war. Bei einem späteren Halt tippte ihm die Frau anscheinend etwas fester auf die Schulter und wagte es zu sagen: „Kannst du deine nassen, dreckigen Schuhe nicht vom Sitz nehmen, du Saubär."

Nun muss man dazu wissen, dass bei uns in Bayern eine vermeintliche Beleidigung nicht immer wirklich eine Beleidigung darstellen muss. Was für empfindliche Ohren womöglich herabwürdigend klingt, kann durchaus auch als Kompliment gemeint sein. Der Ausruf „So a verreckter Hund" zum Beispiel bedeutet sinngemäß, dass man sich vor der Gerissenheit und dem Einfallsreichtum des Gemeinten in Acht nehmen sollte. Auch die Titulierung als „narrischer Deifi", also als verrückter Teufel, kann einen liebenswürdigen, ja geradezu respektvollen Unterton enthalten. Davon aber mal abgesehen, geht das Wörtchen „Saubär" angesichts des Zustands unserer Sprache auf den Schulhöfen der Republik oder in den zahllosen Kommentarspalten sozialer Medien ohnehin als harmlose Spöttelei durch.

Die Eltern des offenbar zu nicht besonders rücksichtsvollem Umgang mit fremdem Eigentum erzogenen Filius sahen dies aber komplett anders: Sie antworteten auf diese Maßregelung ihres Sohnes mit einer Anzeige, die von der gründlichen deutschen Gerichtsbarkeit natürlich mit einem standesgemäßen Verfahren vor dem Altöttinger Amtsgericht verhandelt werden musste. Bei der anschließenden Verhandlung erkannte der zuständige Richter Günther Hammerdinger in dem Begriff „Saubär" eine Formalbeleidigung. Überdies habe die Busfahrerin den Buben auch noch „gestupst", was fraglos eine vorsätzliche Körperverletzung an dem Kind gewesen sei. Vor Gericht einigten sich die Beteiligten auf Einstellung des Verfahrens – auch um dem vermutlich schwer traumatisierten Jungen die Aussage im Zeugenstand zu ersparen. Dennoch wurde die Busfahrerin zu einer Strafzahlung in Höhe von 500 Euro zugunsten des Kinderschutzbundes verdonnert. Immerhin gab Richter Hammerdinger dem 11-Jährigen noch den Rat, in Zukunft die Anweisungen von Busfahrern zu befolgen – und mahnte die zerknirschte Lenkerin, künftig bei der Arbeit gefälligst gelassener zu sein. In diesem Zusammenhang hätte ich an den Herrn Vorsitzenden noch fünf kleine Fragen:

1. Glauben Sie – und sämtliche anderen Richter mit pathologischem Täterverständnis –, dass dieser Hundskrüppel sich nach so einem Urteil beim nächsten Mal als vorbildliches Mitglied der Gesellschaft verhalten wird, indem Sie nicht die Tat, sondern die Maßreglerin bestrafen?
2. Was glauben Sie, erzählt der Saufratz nach dem Prozess seinen Klassenkameraden:
a) „Das mit den Schuhen mache ich nie wieder!"
b) „Der dummen F... von Busfahrerin hab ich's aber gezeigt. Das macht die nie wieder!"
3. Wie wird sich dieses Urteil wohl in Zukunft auf das Verhalten des Burschen im Umgang mit anderen Autoritäten wie Lehrern, Polizisten, Rettungskräften oder Nachbarn auswirken? Positiv oder eher negativ?
4. Wie ist es möglich, dass so eine Bagatelle bei vermeintlich ständiger Überlastung der Gerichte überhaupt vor dem Kadi landet?
5. Und last, but not least: Wie kann jemand, der so naiv ist wie Sie, es bis zum Richter bringen?

Sollten sich in den geäußerten Fragen eine oder mehrere Beleidigungen im juristischen Sinne verbergen, bin ich natürlich gern bereit, mich ebenfalls meiner Verantwortung zu stellen. Bis es so weit ist, finde ich es einfach nur sehr schade, dass ich dem Prozess gegen die 57-jährige Schulbusfahrerin nicht beigewohnt habe. Sonst wäre ich vor den Richtertisch getreten und hätte gesagt: „Herr Richter Hammerdinger, was kostet denn eine saftige Watsch'n für den verzogenen Kerl? Nehmen Sie am besten die Summe mal drei, denn dann schmiere ich den Eltern auch gleich noch eine – und zwar dafür, dass sie ihrem Erziehungsauftrag nicht nachgekommen sind! Ach, wissen Sie was ... in der heutigen Zeit: Ich nehm' gleich eine Zehnerkarte, sonst haben Sie so viel Papierkram. Kann ich bar zahlen oder einfach mit meinem guten Namen?"

Uncool ist das neue Cool: Man muss sich nicht schämen, ein Spießer zu sein

Andreas Hock

Wenn mich in meiner Jugend jemand als Arschloch, Blödmann oder Vollidioten bezeichnete, dann war zwar klar, dass ich mit diesem Menschen vermutlich keine gemeinsame Basis für eine anhaltende Freundschaft finden würde. Ansonsten aber war es ratsam, über solchen Dingen zu stehen. Man konnte sich nicht mit jedem vertragen und als wirklich verletzend empfand ich derlei Ausdrücke auch nicht. Allerdings gab es einen Begriff, der mir wirklich wehtat – wenn mich ein anderer als „Spießer" bezeichnete.

Mit 16, 17 oder 18 Jahren wollte ich, wie die meisten Teenager, einfach nur cool sein. Wahrscheinlich gelang mir das nicht immer, weil ich nun mal aus einem konservativen Elternhaus stamme, in meiner Erziehung Werte wie Rücksichtnahme, Höflichkeit oder Loyalität eine große Rolle spielten und für meinen Vater eine gewisse Beständigkeit fundamentale Bedeutung besaß. Deshalb verbrachten meine Eltern ihre Sommerurlaube immer im selben Hotel in Bad Hofgastein, sie luden immer dieselben Bekannten zu unseren Gartenfesten ein und trotz der einen oder anderen kleineren Auseinandersetzung schafften sie es, bis zu Papas Tod beinahe 50 lange Jahre einigermaßen glücklich verheiratet zu bleiben. Das prägt mich natürlich.

Dennoch versuchte auch ich als junger Mensch, im Rahmen meiner Möglichkeiten hin und wieder aus der bürgerlichen Umklammerung unserer vorstädtischen Reihenhausidylle auszubrechen. Ich ließ mir einen Ohrring stechen, trug Doc-Martens-Schuhe und englische Sportjacken, rauchte am Wochenende Gauloises-Zigaretten und machte sogar heimlich den kleinen Motorradführerschein, mit dem ich eine Vespa fahren durfte. Ein Spießer wollte ich also sicher nicht sein, wenngleich ich niemals für einen echten Rebellen getaugt hätte. Dazu war meine Herkunft zu prägend und meine Angst vor allzu unkalkulierbaren Substanzen wie Drogen zu groß. Ich gestehe aber, dass ich gelegentlich neidisch war auf andere Kinder, die ein paar Brüche in ihrer Vita vorzuweisen hatten; die in Patchworkfamilien mit Stief- oder Halbgeschwistern aufwuchsen oder dauernd umzogen und dabei die halbe Welt sahen. Heute weiß ich, wie viel Glück ich hatte, in einem harmonischen und nicht zerrütteten Umfeld mit größtmöglicher Kontinuität aufzuwachsen. Von daher sehe ich Spießigkeit nicht mehr als Beleidigung an, erst recht nicht in diesen Zeiten der globalen Unsicherheit, des immer größeren Egoismus und der von sozialen Netzwerken geprägten zwischenmenschlichen Oberflächlichkeit. Es mag komisch klingen, aber je verrückter die Welt um mich herum wird, desto mehr empfinde ich es als Privileg, ein Spießer zu sein.

Es fängt schon damit an, dass ich meine Frau weder über Tinder noch sonst ein zweideutiges Bumsportal kennengelernt, sondern noch ganz altmodisch angesprochen und zum Essen eingeladen habe. Solch eine langweilige Geschichte kann man heute eigentlich keinem mehr erzählen – noch dazu, wenn man überdies auch keine absonderlichen sexuellen Präferenzen mitzuteilen hat und sich im

Prinzip ganz wohl fühlt in seinem Körper als heterosexueller Mann, als der man schon auf die Welt gekommen ist. Nicht, dass Sie mich falsch verstehen: Ich halte es wirklich für ein großes Geschenk, in einer Gesellschaft leben zu dürfen, in der jeder das sein darf, was er will, während etwa ein Transmann oder eine Inter*Frau in anderen Teilen der Erde bestenfalls eingesperrt oder gleich gesteinigt werden. Ich finde es nur sonderbar, dass man sich heute beinahe dafür rechtfertigen muss, wenn man nicht alle 60 verschiedenen geschlechtlichen Auswahlmöglichkeiten aufzählen kann.

Auch eine gewisse Sehnsucht nach Sauberkeit und Ordnung sehe ich als nicht verwerflich an. Wer einmal an einem Sonntagmorgen in der Innenstadt einer deutschen Großstadt spazieren war, kann sich mit eigenen Augen davon überzeugen, dass es offenbar nicht mehr allzu viele Menschen gibt, die die Funktionsweise eines Abfalleimers verstanden haben. Das unaufgeforderte Verschönern von Eisenbahnwaggons, Hausfassaden oder Bushaltestellenhäuschen mit drolligen Bonmots wie „All Cops Are Bastards" stört mich ebenso wie aufgeschlitzte Sitze in der Tram, weshalb ich gegen eine flächendeckende Videoüberwachung des öffentlichen Raums nichts einzuwenden hätte. Tonnenweise Hundekot auf Gehwegen oder in Grünanlagen kann ich ebenfalls nichts abgewinnen. Und besonders zuwider sind mir jene Zeitgenossen, die sich allem Anschein nach keine anständigen Hosen leisten können und das Haus stattdessen vorzugsweise im Jogginganzug verlassen, dafür aber eine Waschanlagen-Flatrate für ihr Auto abgeschlossen haben, die mehrfach pro Woche genutzt wird.

Ich bekenne auch, dass ich mich kulinarisch längst wieder der guten alten Hausmannskost zugewandt habe, anstatt ständig neue Essenstrends auszuprobieren, die in Hochglanzmagazinen mit unverständlichen englischen Titeln angepriesen werden. Es erschließt sich mir nicht, weshalb „Superfood" super ist, was eine Miso-Suppe von haushaltsüblichem Spülwasser unterscheidet und warum man unbedingt eine vegane Bratwurst auf den Grill legen soll, wenn man noch weitestgehend alle Zähne besitzt. Ich freue mich zwar, dass sich inzwischen viele Menschen bewusster ernähren und nicht mehr tonnenweise Billigmist in sich hineinstopfen. Trotzdem wundere ich mich darüber, dass gerade die angeblich so nachhaltige Generation Lastenfahrrad gedankenlos Bowls bestellt, in denen Zutaten wie Quinoa, Goji-Beeren oder Sojakeime jeweils 8.000 Flugkilometer hinter sich haben. Dabei ist kaum etwas nachhaltiger als unsere spießige einheimische Küche, wenn man saisonale und regionale Produkte zum Kochen verwendet. Und selbst wenn meine Leibspeise eine schlechtere Klimabilanz vorzuweisen hat als ein Pflücksalat aus dem heimischen Gemüsebeet, lasse ich für eine selbst gemachte Rindsroulade mit einem frischen Kartoffelkloß und einer dampfenden Portion Blaukraut nach dem Rezept meiner Oma alles stehen und liegen. Vegetarier, Pescetarier, Veganer und Frutarier mögen mir bitte gnädig sein.

Damit einhergehend beobachte ich bei mir einen zunehmenden Hang zu gewissen Traditionen. Was habe ich meinen Vater dafür verflucht, dass er uns früher immer zu Veranstaltungen mitgenommen hat, auf denen die Musik vorwiegend von Blechblasinstrumenten erzeugt wurde und ganz ohne Bassdrum auskam, die meisten Gäste Trachten trugen und der Höhepunkt das Aufstellen eines Maibaums war. Heute sitze ich selbst gern dort und freue mich, wenn es noch untätowierte junge Leute gibt, durch deren Ohrläppchen man nicht hindurchsehen kann und die sich in einem Brauchtumsverein engagieren. Es mag ebenso eine Alterserscheinung sein, aber es gibt kaum eine Bevölkerungsgruppe, die ich mehr bedauere als jene selbst ernannte Szene, die sich nächtelang in dunklen Clubs herumplagen muss, um zu einer Art Musik zu tanzen, die erst vor einigen Monaten von einem New Yorker DJ zum ersten Mal entdeckt wurde.

Außerdem gehe ich gern mit meiner Familie auf Weihnachtsmärkte, mache freiwillig beim Kindergartenbasar mit und finde sogar Gefallen daran, wenn eine Hecke akkurat geschnitten ist. Mein

Freundeskreis hat sich seit mehr als 20 Jahren nicht verändert und ich schäme mich keinesfalls dafür, dass niemand davon ein extrovertiertes Hobby wie Base Jumping, Eisbaden oder Geocaching hat, sondern die meisten meiner Kumpels am liebsten in einer Kneipe sitzen oder am Wochenende entweder zum Fußball oder zum Wandern gehen. Wenn meine Frau am Samstag einen Essensplan für die kommende Woche aufstellt, beruhigt mich das ebenso wie die Tatsache, mich an zumindest 35 Sonntagabenden im Jahr darauf verlassen zu können, dass ein neuer „Tatort" ausgestrahlt wird, während schon ein „Polizeiruf 110" mit einem neuen Team meine Ordnung durcheinanderbringt. Ich weiß es zu schätzen, wenn die Nachbarn nach 22 Uhr nicht mehr auf der Terrasse sitzen oder wenn ich einen fehlerfreien Brief statt einer E-Mail ohne jegliche Interpunktion erhalte. Einen Morgenmantel trage ich deshalb noch lange nicht, ich teile unseren Gästen keine Hausschuhe aus und zeige niemanden an, wenn er an einem gesetzlichen Feiertag den Rasen mäht. Aber ich scheue mich auch nicht zu sagen, dass früher manches besser war, wenn ich es eben so empfinde.

Stasi 2.0: Neue praktische Hilfsmittel für recht- und linksschaffene Bürger

Monika Gruber

Immer wenn man denkt, der Irrsinn im besten Deutschland aller Zeiten sei nicht mehr steigerungsfähig, wird einem wieder eine neue Hiobsbotschaft um die geplagten Ohren geschleudert. In die Kategorie „Zu wahr, um blöd zu sein" fällt auch der Vorschlag, dass Bund und Länder künftig Internetportale fördern, auf denen wir recht- und vor allem linksschaffenen Bürger Vorfälle melden sollen, die zwar nicht strafrechtlich relevant sind, aber möglicherweise diskriminierend. Also gewissermaßen ein virtueller Vorurteils-Pranger.

So fördert die grüne Familienministerin Lisa Paus beispielsweise eine sogenannte „Meldestelle Antifeminismus", bei der konkrete Bedrohungen, aber auch „Kampagnen gegen gendergerechte Sprache" oder Diebstähle von Regenbogenflaggen gepetzt werden können. Dabei wird natürlich nicht genau definiert, was unter „Bedrohung" verstanden werden darf: Vielleicht reicht ja schon das Tragen von High Heels als Zeichen einer antiquierten Sexfantasie von alten, weißen Männern, um Mitarbeiter von feministischen Organisationen zur Schnappatmung zu verhelfen? Oder die Tatsache, dass es Frauen gibt, die tatsächlich mit einem Mann verheiratet sind, zwei leibliche Kinder haben und zu allem Überfluss auch noch öffentlich kundtun, dass sie niemals mit einer anderen Frau ins Bett gehen würden? Das Empörungslevel einiger Gesellschaftsgruppen liegt ja heutzutage im Schnitt bei einem Zehntel dessen, was Uli Hoeneß bei einem Spiel des FC Bayern gegen Borussia Dortmund auf die Palme bringt.

Außerdem: Was darf ich überhaupt unter „Kampagnen" gegen gendergerechte Sprache verstehen? Zählt ein kleines Schmählied des bayerischen Musikbarden Roland Hefter („Genderpolizei") schon dazu? Darf ich mich in meinem Bühnenprogramm nicht über Gendersprache, VergewaltigerINNEN und -AUSSEN und die Behauptung, es gäbe 72 Geschlechter, lustig machen? Darf ich nicht mehr behaupten, ich sei das 73. Geschlecht, nämlich eine Trans-Schüchterne, gefangen im Körper eines Kettensägen-Mundwerks? Werden ansonsten Aktivisten besagter Meldestelle mit Transparenten vor dem „Circus Krone" in München aufmarschieren, um mich als Antifeministin zu schmähen? Bekomme ich einen Strafzettel pauschal für alle noch ausstehenden Veranstaltungen oder darf ich ein Bußgeld pro Veranstaltung bezahlen? Oder werde ich gar mit Sprech- oder Berufsverbot belegt? Und überhaupt, um in den Worten von Trapattoni zu sprechen: „Was erlaube Frau Paus?" Sie möchte Menschen denunzieren und eventuell bestrafen, die gegen gendergerechte Sprache sind, die von der überwältigenden Mehrheit der Deutschen und Österreicher übrigens nachweislich abgelehnt wird? Aber fördert genau dieses sture Festhalten an einer Ideologie nicht genau die Spaltung, die Herrschaften wie Frau Paus ansonsten immer Parteien wie der AfD vorwerfen? Anscheinend wird man betriebsblind, wenn frau zu viel vom grünen Kelch der moralischen Überlegenheit gekostet hat.

Vielleicht hat man sich in den letzten Jahren schlichtweg auch nur auf die Kernkompetenz mancher besonders leicht zu erhitzender

Gemüter konzentriert, denen das Denunziantentum spätestens seit 1933 irgendwie im Blut zu liegen scheint. Anders ist kaum zu erklären, dass selbst anonymisierte Meldungen inzwischen gern dazu genutzt werden, um politisches Handeln zu beeinflussen.

Auswüchse dieser leider noch immer typischen Unart konnte man besonders gut während der Pandemie beobachten. Nicht nur, dass in manchen biederen Einfamilienhaussiedlungen Standleitungen zum lokalen Ordnungsamt eingerichtet wurden, um etwaige Coronaverstöße im nachbarlichen Vorgarten umgehend anzeigen zu können. Ein befreundeter Hotelier am Achensee in Tirol wurde – teils anonym – von Gästen beschuldigt, er würde die staatlich verordneten Maßnahmen wie Maske und Testpflicht bei der Anreise nicht konsequent genug einhalten. Einige Gäste zeigten ihn daraufhin – selbstverständlich ebenfalls ungenannt – an, was eine Hausdurchsuchung durch die Polizei, die Schließung und Räumung des Hotels für mehrere Wochen sowie einen Prozess zur Folge hatte, bei dem keine der Personen, die sich beschwert hatten, anwesend sein mussten. Der Verdacht und die Denunziation reichten aus, um einen Betrieb mit über 150 Mitarbeitern vorübergehend dichtzumachen und eine Existenz fast zu vernichten. „In dubio pro reo" – also im Zweifel für den Angeklagten – war ausgehebelt worden. Das Hotel hat inzwischen zwar wieder geöffnet, aber die Sache ist laut meinem Bekannten noch längst nicht ausgestanden.

In Nordrhein-Westfalen sollen unterdessen gleich vier Meldestellen für „Queerfeindlichkeit, antimuslimischen Rassismus, Antiziganismus sowie anti-Schwarzen, antiasiatischen und weitere Formen von Rassismus" eingerichtet werden. Falls Sie auch nicht wissen sollten, was sich hinter dem Wörtchen „Antiziganismus" verbirgt: Damit bezeichnet man eine historisch entstandene Konstruktion, die sich gegen Gruppen richtet, die als sogenannte „Zigeuner" wahrgenommen und stigmatisiert werden, so erläuterte es jedenfalls Emran Elmazi vom Dokumentations- und Kulturzentrum Deutscher Sinti und Roma.

Dass es offenbar ein gemeinsames Dokumentationszentrum für Sinti *und* Roma gibt, verwirrte mich, denn eigentlich sind sich diese beiden Volksgruppen nicht wirklich wohlgesonnen, um es gelinde auszudrücken. Auch auf die Gefahr hin, dass ich jetzt in NRW gemeldet werde: Die Leut' sind sich meines Wissens spinnefeind. Als beispielsweise der Ukraine-Krieg anfing, waren unter den ersten Kriegsflüchtlingen auch Hunderte von Sinti und Roma. Dies sorgte in den Unterkünften in München-Riem für große Tumulte: Der Betreiber meldete der Stadt, dass er in den Räumlichkeiten Tag und Nacht das Licht brennen lassen müsse, damit die Angehörigen beider Ethnien nicht permanent aufeinander losgingen. Das ist zwar sehr bedauerlich für jene Sinti und Roma, die sich zu benehmen wissen, schürt aber eben durchaus das eine oder andere kleine Vorurteil. Und das muss selbstverständlich umgehend gemeldet werden! Ob aber die Meldestelle für Antiziganismus auch einen Beauftragten für abmontierte Kloschüsseln hat, ist mir nicht bekannt.

Ganz unabhängig davon frage ich mich, wie man eigentlich mit Sinti und Roma verfahren soll, die sich selbst als „Zigeuner" bezeichnen. Bei Franz Xaver Bogners bekannter Serie „München 7" haben wir während einer Folge zwei Tage lang mit einer Gruppe von Sinti und Roma gedreht. Als ich den sympathischen Teufelsgeiger der Gruppe fragte, wie ich ihn korrekt ansprechen dürfe, meinte er mit einem süffisanten Lächeln: „Mädel, wir sind Zigeuner, basta!" Soll ich diesen rassigen Geiger nun in Zukunft bei der Meldestelle für Antiziganismus wegen Autorassismus anzeigen? Und was passiert dann mit ihm? Muss er zur Strafe in jeder Folge der *BR*-Volksmusiksendung „Brettl-Spitzen" in Lederhosen und Gamsbarthut auftreten? Vielleicht ist es ja auch schon rassistisch, wenn ich ständig im Ausland betone, ich sei keine Deutsche, sondern eine Bayerin! Und was passiert wohl erst, wenn ich in Zukunft von einem „Saupreiß" spreche, nachdem ich mal wieder einen zugereisten Niedersachsen in Kunstfasertracht auf der Wiesn lautstark „einen Maß

Bier" bestellen höre: Werde ich dann von einer „Meldestelle für Antipreußismus" oder so ähnlich zu einem lebenslangen Oktoberfest-Verbot samt Integrationskurs in Hannover verdonnert?

Gerade die „Meldestelle Antifeminismus" macht mir persönlich Kopfzerbrechen. Zum einen, weil ich als alte, weiße und leider unverbesserlich heterosexuelle Frau die ganze Genderei für die geistige Onanie von untervögelten Pseudo-Feministinnen halte, die ganz andere Probleme haben als die echte Gleichberechtigung von Mann und Frau. Dabei gäb's dagegen sicher auch was von Ratiopharm.

Zum anderen, weil ich erfahren habe, dass der Träger der „Meldestelle Antifeminismus" die Amadeu Antonio Stiftung ist, die zwar von sich behauptet, sie würde die Demokratie fördern, aber in Wahrheit den Grünen nahesteht, was quasi ein Widerspruch in sich ist. Und quasi als Sahnehäubchen obendrauf war bis 2022 eine Dame namens Anetta Kahane die Leiterin dieser Stiftung, die zu DDR-Zeiten acht Jahre als IM für die Stasi tätig war. Zumindest bei der Amadeu Antonio Stiftung hat man offensichtlich keine Probleme, die perfekten Fachkräfte für unsere neuen Meldestellen zu finden.

Haribo macht Kinder froh – nur der Cem, der mag's nicht so: Werbeverbote und andere tolle Ideen für eine bessere Welt

Andreas Hock

Alte, weiße und vor allem engstirnige Männer wie ich können mit den Grünen zugegebenermaßen recht wenig anfangen. Das war früher schon so und liegt nicht nur an meinem durch und durch reaktionären Elternhaus, für das die Angehörigen dieser Partei vorwiegend dauerstudierende und unrasierte Gammler waren, die gegen die dringend benötigte Wiederaufarbeitungsanlage in Wackersdorf protestierten. Es liegt auch an der Zeit, in der ich groß geworden bin: eine Zeit, in der die Lasche an der Cola-Dose noch bedenkenlos abgezogen werden konnte. Eine Zeit, in der das Lehrerzimmer oder die Schülertoilette ohne Sternchen im Wortinneren auskamen. Eine Zeit, in der man für einen Schulstreik allenfalls ein paar hinter die Löffel bekommen hätte. Eine Zeit, in der Elektroautos noch mit vier Einwegbatterien betrieben wurden, ungefähr 30 Zentimeter lang waren und von ihrem minderjährigen Besitzer per Fernbedienung gesteuert werden konnten. Eine Zeit, in der Heimatkunde unterrichtet wurde, ohne dass sich woke Elterninitiativen gegen dieses Fach bildeten. Kurzum: eine Zeit, an die jeder und jede und vielleicht auch jedes heutige Grüne vermutlich mit Schaudern zurückdenkt, wenn er, sie oder es diese denn überhaupt selbst erlebt hat.

Dabei gab es mal eine Phase, in der selbst ich insgeheim froh war, dass sich diese Partei Anfang der 80er-Jahre anschickte, das Land zu verändern, und die mit Joschka Fischer einen Mann in ihren Reihen hatte, der den bräsigen Politikbetrieb ein wenig aufmischte mit seiner unkonventionellen Art. Ich gebe zu, dass ich es mit zehn oder elf nicht ganz uncool fand, dass im biederen Bundestag allen Ernstes das Wort „Arschloch" fiel. Außerdem machte ich mir damals Sorgen wegen des Waldsterbens, das ich mit eigenen Augen selbst in dem kleinen Eichenwäldchen beobachten konnte, in dem ich immer mit meinen Kumpels kletterte. Und ich hatte Angst davor, dass wir uns im Sommer nicht mehr abkühlen konnten in dem kleinen Bächlein, das unseren Ortsteil durchquerte, weil das Wasser voller Gifte war wegen des sauren Regens oder der mit industriellen Schwermetallen verseuchten Böden.

Aber diese Phase ging vorüber und je älter ich wurde, umso weniger konnte ich den Ideen der Grünen abgewinnen. Auch wenn ich die grundsätzlichen Vorstellungen dieser Leute einer sauberen Umwelt und einer gerechten Welt gut nachvollziehen konnte, nervte mich zusehends, dass sie Politik immer schon so verstanden, entweder beleidigt zu sein oder andere belehren zu wollen anstatt sich einer Diskussion zu stellen. Ich erinnere mich an den allerersten Freund, den meine Cousine zu Onkel und Tante nach Hause brachte. Es handelte sich um einen naturverbundenen Kerl, der aussah wie eine Mischung aus Cat Stevens und dem jungen Otto Waalkes und der auf seinem Gitarrenkoffer einen riesigen Aufkleber mit der Botschaft „Atomkraft? Nein danke" angebracht hatte. Bei

Familientreffen ließ er nichts unkommentiert. Er schmähte das Nackensteak, das mein Onkel für alle in seinem Schrebergarten grillte, in einer Weise, die uns allen den Appetit verdarb. Er schaltete demonstrativ das Licht aus, wenn es länger als eine Minute unbeaufsichtigt brannte, und er diffamierte meinen Golf als Dreckschleuder. Allerdings war er meiner Vermutung nach auch nicht per Einbaum nach Goa gelangt, wo er einmal pro Jahr für einige Wochen meditierte. Und Doppelmoral fand ich sogar noch schlimmer als Besserwisserei.

Diese Entfremdung zwischen mir, den Grünen und ihren Anhängern, Anhängerinnen und Anhängenden, die damals begann, ist in den vergangenen zehn Jahren noch mal deutlich gewachsen. Nicht dass wir uns missverstehen: Auch ich fände eine Erde ganz toll, auf der sich alle Leute gleich welcher Herkunft und welchen Glaubens vor Nächstenliebe um den Hals fallen und es weder Einkommensunterschiede noch Kriege und schon gar keinen Hunger gäbe. In der kein einziges Gramm CO_2 mehr ausgestoßen werden müsste, weil unbewohnte Wüsten mit riesigen Solarparks sinnvoll genutzt würden und Millionen Windräder und klimaneutrale Wasserkraft für die restliche Energie sorgten. In der glückliche Rindviecher auf endlosen Bio-Weiden grasen dürften und in der jedes Huhn über mindestens 50 Quadratmeter Platz verfügte, bevor es an Altersschwäche stirbt und in einem Suppentopf landet. Allein: So funktioniert unsere komische Welt nicht. Zumindest nicht, solange keiner ein Medikament gegen Eigenschaften wie Egoismus, Gier oder Neid erfindet und etwa arabische Ölscheichs, russische Oligarchen, amerikanische Hedgefonds-Milliardäre oder afrikanische Despoten dazu bringt, ihren Reichtum mit dem Rest der Erdbevölkerung zu teilen.

Insofern bewundere ich zwar den Einfallsreichtum vieler grüner Politikerinnen und Politiker, die uns immer wieder neue Vorschläge für eine bessere Zukunft präsentieren. Die Ernsthaftigkeit, mit der das passiert, bereitet mir allerdings zunehmend Sorgen. Bis ich etwa begriff, dass der legendäre Veggie Day kein Scherz war, dauerte es einige Tage. Ich stellte mir dann vor, wie in der Kantine des großen Industriebetriebs, für den ich gelegentlich einige Pressearbeiten übernehme, die Frühschicht auf ihre Currywurst verzichten und stattdessen mit einem Tofu-Bratling vorliebnehmen muss. Bei den Arbeitern, die um 6 Uhr morgens ihren Dienst beginnen, handelt es sich um Kollegen, die unter anderem Metallbottiche von jeweils ein paar Hundert Kilogramm Gewicht per Hand durch die Produktionshallen transportieren müssen. Oder Maschinen von der Größe eines Einfamilienhauses reinigen. Oder bei Wind und Wetter ein Dutzend Lkw-Ladungen entladen. Wenn diese Leute per Dekret kein Fleisch mehr während ihrer Mittagspause essen dürften, würden sie vermutlich nicht nach dem tieferen Sinn der Maßnahme fragen und anschließend ihr eigenes Konsumverhalten reflektieren. Sie würden umgehend kündigen – zuvor aber noch die Essensausgabe in Brand setzen.

Die Anregung der Grünen Jugend, die Bundeswehr komplett abzuschaffen, hat sich zwischenzeitlich bekanntermaßen durch die traurige Realität überholt. Ähnlich absurd fand ich auch das Vorhaben der langjährigen grünen Bundestagsabgeordneten Elisabeth Scharfenberg, Behinderten kostenlosen Zugang zu sexuellen Dienstleistungen zu gewähren. Nicht, dass ich beeinträchtigten Menschen solcherlei Freuden missgönne. Aber ich bin doch der Meinung, der Staat solle sich aus derlei Gewerken und vor allem deren Subventionierung lieber heraushalten. Unisex-Toiletten kann ich ebenfalls nichts abgewinnen, weil ich zum Beispiel keiner Frau zumuten möchte, gemeinsam mit einem Dutzend männlicher Konzertbesucher, Dynamo-Dresden-Fans oder betrunkener Stammtischbrüder ihr Geschäft verrichten zu müssen. Den bizarren Fetisch für Gendersprache oder das vollkommen bizarre Selbstbestimmungsgesetz behandeln wir in diesem Buch ohnehin an anderer Stelle. Und die angedachten Verbote von Weihnachtsbäumen, Deutschlandfahnen oder V-Männern waren zu dämlich, um sie näher zu besprechen. Der Vorteil ganz vieler solch grotesker Gedanken war, dass sie von Grünen stammten, die gottseidank nichts zu entscheiden hatten im Land.

Von anderem Kaliber sind da schon echte Gesetzesentwürfe – wie jener, Öl- und Gasheizungen ab einem bestimmten Stichtag in nicht allzu ferner Zukunft zu verbieten. Dieses Vorhaben unseres nebenberuflichen Noch-Wirtschaftsministers war gleich derart unausgegoren, dass selbst die bräsigen Deutschen zu Zigtausenden auf die Straßen gingen und gegen diesen Schwachsinn lautstark protestierten. Und selbst wenn nach etlichen Verschlimmbesserungen des Regelwerks der Einbau von Ölheizungen nun erst 2045 endgültig untersagt werden soll, müssen doch schon jetzt höchst funktionale Bestandsheizungen ausgetauscht werden, wenn sie nur älter als 30 Jahre sind. Dabei ist der Betrieb solch langlebiger Öfen doch eigentlich viel nachhaltiger als die Anschaffung neuer und womöglich noch nicht ganz ausgereifter Technik.

Es wird spannend sein zu sehen, wie in den kommenden Jahren geschätzte zehn Millionen Wärmepumpen, Pelletöfen oder Solarthermieanlagen in teils 100 Jahre alte Mietshäuser eingebaut werden sollen, wo es bereits jetzt Wartezeiten von mehreren Monaten für die Beschaffung eines einzelnen solchen Geräts gibt und vor allem kaum ausgebildete Handwerker, die das Zeug auch fachgerecht einbauen können. Aber mit solchen organisatorischen Kleinigkeiten wie 60.000 fehlenden Heizungstechnikern kann sich ein Visionär wie Robert Habeck natürlich nicht herumplagen. Zur Not müssen halt ein paar arbeitslos gewordene Fleischer umschulen.

Auch das von Habecks Kabinettskollegen Cem Özdemir geforderte Werbeverbot für Süßwaren und andere ungesunde Lebensmittel fällt unter die bei vielen Grünen seit jeher beliebte Kategorie „Erst reden, dann nachdenken". Denn abgesehen davon, dass während meiner Kindheit noch die Eltern und nicht die Fünf- oder Sechsjährigen selbst für den Kauf von Schokolade, Lakritzbonbons oder Schaumwaffeln zuständig waren und sich in meinem Fall sehr resistent gegen jeden meiner Quengelversuche zeigten: In letzter Konsequenz würde Cems Anti-Zucker-Initiative auch bedeuten, dass selbst eine alteingesessene italienische Eisdiele, die sich seit mehreren Generationen in unmittelbarer Nähe einer Schule, eines Kindergartens oder einer frutarisch-antiautoritären Tagesstätte für Babygrüne befindet, zumindest ihre für Minderjährige einsehbare Auslage abdecken und die Eistüte an ihrer Leuchtreklame neutral abkleben muss.

Was solche Pläne an Arbeitsplatzverlusten für Lebensmittelhersteller, Imbissbuden, Cafés und Restaurants, Werbetreibende, Druckereien oder andere Faschisten bedeuten, zählt wie so viele andere Begleiterscheinungen grüner Politik selbstverständlich zu den unvermeidbaren Kollateralschäden. Man kann eben nicht alles haben – eine großartige, nachhaltige Politik und eine Bevölkerung, die für ihren eigenen Lebensunterhalt sorgen soll. Wie die bis vor Kurzem amtierende Parteivorsitzende Ricarda Lang heute aussehen würde, hätte ihr der unverantwortliche Thomas Gottschalk nicht jahrzehntelang von Goldbären vorschwärmen dürfen, ist in diesem Zusammenhang eine vollkommen unstatthafte Frage und wird hiermit offiziell zurückgezogen.

Ich will nicht allzu boshaft sein, aber ich bin schon sehr gespannt, welche Sau – pardon: welches fermentierte Fleischersatzprodukt – noch durchs Dorf beziehungsweise durch unser Land getrieben wird, bevor der Spuk im Herbst 2025 dann ein Ende hat. Ohne zu unken, sehe ich für die mutmaßlich letzten Ampel-Monate schwarz für den Ausschank von Alkohol in Gegenwart stillender Mütter (und Väter natürlich), für das Kauen von Kaugummi im Beisein älterer Menschen mit dritten Zähnen oder für den Verkauf von Frauenzeitschriften ohne Warnhinweise für Transpersonen. Bei näherem Nachdenken machen die Grünen es schon richtig: Ein Volk, das so blau- oder besser gesagt grünäugig ist, einer solch realitätsfremden Partei Regierungsverantwortung anzutragen, hat es nicht anders verdient, als nach Strich und Faden bevormundet und veräppelt zu werden. Wenn man es vor Lachen, Weinen oder Verzweiflung gar nicht mehr aushält, kann man sich wenigstens einen ordentlichen Joint anstecken. Der ist ja glücklicherweise inzwischen erlaubt.

Ein kluger Satz von Ringelnatz: Sicher ist, dass nichts sicher ist – selbst das nicht

Monika Gruber

Als sich die Coronapandemie auch nach Ansicht unserer Politiker gerade in den letzten Zügen befand, war ich zu einer Charity-Gala eingeladen. Normalerweise meide ich ja solche Anlässe wie Anton Hofreiter den nächsten Friseurbesuch. Meistens auch aus dem Grund, weil ich die Gesamtspendensumme von aufgerundeten 20.000 Euro bei einer Ansammlung von Multimillionären, die bei getrüffeltem Schabrackenwaran-Risotto und Schampus aus Nebukadnezar-Flaschen den Klängen der ortsüblichen Wohltätigkeits-Hofnarren lauschen, ziemlich schäbig finde. Ich verstehe schon immer den Aspekt nicht, warum man den Gegenwert der in aller Regel höchst üppigen Verköstigung samt Kosten für die obligatorische 50-köpfige Big Band nicht gleich einfach ebenfalls dem guten Zweck zugeführt hat. Aber egal.

Dieses Event war jedoch anders: Das Catering bestand aus labberigen Käsesemmeln und schlechtem Filterkaffee, das Programm war lang. Alle anwesenden Personen stifteten irgendeinen Gegenstand zur Versteigerung für den guten Zweck beziehungsweise traten umsonst auf und das Ganze wurde auch noch im Fernsehen übertragen. Und da ich ein paar meiner geliebten Bühnenschuhe versteigern wollte, war auch ich als Gast in diese Sendung eingeladen. So weit, so erfreulich. Denn ich freute mich darauf, einige Kollegen und auch meine Lieblingsmaskenbildnerin Heike (von mir immer liebevoll „Zwetschgerl" genannt – ich heiße bei ihr seit einem sechswöchigen Monsterdreh vor zehn Jahren nur „Monschgalix") nach langer Abstinenz wiederzusehen. Ich wollte vor Ort ein bisschen mit ihnen plaudern und vielleicht ein Gläschen oder eineinhalb mit ihnen auf das bevorstehende Weihnachtsfest trinken. Da ich im Dezember schon spielfrei hatte, weil die Vorweihnachtszeit meine liebste Zeit des Jahres ist, hatte ich bereits alle Geschenke besorgt, das Outfit für den Abend stand seit Wochen fest, kurzum: Ich war tiefenentspannt und für alle vorweihnachtlichen Versorgungskämpfe mit schlecht gekleideten Studienräten an den Kühltheken örtlicher Supermärkte und Feinkostläden gerüstet.

Eines schönen Morgens schnellte mein Puls allerdings schon vor dem ersten Kaffee in die Höhe, denn ich bekam Post von meiner Pressedame, die mir eine sechsseitige Sicherheitsunterweisung des Senders weiterleitete, der die Charity-Gala übertragen sollte. Die Formulare waren verbunden mit der dringlichen Bitte, diese unbedingt zu unterzeichnen. Allerdings war ich mir nicht sicher, ob es sich bei diesem Schreiben um einen Scherz oder tatsächlich eine ernst gemeinte Anweisung handelte.

Ich stutzte: Schon öfter hatte ich an dieser Gala teilgenommen, aber eine „Sicherheitsunterweisung" hatte es in all den Jahren zuvor noch nie gegeben. Existierte eventuell eine besondere Gefahrenlage, von der ich nichts mitbekommen hatte? Drohte eine fränkische Splittergruppe des IS mit Sitz in Fürth damit, das Nürnberger Christkind zu entführen? Wurden über der Halle, in der die Gala stattfand, chinesische Abhördrohnen gesichtet? Oder war gar wieder ein neues, noch tödlicheres Virus im Anmarsch, das ganze Landstriche zwischen

Garmisch-Partenkirchen und dem östlichen Erzgebirge entvölkern würde: Affenpocken, Tomatenpest, Beuteltiergastritis?

Aber wie könnte es anders sein: Nach fast drei Jahren im Dauerpandemie-Modus und einer mehr oder weniger sinnlosen Impfschleife war nach Einschätzung der Verfasser dieser Sicherheitsunterweisung offensichtlich Corona noch immer weit vor islamistischem Terror oder Stürzen durch unkontrollierten Glühweinkonsum die schlimmste Bedrohung unserer Zeit. Daher wurde ich unter Punkt I „Allgemeines" dazu aufgefordert, bei „allen Tätigkeiten (…) außer bei szenischen Darstellungen den Mindestabstand von 1,5 Metern" einzuhalten und die „tagesaktuellen Coronaregeln zu beachten". Unter Punkt VII „Hygieneschutzmaßnahmen" wurde ich darauf hingewiesen, Händeschütteln als Begrüßung unbedingt zu vermeiden, die „Hust-Nies-Etikette" zu beachten, die „Handhygiene einzuhalten" sowie (wie auch bereits in Punkt III „Stolperstellen/Rutschgefahren") geschildert) die weißen Markierungen an der Absturzkante der Bühne zu beachten. Außerdem wurde verlangt: „Bitte kein Laufen auf der Bühne, wenn szenisch nicht benötigt." Als Kulturschock obendrauf wurde in Punkt IV „Strom/Gefahr durch elektrische Geräte" noch erwähnt, dass „im kompletten Bühnenbereich (…) Lampen verteilt sind" und dadurch „die Gefahr der Verbrennung" bestünde. Auch auf die „Blend-Gefahr durch Scheinwerfer am Boden" wurde hingewiesen.

Ich war geschockt! Zusätzlich zum offenbar noch immer unheilbringenden Coronavirus befanden sich in dieser Halle offenbar auch noch Lampen, Scheinwerfer und Kabel! Dazu Menschen, ja vielleicht unkontrollierbare, weil übermütige Kinder, die diese Unterweisung nicht gelesen hatten und aus irgendeinem Grund auf die Bühne liefen. Oder Leute, die anderen im allzu leichtsinnigen Überschwang ihrer Gefühle die Hand reichen wollten. Und als wäre dies noch nicht schlimm genug, unter Umständen sogar Personen, die ihrem Gegenüber beim ersten Wiedersehen nach etlichen Jahren in totaler Verantwortungslosigkeit um den Hals fallen wollten!

In hellem Aufruhr rief ich meine Pressedame an und gestand ihr, dass ich diese Anweisung nicht guten Gewissens unterzeichnen könne. Schließlich kenne ich mich ja seit nunmehr über 50 Jahren: Nach dem Genuss von zwei bis vier Gläsern Discounter-Glühwein aus dem traditionellen Tetrapak würde ich natürlich den Mindestabstand nicht einhalten, sondern völlig unkontrolliert Kollegen und liebe Mitmenschen herzen, vielleicht sogar küssen und im schlimmsten Fall sogar aus ihrem Glas trinken. Und was sollte ich nur tun, wenn ich nicht nur von einem sehr hellen Scheinwerfer, sondern auch vom Liebreiz des anwesenden Ministerpräsidenten so sehr geblendet sein würde, dass ich die weiße Markierung des Bühnenrandes nicht mehr erkennen und auf dessen Schoß stürzen würde? Und entsprach die Absatzhöhe von neun Zentimetern der High Heels, die ich an diesem Tag tragen wollte, überhaupt der zugelassenen DIN-Norm? Und was – verdammt noch mal – machte ich mit dem zu versteigernden Paar Bühnenschuhe, die in der Tat einen noch höheren Absatz hatten, nämlich stolze elf Zentimeter? Was, wenn nun ein Zahnarzt aus Schweinfurt oder Breitengüßbach diese Pumps für seine Gattin zu einem völlig überhöhten Preis (weil für den guten Zweck) ersteigerte und diese dann am ersten Weihnachtsfeiertag beim Familienessen im „Gasthof zum röhrenden Hirschen" auf der Eingangstreppe stürzte und sich den Außenmeniskus anriss? Wer haftete dafür: der TV-Sender, die Firma Jimmy Choo oder gar ich? Ich war mit den Nerven am Ende.

Aber es kam noch schlimmer. Am Tag der Sendung schneite es die ganze Nacht hindurch und ebenfalls den ganzen Tag. Also rief ich meine Presselady erneut an und fragte nach, wo denn nun die Sicherheitsbelehrung für die lange Fahrt zum Veranstaltungsort bliebe? Sollte ich nicht lieber warme Decken, Heißgetränke und vielleicht auch eine Erwachsenenwindel ins Auto packen oder reichte meine Butterbreze samt einer kleinen Flasche Cola light? Was wäre, wenn ich zu spät käme? Würden die Schuhe ohne mich versteigert werden? Wer nähme meinen Platz am Spendentelefon und auf dem Schoß von

Markus Söder ein? Und: Wie konnte ich überhaupt 51 Jahre alt werden ohne irgendeine Form von Sicherheitsbelehrung vonseiten meiner Eltern außer: „Sag' schön Grüß Gott, Danke und Bitte" sowie „Alles, was nicht länger als fünf Sekunden auf dem Boden gelegen hat, kann man noch essen!"? War ich tatsächlich in eine Familie von überaus leichtsinnigen Rabeneltern hineingeboren worden? Bin ich eventuell gar nicht dafür geeignet, den Stürmen des täglichen Lebens standzuhalten, und sollte mir meine Pressedame oder – noch besser – das bayerische Innenministerium nicht täglich die aktuellen Sicherheitshinweise angepasst an das Wetter, die Verkehrssituation und die Anzugfarbe von Minister Joachim Herrmann mitteilen?

Jetzt werden Sie sich fragen: Warum schreibt die Gruberin das auf? Nun, weil ich finde, dass diese sechsseitige Sicherheitsunterweisung – oder vielleicht sollte ich besser sagen: dieses sechsseitige Angsthasenpamphlet – symptomatisch ist für unsere Zeit: Indem man nämlich dem Durchschnittsbürger, wie auch ich einer bin, rein gar nichts mehr zutraut und jede Eigenverantwortung abspricht, wird eben keine Sicherheit, sondern eine immer größere Unsicherheit und Unselbstständigkeit erzeugt. Extrem spürbar ist diese Tatsache seit dem Beginn der Pandemie. Aber klar: Ein Volk, das sich über zwei Jahre von selbst ernannten Gesundheitsexperten mehr oder minder klaglos vorschreiben lässt, mit wie vielen Personen aus der eigenen Familie das Weihnachtsfest gefeiert werden darf, ist natürlich schon morgens beim Anziehen überfordert. Vor allem montags. Denn wie uns sämtliche Radiomoderatoren der Republik seit Jahren weinerlich verkünden, ist ja der Montag der schlimmste Tag der Woche, denn von ihm aus sind es schließlich noch fünf Tage bis zum Wochenende.

Man fragt sich langsam wirklich: Wie soll man diesen immer wiederkehrenden Horror – noch dazu ohne detaillierte tägliche Sicherheitsunterweisungen – überstehen? Dabei lauern ja überall unvorhersehbare Gefahrenherde: von der falschen Schuhwahl vor dem Verlassen der Wohnung über den Schweizer Wurstsalat an der offenen Salattheke der Kantine bis zu völlig ungesicherten Treppenhäusern in Bürogebäuden. Mein Bruder arbeitet seit einigen Jahren bei einem großen bayerischen Autobauer, der unter anderem auch über ein Werk in Leipzig verfügt. Dort ging er bei einem Arbeitsbesuch nach einem Meeting ahnungslos und freihändig die Treppe hinunter und wurde von einem achtsamen Kollegen vor Ort aufgeklärt, er möchte doch bitte dringlich den eigens dafür angebrachten Handlauf der Treppe benutzen, weil das „eben Vorschrift" sei. Sichtlich erschrocken von seinem leichtsinnigen Verhalten, ergriff mein Bruder nun den Handlauf – er hatte ihn wahrscheinlich mit seinen vier Dioptrien übersehen – und hangelte sich dankbar die Treppe hinunter: Das war gerade noch mal gut gegangen! Ich frage mich, ob Leute wie der Kollege meines Bruders in Leipzig sich auch jeden Montag eine genagelte Dachlatte in die Kniescheibe schlagen würden, wenn das Teil der Betriebsvorschriften wäre.

Dass unsere Mitmenschen tatsächlich immer unselbstständiger und dadurch unsicherer werden, erzählten mir auch die Damen meiner Agentur. Fast täglich riefen Besucher meiner Abschiedstournee an, um zu erfragen:

- wann exakt sie vor Ort sein mussten, wenn „Beginn 19:30 Uhr" auf der Eintrittskarte stand,
- wo genau sie parken konnten,
- wo die nächste Straßenbahn, U-Bahn oder der nächste Bus hielt: direkt vor dem Gebäude oder einige Hundert Meter Fußweg entfernt und
- wann genau nach der Vorstellung der letzte Zug nach Hinterscheißleiten ging.

Vielleicht sollten wir uns alle einfach mehr zutrauen und endlich wieder etwas entspannter an die Herausforderungen des Lebens herantreten, um sie im besten Falle vielleicht sogar genießen zu können. Falls tatsächlich mal etwas schiefgehen sollte, kann man ja immer noch überlegen, was dann zu tun ist. In meinem nächsten

Leben werde ich jedenfalls Sicherheitsbeauftragte beim Fernsehen: Da bin ich vermutlich niemals arbeitslos, die Kekse sind garantiert insektenfrei, weil sie noch aus Loriots Zeiten stammen, und ich habe zwölf Wochen Zeit, mit acht Kollegen an einer sechsseitigen Sicherheitsunterweisung zu arbeiten anstatt ein Buch zu schreiben. Aber wenn ich es mir recht überlege, wäre mir das wahrscheinlich viel zu fad. Von daher ist mein Berufswunsch für mein nächstes Leben doch eher: Schnapspralinen-Sommelière.

Generation E-Golf: Warum ein Lastenfahrrad nicht solche Gefühle auslösen kann wie ein GTI

Andreas Hock

Zugegeben: Meine Kindheits- und Jugendträume waren nicht besonders originell. Erst plante ich, soweit ich das noch rekapitulieren kann, Sheriff oder wenigstens Kriminalpolizist zu werden und dann – Colt Seavers sei Dank – Hollywood-Stuntman. In sehr jungen Jahren sehnte ich mich an die Seite von Sophie Marceau und später an die von Blümchen. Anders als meine reihenhausbesitzenden Eltern wollte ich immer ein Penthouse bewohnen und den großen Wunsch eines Rollers erfüllte ich mir selbst, indem ich während der großen Ferien in der Siemens-Werksbibliothek Tausende Bücher abstaubte und katalogisierte. Es war die stupideste Tätigkeit aller Zeiten, an deren Ende ich aber eine gebrauchte Vespa PX 80 mein Eigen nennen durfte, die ich noch heute besitze. Wenn man so will, war meine geliebte Vespa die nachhaltigste Anschaffung meines Lebens, was EU-Verbrennermotoren-Dschihadist Pascal Canfin, Umweltministerin

Steffi Lemke und die Kids von Fridays for Future sicher anders sehen dürften angesichts dieses katalysatorlosen, stinkenden Zweitakters, der aber auch nach über 30 Jahren nicht kaputt zu kriegen ist. Und auch wenn es aus heutiger Sicht etwas peinlich rüberkommen mag – als junger Erwachsener träumte ich tatsächlich: von einem GTI.

Wie schon berichtet, besaß ich zuerst einen VW Golf der zweiten Baureihe mit 55 Pferdestärken. Vermutlich haben mittlerweile selbst die unerträglichen, unsere Städte verschandelnden E-Scooter mehr Power. Aber um mit meiner damaligen Freundin in die Berge zu fahren, gelegentlich auf der Rückbank rumzumachen oder ein paar Kumpels, mehrere Kästen Bier und ein Zelt zu transportieren, reichte der Wagen völlig aus. Unzufrieden wurde ich erst, als mein Freund Florian mit einem Geschoss um die Ecke bog, dessen Monatsraten er sich nur leisten konnte, weil er mit 18 bereits in Vollzeit sozialversicherungspflichtig beschäftigt war, während ich noch jahrelang auf der Uni kostbare Steuergelder vergeudete. Flo kaufte sich einen metallicgoldenen Dreier-Golf GTI als halbwegs bezahlbaren Jahreswagen. Das Teil verfügte über unglaubliche 150 PS, zwei Liter Hubraum sowie vier Zylinder mit acht Ventilen. Eigentlich handelte es sich dabei um kein Auto, sondern eine mobile Offenbarung. Schon allein der Klang des Motors im Leerlauf wirkte wie ein Aphrodisiakum auf junge Männer wie mich – und mit etwas anderem als Superbenzin mit 98 Oktan brauchte man dem Vergaser gar nicht anzukommen.

Besonders cool fand ich, dass man Florians GTI seine Kraft nicht ansah. Während andere Freaks ihre im Vergleich dazu eher lahmen Vehikel tunten und mit Breitreifen, Sportstreifen oder aufgeklebten Schaumstoffspoilern verunstalteten, hielt er es mit gepflegtem Understatement und gönnte sich als einziges Extra einen silbernen Schriftzug auf der Heckklappe. So getarnt verpresste er beim Losfahren an der Ampel im ersten Gang nahezu jeden BMW, Audi oder Mercedes, was jedes Mal eine ordentliche Gaudi für alle Mitfahrer war.

Aber wie das in diesem Alter so ist: Meine Träume veränderten sich verhältnismäßig schnell. Ich wurde weder Polizist noch Stuntman, bewohnte nie ein Penthouse und Blümchen habe ich auch nie kennengelernt, von Mademoiselle Marceau ganz zu schweigen. Mein Wunschauto Golf GTI wich eines Tages zunächst einem roten Mazda MX-5, in den ich mich bei einem albanischen Gebrauchtwagenhändler schockverliebt hatte und der sich einige Wochen später als gestohlen herausstellte und vom Zoll dummerweise beschlagnahmt wurde. Und später dann der traurigen Realität in Form eines praktischen Kombis mit umlegbarer Sitzbank und Dieselantrieb.

Dennoch versetzte mich eine kurze Meldung wieder in jene Ära zurück, in der meine Klamotten nach Vanille-Wunderbaum und Zigarettenrauch rochen und sich auf der selbst zusammengestellten Kassette in Flos Blaupunkt-Autoradio sämtliche Hits von Culture Beat, Rednex oder Snap! befanden: Das seit 1982 bestehende alljährliche GTI-Treffen am österreichischen Wörthersee sei in der gastgebenden Gemeinde nicht mehr erwünscht und finde daher nicht mehr statt. „Die Auswirkungen des Klimawandels, die Verantwortung der politischen Entscheider für den Erhalt der Öko-Systeme und die Notwendigkeit, das Handeln auf allen Ebenen nach den Prinzipien der Nachhaltigkeit auszurichten, machen es erforderlich, die Zukunftsgestaltung unter neue Prämissen zu stellen", teilte der Bürgermeister von Maria Wörth so wortreich wie umständlich mit. Nicht, dass ich jemals vor Ort gewesen wäre – so weit ging die Liebe zum GTI dann doch nicht und Kärnten kannte ich allenfalls von ein oder zwei Skiurlauben. Aber ich fand es bemerkenswert, dass eine immerhin über 40 Jahre alte Tradition handstreichartig für beendet erklärt wurde, indem man ein Kultauto und dessen Fans gewissermaßen für die Erwärmung der Atmosphäre und ihre Folgen verantwortlich machte.

Ich hätte für diese Entscheidung durchaus Verständnis gehabt, wären die 100.000 Besucher, die sich das motorisierte Spektakel regelmäßig nicht entgehen lassen wollten, das Problem des Herrn

Bürgermeister gewesen. Wer einmal nach dem Münchner Oktoberfest durch die Straßen des bedauernswerten Stadtteils Theresienhöhe gegangen ist, hat Verständnis dafür, wenn sich normale Bürger in dieser Zeit illegale Waffen aus dem Darknet besorgen. Aber offenbar wussten sich die Volkswagen-Freunde halbwegs zu benehmen, denn bei meiner Recherche zu dem Thema fand ich keine Berichte von vollgekotzten Hauseingängen, menschlichen Kothaufen in Vorgärten oder koitierenden Trachtenträgern in fremden Treppenhäusern. Der Ortsvorsteher des 1.500-Einwohner-Städtchens schien größer zu denken, globaler. Und da macht es sich natürlich besser, mal wieder auf das böse konventionelle Auto und seine Besitzer einzudreschen, obwohl der gesamte Straßenverkehr in der EU mit 682 Millionen Tonnen nicht einmal zwei Prozent der weltweiten CO_2-Emissionen ausmacht.

Die Argumentation, irgendjemand müsse doch mal anfangen mit der Energiewende, mag selbstverständlich ihre Berechtigung haben. Ich frage mich nur, warum es immer uns zu treffen scheint, während in den USA ein Liter Benzin nach wie vor umgerechnet nicht einmal einen Euro kostet und China das Verbot von Verbrennermotoren zuletzt mal eben auf 2060 verschoben hat. Und vielleicht wäre es auch sinnvoller, erst mal dafür zu sorgen, ausreichend Strom aus regenerativen Quellen zu Verfügung zu stellen, bevor man Beschlüsse fasst, Gesetze formuliert und den Menschen noch den wenigen Spaß nimmt, der in diesen unruhigen Zeiten überhaupt noch vorhanden ist im Leben der meisten von uns. Denn nichts anderes als Spaß ist es, wenn rund um Pfingsten Junge und Alte, Akademiker und Prolls, Männer und Frauen und vielleicht sogar ein paar doppelauspuffaffine Transpersonen mit ihren liebevoll instand gehaltenen GTIs einen zünftigen Ausflug machen und dabei ausnahmsweise mal nicht an den Klimawandel oder andere bedeutungsschwere Themen erinnert werden wollen.

Immer wieder aufs Neue muss sich auch der Oberbürgermeister meiner Heimatstadt Nürnberg rechtfertigen, warum er noch immer das seit 1947 durchgeführte Norisringrennen erlaubt – eine Veranstaltung, bei der allen Ernstes ein gutes Dutzend Rennwagen mehrere Runden im Kreis umherfahren und dabei mutmaßlich ein paar Tausend Liter fossilen Kraftstoff verbrennen. Mag sein, dass diese für Grüne, Umweltverbände und Klimakleber vollkommen aus der Zeit gefallene Huldigung des althergebrachten Motorsports eine gewisse Signalwirkung auf jene Zeitgenossen entfaltet, die ein harmloses Hobby nicht vom Ernst des Zustands unseres gescholtenen Planeten unterscheiden können. Aber auch hier kommen Zehntausende Leute friedlich zusammen, trinken ein paar Bier, erfreuen sich an möglicherweise sinnbefreiter Unterhaltung und sorgen nicht zuletzt dafür, dass Hotellerie, Gastronomie und Einzelhandel ein lukratives Sommerwochenende verbuchen. Was auch nicht schlecht ist in Zeiten, in denen Betriebsinsolvenzen in die Höhe schnellen und reihenweise Existenzen den Bach runtergehen. Ein CO_2-neutraler Lastenfahrrad-Wettbewerb, verbunden mit einem nachhaltigen Rahmenprogramm, vermag die Massen meiner Einschätzung nach nicht ganz so zu begeistern. Und woher, abgesehen vom Strom, all die Akkus und deren giftige Bauteile für unsere künftige E-Mobilität kommen sollen, hat mir bislang auch keiner umfänglich erklärt. Aus Bodenhaltung wird es eher nicht sein.

Das ist unter Umständen eine ernüchternde Erkenntnis, aber mit Stigmatisierungen und Bestimmungen allein wird sich der Mensch voraussichtlich nicht ändern – um das einschätzen zu können, bin ich selbst zu sehr einer. Ob Maßnahmen wie jene in Maria Wörth unsere Gesellschaft wirklich zu einem langfristigen Umdenken bewegen, wage ich zu bezweifeln: Während der 13 Jahre andauernden Prohibition in den Vereinigten Staaten wurde pro Kopf mehr Alkohol gesoffen als davor und danach. Wer weiß also, wo sich die GTI-Gemeinde demnächst zwar nicht still, aber halt heimlich trifft und das mit einer trotzigen Jetzt-erst-recht-Attitüde.

Ich mag mir gar nicht vorstellen, was in diesem Zusammenhang noch alles auf uns zukommen könnte, vermute aber, dass außer

Tretbootfahren und Waldbaden nicht besonders viele Aktivitäten übrig bleiben dürften. Eins weiß ich aber ganz gewiss: Wenn es wirklich im Jahr 2035 zum europaweiten Verbot von Verbrennerautos kommen sollte (beziehungsweise zum Verbot von Verbrennern, die noch CO_2 erzeugen, was blöderweise nun mal das Charakteristikum eines solchen Antriebs ist), werde ich mir am 31. Dezember 2034 mit ziemlicher Sicherheit einen Golf GTI bestellen. Zumindest, wenn es VW dann noch gibt, nachdem die grüne Wirtschaftspolitik selbst dieses Monument der Automobilindustrie durch ihre kruden Vorgaben in die Knie oder besser, in die Stoßdämpfer gezwungen hat. Und dieser GTI hat dann Ottomotor und – Elon Musk, Mojib Latif und Robert Habeck mögen mir bitte verzeihen – mindestens 2.000 Kubikzentimeter Hubraum und so viele Zylinder, wie der Katalog nur hergibt. Nicht wegen der Geschwindigkeit, dazu bin ich zu sehr Schisser und gesetzestreu, aber einfach nur für den Klang und natürlich aus Prinzip. Und mit diesem Wagen werde mich erst nächtens vor das Altersheim der dann 77-jährigen Ursula von der Leyen begeben und dort laut hupend Donuts drehen, bis mich die Polizei einsammelt. Und nach der Entlassung aus dem Gewahrsam fahre ich das Ding dann immer weiter, bis er oder ich vor Altersschwäche zusammenbrechen. Das ist dann ja auch irgendwie nachhaltig.

Ideologie als Religionsersatz: Weshalb manche Themen nichts in Schulen verloren haben

Monika Gruber

Meine Nichte geht in die achte Klasse einer eigentlich sehr guten Realschule in einer ländlichen Gegend mit vielen engagierten, netten Lehrern und einem Schulleiter, der es befürwortet, dass im Wahlfach „Heimat und Brauchtum" den Schülern – neben dem, wie ich finde, eminent wichtigen Kulturgut des bayerischen Dialekts – auch die leider landauf, landab akut vom Aussterben bedrohte Tradition des Schafkopfens beigebracht wird.

Neulich kam sie allerdings zum Mittagessen zur Oma und erzählte, dass ihnen heute ihr Lehrer im Fach „Heimat- und Sachkunde" einen Film über Schlachthöfe in den USA gezeigt hätte, wo Tiere bestialisch gequält und somit nicht einfach nur geschlachtet, sondern quasi zu Tode gefoltert würden. Einige ihrer Mitschülerinnen konnten die Bilder kaum ertragen, ein Mädchen begann sogar zu weinen, so schrecklich war das Gezeigte. Der Lehrer setzte noch einen obendrauf und meinte, die Zustände in deutschen Schlachthöfen seien ähnlich. Daher wäre es doch besser, in Zukunft ganz auf Fleisch zu verzichten. Daraufhin meldete sich ein männlicher Klassenkamerad zu Wort und erzählte, dass seine Eltern einen Bauernhof betreiben würden, auf dem die Tiere auf der Weide, wo sie auch das ganze Jahr stehen würden, geschlachtet würden und solche Bilder, wie sie im Film gezeigt würden, generell in Deutschland wohl die Ausnahme seien. Der Lehrer beharrte allerdings auf seiner ursprünglichen Meinung, dass auch in den meisten deutschen Schlachthöfen derart unhaltbare Zustände herrschen würden.

Ich fragte meine Nichte, wie viele Bauern- und Schlachthöfe dieser Lehrer wohl schon in seinem Leben von innen gesehen hätte, und sie meinte nur: „So wie der g'redt hat, sicher keinen einzigen!" Unabhängig davon, dass ich und fast alle Mitglieder meiner Familie schon in zahlreichen Schlachtereien waren, wo es stets sauber, professionell und vor allen Dingen leise zuging, frage ich mich, was ein Film über amerikanische Schlachtfabriken mit deutscher Bildung zu tun hat? Oder folgte auf dieses blutige Gemetzel in den nächsten Unterrichtsstunden ein Werbefilm für die Firma „Impossible Foods", die aus Pflanzen erzeugte Fleischersatzprodukte herstellt (übrigens mitfinanziert von Microsoft-Gründer Bill Gates)? Oder erwartete die Kinder gar eine Werbung für den Verzehr von Butterkeksen aus Mehlwürmern, in Auftrag gegeben von EU-Kommissionschefin Ursula von der Leyen?

Dass der Verzehr von Fleisch der Bevölkerung sukzessive – sei es aus Gründen des Klimaschutzes oder aufgrund der ethischen Komponente – madig gemacht werden soll, steht außer Frage. Dafür gibt es genügend Beispiele:

1. Lidl reduzierte sein Angebot im Bereich Fleisch- und Wurstwaren drastisch mit der Begründung, in Zukunft sei fleischlos essen alternativlos. Ausgerechnet einer jener Discounter, die dafür bekannt waren, sämtliche Nahrungsmittelerzeuger auszupressen wie ich eine Limette für meine geliebte Caipirinha. Von anderen fragwürdigen Verhaltensweisen ganz zu schweigen.

2. Mein Bruder bekam vom Bauernverband eine Einladung zu einer Versammlung, bei der ein Professor für Ernährung einen Vortrag über künstlich erzeugtes Fleisch hätte halten sollen. Auf Nachfragen der Landwirte, warum sie quasi von ihren eigenen Vertretern aufgefordert werden, der Abschaffung ihres Berufsstandes beizuwohnen, kam die lapidare Antwort: „Es ist keine Frage, ob es künstlich erzeugtes Fleisch zu kaufen geben wird, sondern nur wann."
3. Landwirte in Holland bekamen bereits einen Vorgeschmack auf die Richtung, aus der in Zukunft der Wind weht: Die holländische Regierung wollte ein Drittel der einheimischen Bauern dazu zwingen, ihre Höfe aufzugeben und gleichzeitig zu unterschreiben, dass sie nie wieder einen landwirtschaftlichen Betrieb führen würden. Sonst würde ihnen die Zwangsenteignung drohen. Daraufhin gingen die Betroffenen auf die Straße und die Regierung eines der liberalsten Länder der Welt ging schwer bewaffnet und mit Tränengas auf die eigenen Lebensmittelerzeuger los. Die Tatsache, dass weder in den großen deutschen Medien noch in bäuerlichen Fachzeitschriften hierzulande darüber entsprechend berichtet wurde, lässt unter Umständen darauf schließen, dass deutschen Landwirten in Zukunft ein ähnliches Angebot gemacht werden könnte.
4. Laut EU dürfen seit Anfang 2024 nun auch solche Zutaten unserem Essen beigemischt werden, die früher höchstens ein Fall für den Kammerjäger gewesen wären: Mehlwürmer, Hausgrillen und Getreideschimmelkäfer. Inoffiziell werden diese putzigen Tierchen uns bereits seit einiger Zeit unter anderem in Fruchtmilch, sauren Gummiwürmchen, Schokoriegeln und leider auch in meinen Lieblings-Schokokügelchen in der Variante „Crisp" untergejubelt. Erst jetzt weiß ich daher, warum die Dinger immer so extrem knusprig waren. Aber bald gilt: Dschungelcamp für alle

– das große Käferfressen fürs Klima, auch wenn diverse Ausscheidungen dieser Insekten bekanntlich für den Menschen schädlich sind.

Im Übrigen bin ich sehr für die Reduktion des Fleischkonsums und für vernünftige Tierhaltung, aber wenn die Politik daran ein echtes Interesse hätte, könnte sie beispielsweise umgehend die Haltungsstufen 1 und 2 verbieten. Und wenn es im Buchhandel eine Buchpreisbindung gibt, warum dann nicht auch eine Fleischpreisbindung? Niemand braucht ein Kilo Hackfleisch für zwei Euro aus dem Discounter. Der Verbraucher würde bei höheren Fleischpreisen weniger konsumieren (und wegwerfen) und die Bauern würden mehr Geld für ihre Ware bekommen. Warum weigert sich die Politik seit Jahrzehnten, hier ihren Kurs zu ändern, sondern sorgt weiterhin dafür, dass die Märkte mit viel zu billigem Fleisch aus Massentierhaltung überschwemmt werden, weil es einfacher ist, Bauern und Metzger als Tierquäler zu diskreditieren, als das Stimmvieh mit höheren Preisen für Fleisch zu konfrontieren? Geht es der Politik wohl doch eher um billigen Fraß à la „Brot und Spiele", mit dem das dumme Stimmvieh ruhiggestellt werden soll, als um Tierwohl und Nachhaltigkeit?

Wozu dann diese Propagandafilmchen in den Schulen? Was hat das nur mit der Bildung unserer Kinder zu tun? Die meisten Schüler – ob nun mit Mittel- oder Realschulabschluss oder auch mit Abitur – wissen kaum noch, wer Mozart, Goethe, Schiller, Shakespeare oder gar Heinar Kipphardt waren, und ich kann mich nicht erinnern, dass nur einer oder eine meiner fünf Neffen und Nichten jemals von einem Lehrer angehalten wurden, ein klassisches deutsches Gedicht auswendig zu lernen – es muss ja nicht immer gleich Schillers „Glocke" sein, die ich noch rezitieren durfte. Andererseits wird ihnen heutzutage in der neunten Klasse erzählt, dass es 72 Geschlechter gibt und sich jeder biologisch als Junge geborene Bub ab 14 Jahren theoretisch ohne Einwilligung der Erziehungsberechtigten den Penis entfernen lassen könnte, falls er sich im falschen Körper fühlen sollte.

Ich kenne überhaupt keinen Teenager, der sich mit gerade mal 14 im richtigen Körper und damit wohl in seiner Haut fühlt! In diesem Alter haben die meisten Burschen eine Figur wie die Mischung aus einem pickligen Karl Valentin und einem rachitischen Grashüpfer. Okay, wenn ich morgens im Park beim Joggen die Teenager der örtlichen Mädchenrealschule sehe, wie sie mit glatten Haaren bis zum Hintern in Hotpants und Cropped Tops zum Unterricht radeln, wird mir erst bewusst, was für ein unbedarftes Schaf ich damals war: Ich war gerade meinen Barbies entwachsen, hielt die Jugendzeitschrift *Popcorn* für ein pornografisches Machwerk und wenn jemand das Wort „Petting" aussprach, brachen meine Schulfreundinnen und ich in hysterisches Gelächter aus, weil wir nicht wirklich sicher waren, ob es was mit „da unten" zu tun hatte oder doch eher eine Sportart der Bundesjugendspiele war.

Heutzutage werden an Grundschulen, so passiert in Köln-Mülheim, hingegen schon mal Theaterstücke aufgeführt, bei denen sich die beteiligten Schauspieler unter Leitung des „Tanzkünstlers" Alfredo Zinola gegenseitig die Füße ableckten und Zungenküsse austauschten. Die Zuschauer bestanden wohlgemerkt aus Erst- bis Viertklässlern. Auf den Protest der Eltern hin rechtfertigte sich die Schule damit, die Kinder hätten den Künstlern „als kritisches Probepublikum" gedient, dessen Reaktion getestet werden solle, um „Input und Feedback" zum Material zu erhalten. Wer nun meint, dass jemand, der sich einen solchen Schwachsinn ausdenkt und sieben- bis zehnjährige Kinder in seine bizarren Ansichten mit hineinzieht, ein für alle Mal aus dem Verkehr gezogen wird – bildungstechnisch gesehen –, der sieht sich leider getäuscht: Herr Zinola wird laut *Focus* weiterhin vom Kultusministerium des Landes Nordrhein-Westfalen gefördert.

Kindern im Schulunterricht derartig verstörende Bilder zu vermitteln und ihnen darüber hinaus zu erzählen, Fleischessen sei unethisch, sich nicht gegen Corona impfen zu lassen unsolidarisch und ein Geschlecht jederzeit wandelbar, hat meines Erachtens nichts mit Bildung zu tun, sondern mit Ideologie. Diese wird zur Zeit von immer mehr Lehrkräften an unseren Schulen verbreitet. Und das mit einer Penetranz, die man sonst nur aus Aussteigerbüchern von ehemaligen Scientology-Mitgliedern kennt. Der Bildungsauftrag indes bleibt vielerorts auf der Strecke. Statt eines kritischen Diskurses erfolgt allzu oft eine Moralpredigt. Anstatt positive Zukunftsfähigkeit zu vermitteln, werden den Mädchen und Jungs Schuldgefühle eingehämmert. Die Schule gilt, zumindest in manchen Bundesländern, inzwischen als Kirchen- und Religionsersatz. Und das alles wird besonders in Großstädten oft durchgesetzt von Lehrkräften, die selbst den Ethikunterricht am liebsten schon vor Jahren abgeschafft hätten.

Dabei lässt sich deutlich – auch für Außenstehende wie mich – erkennen: Je mehr der Moralingehalt des Unterrichts zunimmt, desto tiefer sinkt das Bildungsniveau. Viele Schüler sind heutzutage – auch nach der Beendigung ihrer schulischen Laufbahn – kaum dazu in der Lage, fehlerfreie Sätze mit korrekter Groß- und Kleinschreibung und richtiger Interpunktion zu verfassen. Auch die Fremdsprachenkenntnisse sind bestenfalls durchschnittlich, da etwa in Fächern wie Englisch, Französisch und Italienisch keine Diktate mehr verfasst werden, sondern meist allenfalls Multiple-Choice-Fragen angekreuzt werden müssen. Unsere großartige Französisch-, Latein- und Italienisch-Lehrerin bläute uns seinerzeit immer ein: „Kinder, eine Sprache lernt sich von der Hand ins Hirn!" Ergo: Durch das Schreiben von ganzen Sätzen (und nicht nur das Ankreuzen von Wortfetzen) manifestiert sich eine Sprache im Gehirn. Und heute kann meine Nichte bei einer Englisch-Aufgabe zwischen „Ja", „Nein" und „Weiß nicht" ihr Kreuzchen machen (wobei es für „Weiß nicht" erstaunlicherweise zumindest noch einen halben Punkt gibt). Ich bin gespannt, ob ihr irgendwann bei ihrer Führerscheinprüfung oder später vor dem Traualtar das gleiche Auswahlmenü kredenzt wird. Heute halte ich absolut nichts mehr für unmöglich.

Mit dem Zweiten woked man besser: Das öffentlich-rechtliche Fernsehen und die öffentliche Meinung

Andreas Hock

Ich räume ein, dass ich zu jenen Menschen gehöre, die vergleichsweise häufig lamentieren, früher sei vieles besser gewesen. Das öffentlich-rechtliche Fernsehen zum Beispiel halte ich inzwischen mit wenigen löblichen Ausnahmen (wie „Nuhr im Ersten", „Babylon Berlin", „Schuld nach Ferdinand von Schirach", „Aktenzeichen XY … ungelöst" und natürlich der „Sportschau") für vollkommen verzichtbar. Eine Erkenntnis, zu der ich noch vor zwei Jahrzehnten niemals gekommen wäre. Denn als in den 80er-Jahren aufgewachsener Bub aus kleinbürgerlichem Hause speiste sich nicht nur ein Gutteil meiner Bildung aus den vielseitigen Programmen von *ARD* und *ZDF*. Ohne sie hätten meine Freunde und ich an den meisten Tagen auch keinen Gesprächsstoff in der Pause gehabt.

Nehmen wir nur mal die legendären Serien, die ganze Generationen und ihr Weltbild prägten. Weniger die damals schon für viel Geld aus den USA eingekauften Inhalte wie „Bonanza", „Unsere kleine Farm" oder „Die Straßen von San Francisco". Nein, es waren die selbstproduzierten, fantasievollen Geschichten und Abenteuer, die mich so sehr beeindruckten, dass ich bei mancher Wiederholung noch immer gesamte Dialoge mitsprechen kann. Meine allererste TV-Erfahrung, die über das bloße Betrachten der Mainzelmännchen hinausging, war der ZDF-Mehrteiler „Timm Thaler", der auf der Erzählung von James Krüss beruhte. Das Schicksal des Jungen, der sein Lachen verkaufte, wurde von Regisseur Sigi Rothemund derart gekonnt in Szene gesetzt, dass mich der Gedanke an den teuflischen Baron de Lefouet, grandios gespielt von Horst Frank, noch immer schaudern lässt. 13 lange Folgen bangte ich mit Thomas Ohrner, bis die von ihm dargestellte Titelfigur endlich wieder zu dem fröhlichen Buben werden durfte, der er vorher war. Und ehrlich gesagt bin ich jedes Mal froh, wenn ich Herrn Ohrner, heute fast 60 und Programmchef beim *Klassik Radio*, ebendort lachen höre.

In den Jahren darauf beneidete ich Patrick Bach darum, „Silas" und „Jack Holborn" sein zu dürfen. Gern wäre ich auch ein Teil der von Curth Flatow erdachten Patchwork-Familie von Peter Weck und Thekla Carola Wied in „Ich heirate eine Familie" gewesen, was ich meinen Eltern aber besser verschwieg. Mich beeindruckte auch der Spürsinn von Werner Kreindl und seiner „SOKO 5113" oder die Schlagfertigkeit des viel zu früh verstorbenen Klaus Wennemann als hemdsärmeliger *ARD*-„Fahnder", von Götz Georges großartigem „Schimanski" ganz abgesehen. Dann waren da noch die ewigen Klassiker wie „Pumuckl", „Monaco Franze", „Kir Royal" oder „Das Boot". Auch die Shows von Hans-Joachim Kulenkampff, Joachim Fuchsberger, Frank Elstner oder Hans Rosenthal vermochten es, die ganze Familie um den Wohnzimmertisch zu versammeln, wo heute bestenfalls jeder auf sein Smartphone starrt. Ob dies wirklich das Verdienst des Fernsehens war oder es einfach weniger Möglichkeiten gab, sich aus dem Weg zu gehen, sei dahingestellt. Tatsache ist, dass ich Wim Thoelke auf ewig für mein – wie ich finde – verhältnismäßig breites Allgemeinwissen dankbar sein werde und ich wohl niemals Mädchen kennengelernt hätte, hätte ich nicht während Dieter Thomas Hecks „Hitparade" zu Hause tanzen geübt.

Doch das Fehlen solcher Formate ist es gar nicht, was mich am gegenwärtigen öffentlich-rechtlichen Rundfunk stört. Erstens hat man bei allen Sendungen, die von Jörg Pilawa, Kai Pflaume oder Johannes B. Kerner moderiert werden, nach wie vor den Eindruck, wie das Fernsehen von einst einmal ausgesehen haben muss. Und zweitens gibt es gute Unterhaltung immer noch und sogar in viel größerer Auswahl. Man sollte nur wissen, wo man sie suchen muss. Spoileralarm: im Hauptprogramm von *ARD* und *ZDF* nicht.

Der größte Unterschied zwischen öffentlich-rechtlicher Vergangenheit und Gegenwart liegt in der Art und Weise, wie uns Zuschauern – oder um im politisch korrekten Duktus der betreffenden Sender zu bleiben: uns Zuschauenden – bestimmte Inhalte vermittelt werden. Hier beschleicht mich regelmäßig das Gefühl, ich solle lieber weniger umfassend informiert, dafür aber etwas mehr erzogen werden. Und das finde ich anmaßend angesichts dessen, dass diese Aufgabe meine Eltern bereits vor fast 50 Jahren nach meinem Dafürhalten halbwegs passabel hinbekommen haben und ich es seitdem ganz gut schaffe, mir auch bei komplizierteren Sachverhalten eine eigene Meinung zu bilden.

So fühle ich mich durchaus in der Lage zu beurteilen, ob es sich bei einer brutalen Messerattacke auf mehrere Passanten um einen religiös motivierten Anschlag oder die nicht zu erklärende Tat eines verwirrten Einzeltäters handelt, wenn ich die allseits bekannte Faktenlage betrachte. Wegen mir muss man auch nicht, wie es das *ZDF* mehrfach in Beiträgen machte, den naturgemäß hellen Wasserdampf über Atomkraftwerken per Bildbearbeitung dunkel einfärben, um die vermeintliche Gefährlichkeit der Kernkraft zu untermauern. Auch brauche ich keine guten Ratschläge darüber, welche Thesen man in Bezug auf Zuwanderung nicht verallgemeinern darf. Ich weiß sehr wohl, dass die allermeisten zu uns kommenden Migranten keine Mörder, Vergewaltiger und Räuber sind, kann aber trotzdem Statistiken lesen. Bei aktuellen Kommentaren in den „Tagesthemen" oder dem „Heute Journal" muss ich entweder abschalten oder zu hoch dosiertem Baldrian greifen. Den Tweet des *ARD*-Magazins „Titel, Thesen, Temperamente", der allen Lesern zum 1. Mai ironiefrei einen „schönen Kampftag der Arbeiterklasse" wünschte, finde ich ebenso daneben wie die ständigen Sprechpausen bei einzelnen Wörtern, von denen man nie weiß, ob sie wegen des Gender-Sternchens auf dem Teleprompter oder des Wurstsalats in der Kantine entstehen.

Und wenn dann doch mal kontroverse Themen diskutiert werden – und zwar auf eine Weise, die möglicherweise der Mehrheitsmeinung entspricht, nicht aber den politischen Vorstellungen der Senderoffiziellen –, dann zensiert man sich lieber gleich selbst: geschehen unter anderem mit einer Ausgabe von „Hart aber fair", die es wagte, eine Debatte unter dem Titel „Nieder mit den Ampelmännchen, her mit den Unisex-Toiletten – Deutschland im Gleichheitswahn?" zu führen. Weil den Verantwortlichen während der Sendedauer offenbar zu viel Kritik am Gendern geäußert wurde, nahm der *WDR* die Folge kurzerhand aus der Mediathek.

Um eine bestimmte Meinung zu untermauern, wird von den Redaktionen der hiesigen politischen Gesprächsrunden gern immer dieselbe Gästeschar eingeladen, die ihre allseits bekannten Ansichten zum Besten (beziehungsweise zum Schlechtesten) geben darf. Koryphäen wie Lars Klingbeil, Marie-Agnes Strack-Zimmermann oder Katharina Dröge werden von vielen Zuschauern wohl häufiger gesehen als manches Familienmitglied, obwohl sie allesamt über keinerlei Positionen mit legislativer Entscheidungskompetenz verfügen. Einladungen an Saskia Esken indes fallen inzwischen unter das „Gaffer-Phänomen" bei Unfällen: Man möchte nicht auf die Szenerie schauen, weil sie zu schrecklich ist – und schaut dann erst recht hin. Besonders augenfällig war diese ermüdende und auf Dauer sehr ärgerliche Einseitigkeit während der Coronapandemie, als man in gefühlt 1.000 Talkshows vorwiegend jene Experten zu

Wort kommen ließ, die den rigorosen Kurs der Bundesregierung verteidigten. Kritiker an den Maßnahmen kamen dagegen deutlich seltener zu Wort, aber die hatten während der Aufzeichnungstermine von Anne Will, Markus Lanz oder Maybrit Illner wahrscheinlich blöderweise nie Zeit.

Eine Studie des Forschungsinstituts „Media Tenor" nahm vor Kurzem 18.805 Beiträge der *ARD*-„Tagesschau" sowie des *ZDF*-Pendants „heute" unter die Lupe. Die Medienforscher kamen zu dem Ergebnis, dass bei Berichten über SPD und Grüne die positiven Tendenzen überwogen, während bei CDU/CSU und FDP die Beiträge mit eher negativer Tonalität in der Mehrzahl waren. Besonders eklatant wurde dieses Ungleichverhältnis während der Flutkatastrophe im Ahrtal, bei der vor allem Armin Laschet und Malu Dreyer wegen ihres Verhaltens in die Kritik gerieten. CDU-Kanzlerkandidat Laschet durfte sich im Anschluss über 112 Berichte freuen, die seinen fürwahr unpassenden Lachanfall zum Thema hatten, während SPD-Ministerpräsidentin Dreyers fatales Krisenmanagement bis zum Zeitpunkt der Untersuchung kein einziges Mal hinterfragt wurde, wenigstens nicht von *ARD* und *ZDF*. Im Anschluss an die Veröffentlichung schäumte der ebenfalls öffentlich-rechtliche *Deutschlandfunk*, bei der Studie handele es sich um eine Auftragsarbeit der Union, musste diese Behauptung aber umgehend zurückziehen. Rechtsradikale Reichsbürgernazis sind die Wissenschaftler in den Augen der steuerlich subventionierten Medienmacher vermutlich dennoch.

Auch manch andere inhaltliche Schwerpunktsetzung wundert mich immer wieder. So bin vielleicht nicht nur ich der Ansicht, dass sich die von mir als Kind sehr geschätzte „Sendung mit der Maus" nicht unbedingt mit dem Thema Vielgeschlechtlichkeit befassen muss. Sollte das für die kleinen Zuschauer (sic!) eines Tages relevant werden, dürften genug Möglichkeiten bestehen, sich umfänglich darüber zu informieren. Mir haben vor allem die Sachgeschichten über die Herstellung von Lebkuchen, Teddybären oder sauren Drops immer sehr gut gefallen und etwas Wissen über Recycling und Abfallvermeidung konnte auch nicht schaden. Das Porträt einer Transperson aber hätte mich mit sechs oder sieben Jahren eher überfordert bis verstört – und ich bin mir nicht sicher, ob man im Vorschulalter wirklich schon wissen sollte, „wie aus Erik Katja wurde", wie der umstrittene Beitrag hieß. Kurioserweise waren selbst diejenigen auf der Zinne, denen man mit dem Film eigentlich Gutes tun wollte: Weil nämlich Begriffe wie „im falschen Körper geboren" verwendet wurden, fühlte sich die Trans-Community ihrerseits diskriminiert.

Während aber die Gleichbehandlung der Geschlechter zu den liebsten Steckenpferden der Sendeanstalten gehört und sogar eigene Gebrauchsanweisungen zum richtigen Umgang herausgegeben werden, ist man an anderer Stelle weniger ausgeglichen im Sprachempfinden: wenn es nämlich darum geht, was noch statthaft ist und was nicht. Letzteres gilt auf alle Fälle für Begrifflichkeiten, die nach Ansicht der öffentlich-rechtlichen Moralisten auf den Index gehören. Udo Jürgens wagte es, in seinem Gassenhauer „Aber bitte mit Sahne" das Wörtchen „Mohrenkopf" zu verwenden und musste zum Glück nicht mehr miterleben, wie Giovanni Zarella bei seiner Intonation auf Drängen des *ZDF* daraus einen „Schokokuss" machte. Die *ARD* strahlt keine „Winnetou"-Filme mehr aus, das *ZDF* schon – bittet aber darum, das „I-Wort" in der Kommunikation nicht mehr zu verwenden. Falls Sie sich fragen, was das sein soll: Es heißt „Indianer"!

Und dass sich das nahezu zuschauerfreie Millionengrab *ZDFkultur* ganz ernsthaft vermeintlich diskriminierenden Kinderliedern wie „Aramsamsam" (beleidigt die arabische Sprache), „Wer hat die Kokosnuss geklaut?" (regt zu rassistischen Stereotypen an) oder „Drei Chinesen mit dem Kontrabass" (dito) widmete, ist so bescheuert, dass man es an sich gar nicht näher ausführen muss. Ich kann mir jedenfalls nicht vorstellen, dass sich ein bassspielender Asiate davon angegriffen fühlen könnte. Und wer bei einem harmlosen

Gassenhauer über Affen und ihre Vorliebe für Steinfrüchte an Menschen mit dunkler Hautfarbe denkt, hat selbst ein gewaltiges Problem, finde ich.

Bevor einzelne Rundfunkräte nun zu hyperventilieren beginnen: Selbstverständlich darf jeder Journalist eine eigene Meinung haben und diese publizieren. Das mache ich schließlich auch gerade. Der Unterschied zwischen den Herr-, Frau- und Seilschaften von *ARD*, *ZDF*, *ORF* und mir ist nur, dass diese im Gegensatz zu mir von der Allgemeinheit honoriert werden. Und die – also gewissermaßen Sie und ich – darf für ihr Geld eigentlich eine unvoreingenommene und ausgewogene Berichterstattung erwarten, so steht es wenigstens im Rundfunkstaatsvertrag. Inwiefern die Objektivität aber gewährleistet ist, wenn mehr als 100 öffentlich-rechtliche Redakteure etwa von der deutschen Bundesregierung in den vergangenen fünf Jahren für Vorträge und Moderationen ein Honorar in Höhe von insgesamt 1,5 Millionen Euro erhalten haben, darf leise bezweifelt werden. Ich gehe davon aus, dass die Fragen einer „Tagesschau"-Sprecherin, die für einen launigen Diskussionsabend im Kanzleramt gebucht ist, für ein paar Tausend Euro Gage nicht ganz so kritisch gegenüber Herrn Scholz ausfallen, wie sie vielleicht sollten. Ist aber natürlich nur eine Mutmaßung.

Schade finde ich, dass solcherlei Verstrickungen erst auf eine Anfrage der AfD publik geworden sind, die politisches Kapital aus solchen Vorgängen schlagen will und vermutlich auch kann. Besser wäre es, man würde im öffentlich-rechtlichen Rundfunk von allein darauf kommen, endlich den großen Staubwedel herauszuholen und in den aufgeblähten Verwaltungen mal ordentlich durchzuwischen – und nicht stattdessen den Befürwortern einer Abschaffung auch noch die Argumente liefern. Es könnten sich in den 8,5 Milliarden Euro, die jährlich in die Haushalte von *ARD* und *ZDF* fließen, nämlich durchaus noch Sparpotenziale verbergen – indem man nicht mehr mit 450 Mitarbeitern aus beiden Anstalten zu den Olympischen Spielen fliegt, 16 eigene Orchester und

Chöre beschäftigt, 27 verschiedene Kochsendungen produziert, Intendanten höher bezahlt als Kanzler oder Bundesländern wie Bremen eigenständige Sender zubilligt.

Andernfalls gibt es leider immer weniger Argumente für einen Weiterbetrieb wie gehabt. Es wäre nicht das erste Mal, dass Dinge aussterben, die sich zu lange nicht einer sich verändernden Realität angepasst haben – ich sage nur Dinosaurier, Commodore-Computer oder Quelle. Jene Sendungen, die wirklich sehenswert sind, würden auf privaten Kanälen weiterlaufen, da bin ich mir ganz sicher – der „Franken-Tatort" etwa, die „Sesamstraße" oder „Löwenzahn". Die chronisch unterfinanzierten, aber einigermaßen sehenswerten vorhandenen Dokukanäle könnte man durch die eingesparten Intendantengehälter aufwerten – für jedes Monatssalär von Tom Buhrow oder Karola Wille gäbe es sicherlich einen Tierfilm mit vielen schönen Bildern. Und auf den ganz großen Rest wie „Sturm der Liebe", „Verstehen Sie Spaß?", „Neues aus der Anstalt" oder den „Fernsehgarten" könnte man ebenso ersatzlos verzichten wie auf alles mit Jan Böhmermann. Für fast 19 Euro im Monat bekommt man schließlich auch ein *Netflix*-Abo. Und obendrauf sogar noch ein paar Tüten Gummibärchen, ganz ohne Belehrung.

Hier ärgern Sie sich in der ersten Reihe: Warum wir eigentlich den Rundfunkbeitrag boykottieren sollten

Monika Gruber

Kurz nachdem mir mein Co-Autor seinen Text über unseren öffentlich-rechtlichen Rundfunk geschickt hatte, traf ich mich mit meinem Spezl Jürgen auf ein Glas Wein und ein längeres Gespräch. Das ist an sich nichts Besonderes, denn wir kennen uns inzwischen seit fast 34 Jahren: Unmittelbar nach meinem 18. Geburtstag fing ich nämlich in einer Kneipe unserer Kreisstadt Erding mit dem klingenden Namen „Bierteufel" zu kellnern an. Jürgen, der damals noch studierte, war derjenige, der vom Chef zu meiner Einarbeitung abgestellt wurde, während dieser in der winzigen Küche kulinarische Highlights zubereitete – unter anderem den damals von unseren Gästen sehr geschätzten Teufelstoast, der im Wesentlichen aus einer labbrigen Scheibe Weißbrot mit einer komplett durchgebratenen Rinderlende bestand, die wiederum in einer warmen Ketchupsoße ertränkt wurde.

Jürgen erklärte mir als blutiger Theken-Anfängerin, wie man ein anständiges Pils zapfte, dass die Bierleitungen jeden Tag aufs Ordentlichste gereinigt werden müssten und dass es beim dicken Franz (von uns allen nur „Dunkle-Weißbier-Franze" genannt) völlig normal sei, dass er die ersten drei Halbe sehr langsam in sich hineingoss und erst ab der vierten dermaßen beschleunigte, dass ich mich manchmal fragte, ob er die vielen Weizen tatsächlich trank oder doch in den Blumenkübel entsorgte – was an sich kaum möglich war, weil es im „Bierteufel" keine Pflanzen, sondern nur Aschenbecher gab. Die mussten außerdem alle halbe Stunde geleert werden, weil die meisten Gäste so qualmten, dass ich ein paar Mal am Abend an die frische Luft ging, weil man viele Anwesende durch den dicken Qualm, der über der Theke hing, nur noch an ihrer Stimme identifizieren konnte und sich der Sauerstoffgehalt meines Blutes in gefährlichen Regionen bewegte. Aber der Laden lief bombe und wir Kellner wurden damals nach Umsatz bezahlt, sodass man mit dem Trinkgeld an guten Abenden schon mal auf 300 Mark kam. Oder wie ich es damals ausdrückte: ein Outfit von Benetton plus zwei bis drei Tankfüllungen.

Das Lokal bestand aus zwei Räumen und an den Wochenenden war so viel los, dass für jeden Raum jeweils eine Bedienung eingeteilt war. Dazu ein Schankkellner, der die unzähligen Weißbiere, Pinot Grigios und Cappuccinos für uns zwei Mädels zubereitete, während wir uns zwischen den Gästen hindurchquetschten, die teilweise auf dem Zigarettenautomaten ihr Essen stehen hatten, weil nirgendwo sonst mehr Platz war.

Jürgen war mein Lieblingsschankkellner: Er war immer gut gelaunt, fleißig, klug und ehrgeizig und es war mir von Anfang an klar, dass er seinen Weg im Leben machen würde. Irgendwann war sein Studium zu Ende und er musste nicht mehr kellnern, während ich noch zwei weitere Pächter des „Bierteufel" erleben durfte, da ich mich nach meiner ersten Berufsausbildung und ein paar Jahren bei einer Computerfirma entschloss, meinen Lebenstraum wahr zu machen und eine Schauspielausbildung zu beginnen. Das war der Zeitpunkt, an dem wir uns für einige Jahre aus den Augen verloren und überhaupt keinen Kontakt mehr hatten. Irgendwann trafen wir uns durch Zufall wieder und ich war nicht überrascht: Jürgen hatte Karriere in der Lebensmittelbranche gemacht und schließlich sogar die Firma seines ehemaligen Chefs übernommen. Ein klassischer Selfmade-Unternehmer im besten Sinne: risikobereit, innovativ, ehrgeizig, dabei aber immer bodenständig und sozial engagiert. Ich schätze die Gespräche mit ihm sehr, weil er als erfolgreicher Unternehmer zu allen politischen und wirtschaftlichen Themen eine Meinung hat und diese – im Gegensatz zu den meisten Zeitgenossen heutzutage – auch begründen kann. Zudem erfahre ich durch ihn auch viel über wirtschaftliche Zusammenhänge, über Tierwohl-Siegel, Absatzketten oder die teilweise erpresserischen Methoden der großen Lebensmittelkonzerne.

Sie werden sich fragen: Warum schreibt die Alte das? Nun, dazu Folgendes: Bei unserem letzten Treffen hörte ich zum ersten Mal von Jürgen etwas, das ich noch nie von ihm gehört hatte. Er meinte leicht bedrückt: „Man darf eigentlich keine deutschen Nachrichten mehr anschauen, denn ich weiß ehrlich gar nicht mehr, was ich noch glauben soll und was nicht." Dieser Satz aus dem Mund meines sonst so sachlich-abgeklärten Freundes, der bei politisch-gesellschaftlichen Themen – und seien sie noch so absurd – meist völlig unemotional war, erstaunte mich.

Er fuhr weiter fort: „Wir haben hier eine Politiker-Riege am Ruder, der großteils jede Expertise fehlt und die es trotzdem schafft, ihre Forderungen durchzusetzen, gegen die Mehrheit des Wählerwillens."

Ich erwiderte: „Da hast du recht, denn ich bin der Meinung, die Mehrheit der Deutschen möchte nicht gendern, die möchte kein E-Auto fahren, die möchte ihre alte Gas- oder Ölheizung nicht verschrotten müssen, weil sie a) es sich nicht leisten kann, eine neue einzubauen, und b) sowieso nicht genügend Handwerker da sind, um sie einzubauen. Die Mehrheit der Deutschen möchte vermutlich auch keine unbeschränkte Zuwanderung in unsere Sozialsysteme, aber das interessiert die Herrschaften in Berlin eben nicht."

Und dann berichtete ich ihm noch, dass die „Tagesschau" in der *ARD* das Wort „Mutter" aus dem offiziellen Wortschatz verbannen und durch die selbstverständlich gendergerechtere Formulierung „gebärende" oder „entbindende Person" ersetzen wollte. Jürgen blickte mich entgeistert an und sagte: „Geh, das ist doch ein Aprilscherz, meinst du nicht?"

Aber dem war tatsächlich nicht so. Zumindest der Vorstoß war bitterernst gemeint. Deshalb sagte ich zu Jürgen: „Stell' dir das doch mal vor. Gebärende Person? Was kommt als Nächstes? Ein Mann als samengebende Person? Ein Kind als geborene Person? Das darf doch alles nicht mehr wahr sein!"

Jürgen beschwichtigte: „Reg' dich nicht auf!"

„Ich will mich aber aufregen, weil das zutiefst frauenfeindlich ist! Jeder halbwegs normal denkende und fühlende Mensch in Deutschland muss sich doch fragen, welche kranken Gedankengänge ein Fernsehredakteur beziehungsweise eine Fernsehredakteurin oder womöglich neuerdings eine Fernsehredakteurende haben muss, die ernsthaft das Wort ‚Mutter', ja das Wort ‚Frau' per se schon für diskriminierend halten."

Er: „Als ob wir keine anderen Probleme in diesem Land haben! Außerdem ist doch ‚Mutter' einer der schönsten Begriffe der Welt: Mutter Erde, Muttersprache, Mutterherz, Mutter Natur, Mutterwitz! Und stell' dir vor, man würde den Italienern verbieten, ‚Mamma' zu sagen? Undenkbar."

Ich: „Du wirst es noch erleben, dass der ‚Muttertag' umbenannt wird in ‚Tag für gebärende Personen mit und ohne Gebärmutter' oder so ähnlich. Warte nur ab."

Er: „Das werden sie auf keinen Fall machen."

Ich: „Die machen noch ganz andere Sachen, das sag ich dir. Die drehen alles um ... bezichtigen andere des Antifeminismus und sind selber zutiefst frauenverachtend. Was soll bitteschön die Formulierung ‚gebärende Person'? Was bin dann ich als jemand, der noch nie ein Kind bekommen hat: eine Person mit unbenutzter Gebärvorrichtung? Eine genderfluktuative, nicht-gebärend-habende Person?"

Er: „Und für diesen Wahnsinn knöpfen sie uns auch noch Zwangsgebühren ab."

Ich: „Obwohl zahlreiche Umfragen beweisen, dass der Großteil der Bürger in Deutschland Gendersprache generell ablehnt! Trotzdem wird einem diese ideologische Umerziehung weiterhin aufoktroyiert. Und das übrigens nicht nur in der *ARD*."

Denn auch die zweite Gesinnungsanstalt für betreutes Denken offenbart schamlos ihren abstrusen Woke-Wahn, indem sie beispielsweise auf der Seite von *ZDFheute* kurz zuvor ein Zitat der von uns schon mehrfach zitierten Amadeu Antonio Stiftung veröffentlichte:

„Antifeminismus geht von einer vermeintlich natürlichen Ordnung der Gesellschaft aus, zum Beispiel einer Hierarchie der Geschlechter. Bestandteile der Ideologie sind daher u. a. Queer- und Transfeindlichkeit oder die Familie als Stütze der Gesellschaft. Dieses patriarchische System werde durch den Feminismus bedroht. Unterschiedliche feministische Strömungen werden pauschalisiert und abgewertet. Die Ideologie ist auch abseits der sozialen Medien kein Randphänomen. Jeder dritte Mann und fast jede fünfte Frau hatte 2022 ein geschlossen antifeministisches Weltbild."

Verfasst wurde dieser – auch stilistisch und grammatikalisch unzureichende – Unsinn von der oben genannten Stiftung, die sich selbst als „Netzwerk feministische Perspektive & Interventionen gegen die (extreme) Rechte" bezeichnet.

Ich hätte diesen Schmarrn wohl gar nicht entdeckt, weil ich seit Corona schon auf mehr als eineinhalb Meter Abstand zu den Öffentlich-Rechtlichen gegangen bin, aber meine Freundin Zana hatte mir diesen Link geschickt und darunter geschrieben: „Ich kann heute nicht arbeiten. Ich muss mich selber anzeigen." Ich schrieb ihr zurück: „Mach' das, du alter Nazi. Ich werde wohl auch alle Leute, die ich kenne, bei Nancy Faesers neu gegründeter Stasi-Behörde melden müssen. Alle meine Freunde – ganz egal ob heterosexuell, schwul oder lesbisch – sehen doch tatsächlich die Familie als Stütze der Gesellschaft an, diese reaktionäre Bagage."

Was denn auch sonst? Wer sollte denn sonst die Stütze der Gesellschaft sein, wenn nicht der Ort, in den ein Baby normalerweise hineingeboren und sozialisiert wird: die Familie, wo man ihm Liebe und Fürsorge angedeihen lässt und dem Kind im besten Fall Werte wie Mitgefühl, Hilfsbereitschaft, Höflichkeit und Respekt vor den Mitmenschen mitgibt? Und wieso erlaubt sich das *ZDF*, irgendwelche hanebüchenen Behauptungen im Stile von „Jeder dritte Mann und jede fünfte Frau ist antifeministisch" zu verbreiten? Wieso veröffentlicht ein öffentlich-rechtlicher Sender, der stets gegen Fake News wettert, selbst welche? Kann eine Frau überhaupt antifeministisch sein? Können Schwule dann auch homophob sein? Und Veganer pflanzenfeindlich? Sollen wir Frauen uns selber abschaffen, um nicht frauenfeindlich zu sein? Ist dieser Ansatz nicht in Wahrheit zutiefst frauenverachtend?

Ich finde: Ja, denn wenn man nur an jenen Gesetzesvorschlag denkt, dass jeder Bürger in Zukunft einmal pro Jahr das Geschlecht wechseln darf, freue ich mich schon jetzt auf die nächsten Besuche in unserer Therme Erding: Beim Eintreten in die Damen-Umkleidekabine wird vielleicht plötzlich der Schreiner Josef Brielmaier, der beschlossen hat, in den nächsten zwölf Monaten „Josefine" zu heißen, mit hängenden Hoden und baumelndem Gemächt die nackte Damenwelt bestaunen, während ich meinen Nichten erkläre, dass wir uns wohl besser im Auto umziehen müssen, wenn wir unsere Ruhe haben wollen. Selbst der Betreiber der Therme könnte dann nicht mehr von seinem Hausrecht Gebrauch machen und den genderfluiden Schreiner samt Gehänge aus der Damenumkleide entfernen lassen. Josef/Josefine würde jeden entsprechenden Prozess vor

Gericht gewinnen, weil man ihn/sie in seinen/ihren Persönlichkeitsrechten diskriminiert hätte. Und nur mal angenommen: Es würde sich herausstellen, dass der gute Josef Brielmaier noch als Mann einen sagen wir mal bewaffneten Raubüberfall samt Geiselnahme durchgeführt hätte, könnte er dann für dieses Verbrechen als Josefine Brielmaier überhaupt nachträglich belangt werden? Oder würde es schon für einen Freispruch reichen, wenn sein Anwalt argumentieren würde, dass Herr Brielmaier den Raubüberfall überhaupt nur deshalb ausgeführt hatte, weil er durch seine streng katholische Erziehung in eine latent gewaltbereite Männerrolle gedrängt wurde, die er nun im Zuge der Gesetzesänderung endlich ablegen konnte? Fragen über ungeklärte Fragen.

Meine Freundin Irmi traf neulich bereits einen Mann im Damenklo an und als sie ihn darauf ansprach, dass er sich doch verlaufen haben müsse, grinste er sie an und meinte lässig, während er auf ihr C-Körbchen starrte: „Ich fühle mich heute einfach als Frau!"

Es gibt Tage, da spüre ich beispielsweise, dass ich Züge eines Kettensägenmörders in mir trage, und da bin ich sehr froh, dass ich diesen Hang zum Morden allein deswegen nicht ausleben kann, weil ich zu blöd bin, um eine Kettensäge zu bedienen.

Jürgen meinte schließlich: „Aber wohin wandern wir aus? Eigentlich will ich gar nicht weg von hier."

„Ich ja auch nicht", entgegnete ich, „aber vielleicht müssen wir ja gar nicht wegziehen, sondern einfach auf die Straße gehen wie die Franzosen. Leider sind die meisten von uns zu obrigkeitshörigen Duckmäusern und antriebslosen Feiglingen verkommen und irgendwann wird's wohl zu spät sein."

„Vielleicht kann man den Makrokosmos gar nicht mehr verändern", sagte Jürgen schließlich. „Dann müssen wir's uns halt im Mikrokosmos so angenehm wie möglich machen."

Also schenkte ich nach und schnitt noch etwas Parmesan auf, denn solange man Wein und Käse auf dem Tisch und einen guten Freund an seiner Seite hat, kann einem selbst der größte Schwachsinn nicht den Abend verderben. Die *ARD* hat ihren absurden Formulierungsvorschlag übrigens doch noch zurückgezogen – und erklärt, sie wolle auch in Zukunft zumindest in den Meldungen der „Tagesschau" wieder den Begriff „Mutter" verwenden, wenn es um eine Frau mit Kindern geht. Ob das aus einer viel zu seltenen Einsicht heraus geschah oder weil sich ein paar Zehntausend Menschen, darunter vermutlich auch Anne-Sophie Mutter und Mutter Beimer, darüber beschwert haben, konnte ich leider nicht herausfinden.

Berlin, Berlin – wir zahlen nach Berlin: Die peinlichste Hauptstadt Europas als Blaupause für ein marodes Land

Andreas Hock

Mein erster Berlin-Besuch muss Mitte der 80er-Jahre gewesen sein. Mein Vater hatte für einige Tage geschäftlich dort zu tun und nahm uns kurzerhand mit. Ich erinnere mich daran, dass es hinter Rudolphstein plötzlich dunkler wurde und wir unsere Pässe auf ein Fließband legen mussten. Bei der Weiterfahrt ruckelte unser Wagen wegen der unsauber verlegten Fertigbetonplatten alle paar Meter bedrohlich. Und es gruselte mich, weil uns jeder Insasse eines Trabis, Skodas oder Wartburgs komisch anguckte, als wir die Ossis mit 100 km/h überholten. Berlin selbst aber fand ich extrem cool – weil meine damalige Lieblingsband „Die Ärzte" von dort stammte, die *ZDF*-Hitparade hier aufgenommen wurde und ich eine Menge Geschichten gehört und gelesen hatte, was da alles abging im Vergleich zu unserer beschaulichen fränkischen Provinz. Wir übernachteten im damals neu gebauten Steigenberger-Hotel am Los-Angeles-Platz, das über ein

Schwimmbad im obersten Stock verfügte. Wir besorgten Mitbringsel im KaDeWe, besuchten die Pandas Bao Bao und Tjen Tjen im Zoo sowie die Nofretete-Ausstellung im Stülerbau. Wir aßen chinesisch im Europa Center und ein Eisbein mit Erbsenpüree im obersten Stock des „Bierpinsel". Und ich kaufte mir meinen ersten Döner, von dem ich meinen erstaunten Freunden berichtete wie von einer Begegnung mit Michael Jackson. Für einen Jungen, für den Wiener Würstchen das außergewöhnlichste Fast Food darstellten, war das ein Erweckungserlebnis. Angesichts all dessen schwor ich mir, eines Tages in dieser Stadt zu leben und nirgendwo anders. Es sollte nie dazu kommen und heute weiß ich, welch großes Glück das war.

Als ich viele Jahre später berufsbedingt tatsächlich die Möglichkeit hatte, meinen Lebensmittelpunkt nach Berlin zu verlegen, war die Faszination längst verflogen. Keinen anderen Ort in Deutschland habe ich öfter besucht, aus unterschiedlichen Gründen. So war ich mit meiner Klasse wenige Wochen nach dem Mauerfall vor Ort, erlebte als angehender Journalist hautnah die Sanierung des Brandenburger Tores, den Baufortschritt des Potsdamer Platzes und den Umzug des Bundestages. Als Pressesprecher der CSU wurde ich später zum Bundespresseball im Interconti eingeladen und komischerweise zur Eröffnung der ersten deutschen Filiale von Dunkin' Donuts. Doch nirgendwo anders als in Berlin wäre es möglich gewesen, einen nagelneuen Hauptbahnhof zu konstruieren, dessen Dach um rund 130 Meter zu kurz ausfiel, weil man im Überschwang der Gefühle ausgerechnet die Länge der einfahrenden Züge außer Acht gelassen hatte. Oder einen Flughafen zu planen, dessen letztendliche Fertigstellung nur sechs Jahre kürzer dauerte als der Bau der Cheopspyramide vor 4.500 Jahren. Oder eine Verwaltung vor sich hinwursteln zu lassen, die im Schnitt mit mehr als 250.000 Terminen bei ihren Bürgern im Verzug ist.

Während all dies geschah und mehr oder weniger folgenlos blieb, beobachtete ich, wie sich im Bezirk Mitte zwischen Reichstag und dem für 703 Millionen Euro wieder errichteten Stadtschloss ein

Paralleluniversum bildete, das vom wahren Leben im Rest der Stadt und des Landes entkoppelt war mit seinen sündteuren Szene-Restaurants, den vielen 5-Sterne-Hotels, den polierten Malls und den immer gleichen Banalbauten im Pseudo-Bauhaus-Stil. Und vor allem mit all den Wichtigtuern aus Politik, Wirtschaft und Medien, die sich in sogenannten Hintergrundrunden ihrer gegenseitigen Bedeutung versicherten, danach ins Borchardt oder gleich ins Puff gingen, in nagelneuen Fullservice-Apartments entlang der Friedrichstraße lebten und schon eine S-Bahn-Fahrt nach Erkner nicht überlebt hätten.

Ich bin mir sicher: Das Raumschiff Regierungsviertel und seine außerirdischen Bewohner sind ein Grund, warum in Deutschland so vieles schiefläuft. Denn wer immer nur im Café Einstein frühstückt, ausschließlich mit Lobbyisten, Fraktionskollegen oder Hauptstadtkorrespondenten spricht und sich an sechs von sieben Abenden pro Woche bei irgendeinem Botschaftsempfang die Birne wegballert, wird über kurz oder lang kaum mehr verstehen können, wo die wahren Probleme der Menschen liegen. Jener zumindest, die nicht täglich mit einem diskreten Fahrdienst von der Wohnung zum Arbeitsplatz und wieder zurück kutschiert werden. Nur Berlin als Hauptstadt konnte politische Protagonisten produzieren wie Peter Altmaier, Karl Lauterbach, Ricarda Lang oder Kevin Kühnert, die in der Bonner Republik nicht einmal für den Parkplatzservice vor dem Alten Wasserwerk eingesetzt worden wären.

Ich kenne Abgeordnete unterschiedlicher Couleur, die sich vor einer Bürgersprechstunde in ihrem eigenen Wahlkreis erst einmal einlesen müssen, was ein Liter Benzin gerade kostet, wie hoch die Durchschnittsmiete für eine vierköpfige Familie ist oder wie viele Lehrkräfte an den örtlichen Schulen fehlen. Kleine Nachhilfelektion: Bundesweit sind es nach aktuellen Schätzungen des Verbandes Bildung und Erziehung mehr als 50.000, aber darum kümmert man sich sicherlich, wenn andere dringliche Angelegenheiten wie die Legalisierung von Cannabis oder die Absenkung des Wahlalters auf

16, zwölf oder am besten gleich auf sechs Jahre erledigt sind. Doch als wäre das sich immer mehr von unserem Alltag entfremdende System nicht schon schlimm genug, steht diese mit Unsummen von den Bundesländern Bayern, Baden-Württemberg, Hessen, Rheinland-Pfalz und Hamburg subventionierte Großstadt wie eine düstere Blaupause dafür, was auf uns alle zukommen könnte. Uns, die wir in Orten zu Hause sind, in denen es praktisch keinerlei No-go-Areas gibt, keine Hipster-Cafés, keine veganen 24-Stunden-Kitas und man beim Begriff „Clan" zuerst an die Familie Carrington aus Denver denkt. Noch.

Bei einem meiner letzten Besuche in Berlin wurde ich von einem hageren Mann mit Louis-Vuitton-Umhängetasche mitten auf dem Alexanderplatz angesprochen, am helllichten Tag. Er hielt mir einen laminierten Zettel vors Gesicht, auf dem die Preise für die verschiedenen Drogen standen, die er verkaufte. Heroin kostete 40 Euro pro Gramm, Kokain und Crystal je 70 und LSD gab es für einen schlappen Zehner, vielleicht war das ja im Angebot. Ich lehnte höflich ab und wunderte mich anschließend darüber, dass ungefähr 50 Meter von uns entfernt zwei teilnahmslose Bundespolizisten herumstanden. Die vage Hoffnung, dass der Typ ein V-Mann oder ein Lockvogel der „Versteckten Kamera" war, erfüllte sich nicht: Als ich die Rolltreppe zum Bahnhof hinauffuhr, machte ein junger Kerl im weißen Polyester-Jogger gerade seinen Wochenendeinkauf; zumindest wechselten, soweit ich das aus der Entfernung beurteilen konnte, knapp 500 Euro den Besitzer. Womöglich bin ich da etwas altmodisch, aber so schambefreit kannte ich das aus meiner Heimatstadt nicht.

Aufgrund der grotesken Dreistigkeit des Dealers stellte ich mir vor, wie es wohl wäre, wenn er für seine Stammkunden so etwas wie ein Treuepunkte-System hätte – wie der libanesische Imbiss in Kreuzberg, an dem ich mich am Vormittag eine Dreiviertelstunde lang mit anderen dummen Touristen angestellt hatte, um einen lauwarmen und vollkommen durchgeweichten Gemüsekebab zu essen, bloß weil ein Privatsender kurz zuvor über die Bude berichtet hatte. „Jeder zehnte Schuss aufs Haus", was für ein lustiger Marketing-Gag im Drogengewerbe. Das Lachen verging mir erst, als ich wenige Wochen später auf der Website der Berliner Tageszeitung *B.Z.* davon las, dass die Polizei bei einem Marihuana-Händler einen Stapel Stempelkarten sicherstellen konnte. Aber vermutlich ist die Konkurrenz eben groß in der Hauptstadt.

Im und um den Görlitzer Park, wo die Ermittler allein im Jahr 2023 rund 5.800 Strafanzeigen aufnahmen – neben Drogenhandel vorwiegend Betrugs- und Sexualdelikte –, stehen sich die meist schwarzafrikanischen Verkäufer derart auf den Füßen, dass der vom Bezirk abgestellte Parkmanager vor einigen Jahren die pfiffige Idee hatte, einzelne Standplätze für die Kriminellen abzumarkieren, um des Geschehens Herr zu werden und zu gewährleisten, dass man als Drogenunabhängiger die Grünanlage halbwegs unbehelligt durchqueren konnte. Geklappt hat es erstaunlicherweise nicht so gut und auch der Anhänger mit Videokameras, der von den Einsatzbehörden insgesamt zwölf Mal aufgestellt wurde, brachte keinen nachhaltigen Erfolg: Die Kameras durften nicht eingeschaltet werden.

In andere Kieze hingegen trauen sich nicht mal mehr Drogenhändler – es sei denn, sie gehören zur richtigen, nun ja, Familie. Die Berliner Staatsanwaltschaft geht von 15 bis 20 kriminellen Clans mit teils mehreren Hundert Mitgliedern aus, die jeweils zahlreiche Wohnhäuser, Straßenzüge und ganze Viertel unter ihrer Kontrolle haben. Wie angesehen der deutsche Staat und seine Hoheitsorgane dort sind, kann man unter anderem alljährlich an Silvester beobachten, dazu an anderer Stelle mehr. Aber wo ein kompetenter Friedensrichter über die Einhaltung der Scharia wacht, muss sich wenigstens kein deutsches Gericht mit Sachen herumplagen, von denen es nichts versteht. Im Übrigen tut man den Clans unrecht, sie lediglich als kriminelle Banden mit illegalen Geschäften im Glücksspiel-, Rauschgift- oder Rotlichtmilieu zu brandmarken. Der

Diebstahl der Riesen-Goldmünze aus dem Bode-Museum oder der Raubüberfall auf das Grüne Gewölbe in Dresden beweisen doch, dass unter den Angehörigen ein gewisses kulturelles Interesse durchaus vorhanden ist.

Wer dann doch ausnahmsweise wegen seiner Taten verurteilt wird, kann sich fast schon darauf verlassen, dass die Gefängnisse oder die psychiatrischen Anstalten heillos überfüllt sind, sodass die Haft gar nicht erst angetreten werden kann. So konnte sich zuletzt ein zu acht Jahren Knast verurteilter Gangster problemlos in die Türkei absetzen, weil im Maßregelvollzug, in den er aufgrund seiner Kokainsucht verbracht werden sollte, kein Platz für ihn frei war. Ich bin mir sehr sicher, dass man sich bei uns in Bayern die Mühe gegeben hätte, dem Herrn ein kleines Zimmerchen für seinen Aufenthalt freizuräumen. Die Suchbegriffkombination „Berlin" und „Justizpannen" ergibt hingegen knapp 120.000 Ergebnisse, was als schlechtes Zeichen für den Zustand der dortigen Ermittlungsbehörden gewertet werden darf.

Dass es überhaupt so weit gekommen ist, mag auch daran liegen, dass mittlerweile unglaubliche 250 von insgesamt 834 Lehranstalten als „Brennpunktschulen" eingestuft werden, mit teilweise 90 Prozent Migrationsanteil. Angesichts solch erschütternder Zustände streckt wohl selbst der enthusiastische Junglehrer binnen weniger Jahre die Segel oder verabschiedet sich mit Mitte 30 in den Burn-out. Hier hat der Senat schon mindestens seit Walter Mompers Zeiten zwanghaft weggeschaut und das schöne Steuergeld lieber in Projekte wie den unnötigen U-Bahnabschnitt zum Bundestag gesteckt, der zwar ein paar Hundert Millionen Euro gekostet hatte, aber so wenig frequentiert war, dass anfangs nicht mal Rolltreppen eingebaut und die Bahnhöfe abends geschlossen wurden.

Dass das politische Spitzenpersonal der Hauptstadt aber traditionell die falschen Schwerpunkte setzt, wird leider schon beim Blick auf die Ahnengalerie im Roten Rathaus klar. Dem letzten halbwegs seriösen Amtsinhaber Eberhard Diepgen folgte der selbstverliebte Partyhengst Klaus Wowereit, in dessen Ära das weltweit einzigartige, legendäre Flughafen-Fiasko fiel. Ihm folgte der biedere Michael Müller, ein verhinderter Piet-Klocke-Imitator mit einem Faible für Fettnäpfchen – wie dem Treffen mit seinem Teheraner Amtskollegen und erklärten Israel-Hasser Pirouz Hanachi. Und dann die zuvor als Familienministerin grandios gescheiterte Franziska Giffey, die es bei ihrer Doktorarbeit nicht ganz so genau nahm und deren Verwaltung eine Wahl organisierte, bei der selbst hart gesottene und diktaturerprobte OSZE-Beobachter erschraken. Woanders wären derlei Verantwortungsträger bestenfalls mit der Heugabel aus dem Amt gejagt worden und ihrem Nachfolger kann man nur mehr Verstand als Glück wünschen. Nachdem aber schon der Start des neuen Regierenden Bürgermeisters Kai Wegner, der es erst im dritten Wahlgang ins Amt schaffte, derart in die Hose hing, ist man versucht zu sagen: Alles geht weiter wie gehabt. Verzweifelte Alt-Berliner, die sich an ihre Stadt noch in einem etwas repräsentativeren Zustand erinnern, behaupten sogar, unter dem angeblichen Christdemokraten Wegner sei alles noch schlimmer geworden. Zumindest wurden Zeugenaufrufe der Berliner Polizei zuvor noch nicht mit der Wendung „männlich gelesen" versehen, wenn es sich beim mutmaßlichen Täter offenkundig um einen Mann handelte. Aber auch bei möglicherweise transgeschlechtlichen Straftätern will man heute dort eben nicht anecken und hisst daher prophylaktisch schon mal die Regenbogenfahne vor dem Präsidium. Im Übrigen ist bei Herrn Wegner, der immer so klingt, als habe er die vergangenen vier Nächte durchgesoffen und dazu eine Stange filterlose Marlboro gequalmt, nicht ganz klar, ob er die Bildungssenatorin Katharina Günther-Wünsch zu seiner Lebensgefährtin gemacht hat oder ob es nicht doch eher umgekehrt war. Aber: Dit is Berlin!

So sehr ich diese Stadt einmal gemocht habe, so wenig kann ich mich heute mit ihr identifizieren. Früher war ich immer ein wenig schwermütig, wenn ich auf den orangefarbenen Stühlen am Flughafen Tegel saß oder am zugigen Gleis im Bahnhof Zoo stand und wieder zurückmusste in die im Vergleich so dröge Heimat. Jedes Mal bedauerte ich, dass es bei uns keinen Späti gab, an dem man rund um die Uhr sein Bierchen erhielt, eine Packung Kippen oder eine Dose Ravioli. Dass unsere Geschäfte schon um halb 7 dichtmachten, während man bei Dussmann auch nachts um 11 noch Bücher kaufen konnte. Dass man keine Prominenten in irgendeiner schicken Bar antraf, von denen man später erzählen konnte. Heute bin ich sicher: Würde ich in Berlin leben, wäre ich sicherlich längst depressiv, Alkoholiker, Reichsbürger oder schlechtestenfalls alles zusammen. Außerdem habe ich unlängst gelesen, dass Berlin sogar als Döner-Hauptstadt abgelöst wurde, von Dresden – und Nürnberg. Damit gibt es für mich eigentlich überhaupt keinen Grund mehr, dorthin zu fahren.

Mein Deutschlandfrust: Wie plötzlich außer Bauernbrot und Bier nichts mehr zum Vorbild taugt

Monika Gruber

Unabhängig vom peinlichen Erscheinungsbild unserer Bundeshauptstadt war ich nie stolz darauf, eine Deutsche zu sein. Worauf sollte ich dabei auch stolz sein? Es war ja nicht mein Verdienst. Dass ich in Deutschland – oder noch besser: in Bayern – geboren wurde, entsprang einfach einer Laune der Natur, des lieben Gottes oder der Hormone meiner Eltern. Aber zumindest war ich die meiste Zeit meines Lebens immer ziemlich froh, Deutsche zu sein. Zum Beispiel wegen unseres Schwarzbrots. So etwas bekommt kein anderes Land auf der ganzen Welt besser hin. Eine Scheibe frisches Bauernbrot (am liebsten den Anschnitt, in Bayern: Scherzl genannt), dick mit Butter bestrichen, ist für mich immer noch das größte Glücklichmach-Essen, das es gibt.

Oder unser deutsches Bier – auch das geht einfach nicht besser. Bei uns existieren beispielsweise mehr Brauereien, als die USA über Kampfflugzeuge verfügen. Auch solch ein Vergleich kann einiges aussagen über die Kultur eines Landes.

Jetzt aber ertappe ich mich immer öfter dabei, dass ich mich schäme, eine Deutsche zu sein. Oder wie man inzwischen politisch korrekt sagt: eine bürokratiehörige Maximalsteuerzahlerin ohne Migrationshintergrund. Immer wenn zum Beispiel unsere Außenministerin den Mund aufmacht, diese angebliche Spitzenpolitikerin im Körper einer Waldorfpädagogin im ersten Praktikumsjahr mit den Englischkenntnissen eines Fünftklässlers, denke ich mir: „Bitte, lieber Gott, lass das bloß keinen im Rest der Welt hören!" Blöderweise klappt das leider nicht immer, weil es nun mal in der Natur der Sache liegt, dass ein Außenminister auch draußen wahrgenommen wird. Neulich bei der Sicherheitskonferenz in München, auf der mal wieder die mächtigsten Politvertreter dieser Erde anwesend waren – Emmanuel Macron, Joe Biden oder Hubert Aiwanger beispielsweise –, ging es natürlich primär um den Krieg in der Ukraine. Und da sagte Frau Baerbock in einer Sprache, die sie für Englisch hielt: Also wenn der Putin endlich eine 360-Grad-Wende machen würde, dann wäre die Welt wieder glücklich! 360 Grad, das ist einmal im Kreis herum. Vielleicht hat sie das so in ihrem ganzheitlichen Montessori-Tanzkurs für angehende Grünen-Ministerinnen gelernt. Aber dummerweise bedeutete das: Alles soll so bleiben, wie es ist. Da dachte sich Herr Putin vermutlich: „Ja, das bekomme ich hin."

Früher, wenn man in den Ferien irgendwohin gereist ist, nach Amerika, Spanien, Thailand, Turkmenistan, Südtirol oder auf die Kokosinseln etwa, und man hat der einheimischen Bevölkerung irgendwann mitgeteilt, aus Deutschland zu kommen, mochten einen die meisten zwar nicht besonders. Aber wenigstens zogen sie in der Regel anerkennend die Augenbrauen hoch und sagten mit einem achtungsvollen Timbre in der Stimme: „Aaahhh, Germany! BMW, Porsche, Mercedes, FC Bayern Munchen, Pünktlichkeit, Oktoberfest." Danach ging der rechte Daumen hoch und man zog von dannen. Wir waren nicht beliebt, insbesondere wegen unserer dunklen Vergangenheit und der seltsamen Eigenart, Poolliegen im Morgengrauen mit Handtüchern zu reservieren. Aber wir wurden wenigstens respektiert für die besten Autos der Welt, für guten Fußball, für akribische Organisation und fürs Biersaufen und Würstlfressen!

Inzwischen allerdings tragen unsere Fußballhelden „One-Love-Binden" wie menstruierende Frauen, Fleisch wird in immer mehr Firmenkantinen verboten und durch gefärbte Sojaproteinpresslinge ersetzt. Ein nicht fertig werdender Bahnhof hat die Stuttgarter Innenstadt zur hässlichsten Baustelle Deutschlands mutieren lassen und wann der Umbau des Münchner Altstadttunnels abgeschlossen sein wird, kann einem nach Jahren immer noch keiner sagen. Dabei bin ich davon überzeugt: Wenn ich am heutigen Montag bei der chinesischen Staatsregierung anfragen würde, wie lange ein chinesischer Bautrupp für die Fertigstellung dieses Tunnels brauchen würde, wäre die Antwort: „Diesen Freitag um 14 Uhr!" Der langen Rede kaum Sinn: Wenn man heute sagt, man kommt aus Deutschland, dann schauen einen alle ganz mitleidig an und fragen: „Oh, Germany ... tell me: What's wrong with you guys? You really want to save the planet on your own? That's so funny!" Ja, was verdammt noch mal stimmt mit uns nicht? Wir möchten im Alleingang das Klima retten, belehren dabei den Rest der Welt, wie sie zu leben haben, während wir seelenruhig, aber mit gutem Gewissen unsere Wirtschaft an die Wand fahren beziehungsweise ins ausländische Exil vertreiben. Wir bauen nur noch E-Autos (für die wir nicht genügend Strom haben) und Lastenfahrräder. Alles andere macht inzwischen der Chinese, und zwar besser und billiger und vor allem: schneller, weil bei uns allein die Baugenehmigung für eine Doppelgarage zwei Jahre auf sich warten lässt und bei jeder neuen Fabrik erst einmal geprüft werden muss, ob nicht irgendwo im Umkreis von 50 Kilometern ein einzelnes Ringelgans-Pärchen gerade ein Nest baut. Und weil wir alle unsere Atomkraftwerke dichtmachen, nehmen wir nur noch Strom aus Sonne und Wind. Gut, wir haben leider nicht genug Sonne und auch zu wenig Wind. Aber Hauptsache: WIR sind aus der Atomkraft ausgestiegen. Nein, sind wir nicht: Wir beziehen Atomstrom nun aus Frankreich, Polen, Finnland und so weiter. In München wird zum Teil sogar Strom aus Braun- und Steinkohle genutzt, die zum großen Teil nicht einmal aus Deutschland stammt, sondern mit riesigen Dieselschiffen aus Australien, Afrika, Kanada und den USA eingeführt wird. Eine richtige Energiewende schaut anders aus. Oder wie es Kollege Dieter Nuhr einmal so schön gesagt hat: Wenn die Realität und die eigene Wunschvorstellung nicht zusammenpassen, dann muss etwas mit der Realität nicht stimmen. So sind wir Deutschen!

Außerdem brauchen wir bei Lichte besehen gar kein Auto mehr. Die Politik erzählt uns, wir sollen lieber mit einem Pedelec herumfahren – und das, obwohl 30 Prozent unserer Kinder gar nicht mehr Rad fahren können, weil ihnen die motorischen Fähigkeiten fehlen. Aber das müssen sie auch nicht, weil diese wohlstandsverweichlichte Brut von ihren klimaneutralen Hipster-Eltern wahrscheinlich auch noch mit 50 im Anhänger herumkutschiert wird.

In ein paar Jahren müssen wir außerdem unsere funktionierenden Heizungen wegschmeißen und Wärmepumpen einbauen, für die wir gar keine Handwerker haben, weil die Jugend lieber auf der Straße pappt, anstatt etwas Anständiges zu lernen. Nebenbei bemerkt: Ich verstehe gar nicht, warum sich unsere Polizei immer die Mühe macht, die Leute möglichst schonend mit Aceton vom Asphalt zu lösen. Ich würde diese Herr- und Frauschaften einfach so lange dort sitzenlassen, bis ihnen nach ein paar Tagen im deutschen Dauerregen die Lust vergeht. Ganz nach dem urbayerischen Lebensmotto: „Kleben und kleben lassen!"

Wenn ich dann einen dieser Aktivisten frage, warum wir das alles machen, zum Beispiel drei hochmoderne Kernkraftwerke abzuschalten, während allein um uns herum fast 80 teils vollkommen marode Meiler auch für uns weiterhin Strom produzieren, dann sagen diese Menschen immer: „Irgendwer muss ja damit anfangen. Wir müssen eben ein Vorbild für die anderen sein!" Genau: Wenn der Chinese sieht, was bei uns seit vielen Jahren los ist, langt er sich erschrocken an den Kopf und sagt sicherlich sofort: „Na, wenn das die Deutschen machen, dann müssen wir das unbedingt ebenfalls umgehend umsetzen."

Oder vielleicht auch nicht: China hat nur im letzten Jahr über 200 Flughäfen saniert oder fertiggestellt und plant fast 50 neue AKW binnen der kommenden acht bis zehn Jahre. Vermutlich ist es denen vollkommen wurscht, was wir Deutschen an Absurditäten veranstalten. Oder sie lachen sich darüber kaputt. Von daher besteht wirklich kein Anlass mehr für einen Nationalstolz, wie er uns sowieso immer verboten worden ist. Aber aus einem Land der Dichter und Denker ist leider ein Land der Deppen und Schenker geworden, das sein bisschen Rest an Wohlstand, den unsere Eltern und Großeltern aufgebaut haben, am liebsten mit der ganzen Welt teilen möchte.

Aber dann denke ich mir immer: Vielleicht spinne ich ja! Vielleicht liege ich falsch! Denn wenn das alles reiner Irrsinn wäre, müssten sich doch längst sämtliche Unternehmer Deutschlands vor Herrn Habecks Wirtschaftsministerium kleben und seinen Kopf oder zumindest ein Umdenken bei seiner wirtschaftsfeindlichen Politik fordern. Es müsste längst ein großer Teil der 17 Millionen, die (noch) aktiv zum Bruttosozialprodukt beitragen, die Arbeit niederlegen und die Steuerzahlungen aus Protest einstellen. Bäcker, Metzger und andere Lebensmittelerzeuger, die aufgrund der erhöhten Energie- oder Rohstoffpreise ihre Geschäfte schließen mussten, müssten doch längst die Inneneinrichtungen ihrer Filialen vor das Wirtschaftsministerium karren mit einem großen Schild obendrauf, auf dem stünde: „Pleite, ABER nicht insolvent!" Aber ich gebe die Hoffnung nicht auf. Vielleicht kommt das noch, dass selbst wir uns das alles nicht mehr gefallen lassen und endlich Protest üben. Spätestens wenn unsere Nerven so kaputt sind wie unsere Straßen.

Vielleicht kommt aber alles ganz anders und das, was mir jetzt so sauer aufstößt, erweist sich doch als völlig richtig und absolut notwendig, um die Energiewende voranzubringen. Dann werde ich Mitglied bei den Grünen, ich werde mich in aller Form bei Herrn Habeck für meine provinzielle Borniertheit und meine mangelnde Weitsicht entschuldigen und ihn einladen, mit mir auf der Langen Zeile in Erding, die natürlich bis dahin eine Fahrradstraße sein wird, einen Cappuccino (mit Sojamilch) vom Café „Green Leaf" zu trinken, den uns der Besitzer Luggi höchstpersönlich servieren wird, während Robert und ich in einem Liegestuhl fläzend den Sonnenuntergang über den Dächern der Stadtsparkasse betrachten werden. Und über allen Wipfeln wird Ruh' sein, denn dort, wo jetzt noch der Franz-Josef-Strauß-Flughafen jährlich Millionen von Passagieren in die Welt hinausballert, wird dann eine riesige Hanfplantage stehen, in der Wölfe, Bären und Biber friedlich in der „Robert-Habeck-Gedächtnis-Pflanzung" koexistieren.

Alles nur geklaut: So wollen uns übereifrige Aktivisten kulturelle Aneignung einreden

Andreas Hock

Meine erste kulturelle Aneignung beging ich im Alter von gerade einmal zweieinhalb Jahren. Ich konnte schon passabel laufen, lernte immer besser sprechen und brauchte nur noch nachts eine Windel. Und ich entdeckte die Vorzüge von Verkleidungen. Meine Eltern und ich waren zum Grillen bei unseren Nachbarn eingeladen. Die Dorns waren Sudetendeutsche, die aus der Gegend um Eger stammten. Sie waren sehr engagiert in ihrer Landsmannschaft und legten großen Wert auf die Pflege ihres Brauchtums. Immer wenn bei uns im Ortsteil die Kirchweih stattfand oder sie sich zum Sudentendeutschen Tag aufmachten, legten sie voller Stolz ihre althergebrachte Tracht an: Frau Dorn trug eine weiße Bluse mit weiten Ärmeln und kunstvollen Stickereien, zu der sie „Hemmad" sagte. Dazu ein blaues Mieder, das ebenfalls aufwendig verziert war, einen roten Wollrock und eine schwarze Schürze. Herr Dorn zog dann Pumphosen mit

Messingknöpfen und Hosenträgern an, ein weißes Leinenhemd mit Stehkragen und ein schwarzes Halstuch. Und ich trug den ganzen Nachmittag: seinen Hut.

Es war ein schwerer, auffälliger Hut aus dunklem Filz mit Seidenbändern und er war Herrn Dorn wirklich wichtig. Aber solange ich keinen Unfug damit machte, hatte er selbstverständlich nichts dagegen, dass ich das tat und fröhlich durch den Garten marschierte, während die Erwachsenen erst Fleisch mit Schmorgurken aßen und zum Nachtisch Kolatschen. Er lachte, seine Frau lachte und meine Eltern lachten ebenfalls. Und das, obwohl ich wie mein Vater und dessen Vater in Nürnberg geboren wurde, meine Mutter aus der Pfalz stammte und wir in etwa so sudetendeutsch waren, wie der damalige Bundeskanzler Helmut Schmidt ein Franke war. Ich erzähle das deswegen, weil es heutzutage offenbar schon für einen Shitstorm ausreicht, einen Hut aufzusetzen, der einer anderen Kultur zugerechnet werden kann. Oder eine entsprechende Frisur zu haben.

Unter anderem die Diskussion, ob weiße Menschen sogenannte Dreadlocks tragen dürfen, geht seit einigen Jahren sehr aufgeregt vonstatten. So werden neuerdings regelmäßig Konzerte von Musikern abgesagt oder abgebrochen, wenn diese es wagen, ihre Haare entsprechend zu stylen, wie es in der Reggae-Szene eben üblich ist. Wenn Sie mit dem Begriff nichts anfangen können: Dreadlocks bekommen Sie, wenn Sie Ihre Haare verfilzen lassen. Das kann durch künstliche Hilfsmittel geschehen, Sie können aber auch einfach aufhören, Ihre Haare zu kämmen und zu schneiden. Dann sehen Sie irgendwann aus wie Bob Marley – mit dem kleinen, aber feinen Unterschied, dass Sie wahrscheinlich keine dunkle Hautfarbe haben und auch nicht aus Jamaika stammen. So wie Hans Söllner, ein bayerischer Liedermacher mit Vorliebe für allerlei Hanfprodukte, der aufgrund seiner Ansichten und seines Auftretens für die linke Szene mal so etwas war wie ein Volksheld. Selbst jemand wie er, der nachweislich weniger Übereinstimmung mit den Werten der CSU hatte als Herbert Wehner oder Gregor Gysi, wäre nach Lesart der woken Kulturwächter ein Rassist.

Beim Begriff der „kulturellen Aneignung", auf Englisch „cultural appropriation", geht es nicht nur um die bloße Übernahme eines kulturellen Elements, sondern um die Art und Weise, wie das geschieht. Per Definition der allwissenden britischen „Encyclopedia Britannica" liegt sie immer dann vor, wenn Mitglieder einer Mehrheitsgruppe kulturelle Elemente einer Minderheitengruppe in ausbeuterischer, respektloser oder stereotyper Weise übernehmen. Wenn also ein Weißer sich anmaßt, sich wie ein Nicht-Weißer zu verhalten, obwohl er beziehungsweise seine Vorfahren oder auch nur die Vorfahren ganz anderer Weißer die Nicht-Weißen vor vielen Jahrzehnten oder Jahrhunderten mal ausgebeutet haben.

Wenn Sie beim Italiener eine Pizza Hawaii haben möchten, stellt sich – ganz unabhängig davon, ob man wirklich Ananas, Schinken, Käse und Tomaten miteinander kombinieren sollte – zunächst die Frage, ob es sich überhaupt um einen echten Italiener handelt, der diese Pizza anbietet. Mein Lieblingspizzabäcker in unserem Viertel kocht hervorragende Gerichte, insbesondere empfehle ich jedem seine Lasagne und das Tiramisu. Er begrüßt auch jeden hereinkommenden Gast mit einem donnernden „Buonasera". Der Mann ist allerdings nachweislich Pakistani und dürfte von daher eigentlich weder so tun, als spreche er Italienisch, noch sich die italienische Küche zu eigen machen – geschweige denn, um das dreiste Bild seiner angemaßten Identität zu vervollständigen, einen Fiat 500 fahren, auf dessen Heckscheibe ein Juventus-Turin-Aufkleber pappt. Tut er aber.

Wobei in seinem Fall die politisch überkorrekten Sittenwächter möglicherweise ein Auge zudrücken würden, weil sein Heimatland einst selbst unterjocht wurde – wenn auch nicht von Italien, aber zumindest von der britischen Krone. Umgekehrt aber wäre schon Schluss mit lustig: Ein Italiener kann folglich nicht ohne Weiteres einen pakistanischen Imbiss eröffnen und ein Deutscher keine orientalische Shisha-Bar. Dieses Prinzip ist ganz wichtig, die Wortführer sagen dazu Trivialisierung, man kann es aber auch einfach inkonsequent nennen oder einfach schwachsinnig. Mir ist das alles ja herzlich egal, ich entscheide in dieser Hinsicht allein nach Sympathie und Geschmack, aber andere sind da leider weniger tolerant. Der Hawaiianer an sich könnte sich nach Ansicht von Gruppen wie „Linke PoC/Migrantifa" schließlich an den kolonialistischen Stereotypen stören, die neben der Pizza auch der gleichnamige Toast bedient. Immerhin wächst auf der Inselgruppe die Ananas zwar seit rund 100 Jahren – aber halt nur, weil schneeweiße Farmer damals riesige Plantagen anlegten und die einheimische Bevölkerung für Anbau und Ernte einspannten (und vermutlich nicht allzu gut behandelten und bezahlten). Das gleiche Problem haben manche, wenn es um den Begriff „Curry" geht. Dessen Verwendung wird zum Beispiel von der kalifornischen Foodbloggerin Chaheti Bansal massiv kritisiert, weil der Westen asiatische Gerichte aller Art als „Curry" zu verallgemeinern wagt, obwohl gerade in Indien die regionalen Spezialitäten alle paar Kilometer wechselten und die Bezeichnung allein auf die Bequemlichkeit der arroganten Kolonialherren zurückgehe.

Alle Produkte der Marke „Uncle Ben's", deren prägnante Reklame sich mir schon als Kind eingeprägt hatte, wurden in „Ben's Original" umbenannt, weil der Hersteller Mars Inc. nicht länger mit einem netten schwarzen Onkel werben wollte, der möglicherweise als Verniedlichung eines geschundenen Sklaven missverstanden werden kann. Ich gebe zu, niemals an so etwas Monströses wie die Sklaverei gedacht zu haben, als ich mir in Studentenzeiten jeden zweiten Tag einen Kochbeutel ins Wasser schmiss, um mir zusammen mit einem ordentlichen Kanten Butter und ein bisschen Tiefkühlgemüse ein schnelles und billiges Mittagessen zuzubereiten. Ich fand den Typ auf der Packung einfach nur sympathisch, aber daran sieht man, wie geschichtsvergessen und gedankenlos ich beim Verspeisen von Reis in Parboiled-Qualität damals war.

Noch nicht sicher bin ich, wie ich künftig mit dem legendären Gulaschsuppen-Rezept meiner Mama verfahren soll, die in ihrem langen Leben nicht ein einziges Mal in Ungarn war und somit das Leid der dortigen Landbevölkerung insbesondere während des Kommunismus nicht ansatzweise nachvollziehen kann. Einen befreundeten Koch, der es wagte, Sashimi vom fränkischen Weiderind auf seine Karte zu nehmen, habe ich zur Sicherheit vorgewarnt, was auf ihn zukommen könnte. Und sollte man ein mexikanisches, asiatisches, thailändisches, afrikanisches Restaurant oder eine karibische Cocktailbar besuchen wollen, ohne sich gewissenhaft zu versichern, ob der jeweilige Besitzer wirklich die richtigen ethnischen Wurzeln besitzt, ist man moralisch gesehen auch nicht besser als Adolf Lüderitz, der alte Kolonialist.

Bei Lebensmitteln und Frisuren macht die heute häufig sehr aufgeregt geführte Debatte allerdings nicht halt – damit fängt sie überhaupt erst an. Bestimmte kunstvolle Tätowierungen, wie sie normalerweise von den Maori getragen werden, gehören sich demnach weder für alle normalen Menschen noch für Fußballprofis, die außerhalb der entsprechenden neuseeländischen Stammesgebiete leben – ebenso wie andere bestimmte Motive: Buddhafiguren etwa oder Traumfänger. Immerhin ist mir noch nichts von einer geknechteten Minderheit bekannt, die sich irgendwo in einem entlegenen Tal dieses Planeten auf ihr ureigenes Recht zum Tragen eines Arschgeweihs beruft, aber das kann ja noch kommen.

Wie nur sollen wir umgehen mit europäischen Frauen, die sich Batiktücher umbinden, einen Sari tragen, Yoga betreiben oder schlimmstenfalls alles zusammen? Was tun mit vermeintlich traditionellen Alphornbläsern, die verdächtig nach australischen Aborigines samt Didgeridoo-Imitaten aussehen? Und wie verdeutlichen wir der alten Gemüsehändlerin, die auf dem Wochenmarkt Kohlrabi, Sellerie und Mohrrüben – Entschuldigung: Karotten – verkauft, dass ein Kopftuch doch bitteschön weiblichen Angehörigen des Islam vorbehalten ist?

Hat nicht Elvis Presley mit dem Rhythmus von Schwarzen seine Millionen verdient und sich mit seinem lasziven Hüftschwung auch noch über sie lustig gemacht? Durften Musiker wie Glenn Miller oder Benny Goodman überhaupt Jazz spielen? Und warum ist in den vergangenen Jahrhunderten niemandem aufgefallen, dass leichenbleiche Komponisten wie Verdi, Puccini oder Mozart geradezu die Vorreiter kultureller Aneignung waren mit ihren Opern wie „Aida" (spielt in Afrika), „Turandot" (spielt in Japan) oder der „Entführung aus dem Serail" (behandelt die Bedrohung durch das Osmanische Reich). Überhaupt Mozart – hatte der nicht auch so etwas wie Dreadlocks? Sieht fast danach aus!

Das sind sehr viele Fragen, denen wir uns, die wir das große Glück haben, im so reichen wie präpotenten Abendland aufgewachsen zu sein, vermutlich viel zu lange nur unzureichend gestellt haben. Und wenn Sie jetzt sagen, dass eine gewisse ideelle Aneignung schon immer zur Kultur gehört hat, egal in welchem Bereich, weil Kultur per se darin besteht, vorhandene Bestandteile aus anderen Epochen oder von anderen Nationen zu übernehmen, sie anzugleichen, sie weiterzuentwickeln und sie dadurch womöglich gar zu ehren und zu erhalten, dann machen Sie es sich ein bisschen zu leicht. Wer sich heute noch einen Irokesenschnitt verpassen lässt, einen Bumerang wirft oder Afropop hört, der hält sich möglicherweise demnächst auch einen Kammermohr im Ankleidezimmer. Gut, dass Herr und Frau Dorn das nicht mehr erleben müssen!

Alles, was recht(s) ist: Von rauchenden Afghanen und fehlenden Metzgerslehrlingen

Monika Gruber

Vor ein paar Monaten rief mich der Assistent eines ziemlich bekannten deutschen Regisseurs an und fragte mich, ob ich nicht bei einer Art Werbefilm für „Mehr Zusammenhalt in Deutschland" mitwirken möchte, denn – ich zitiere – „man habe so das Gefühl, dass sich in der Bevölkerung eine große Unsicherheit breitmache wegen der Energiepreise und so". Was mit „und so" gemeint war, definierte er nicht weiter, auch wenn ich da ein paar Ideen hätte: zum Beispiel die Sorge vor wachsender Altersarmut, die Angst vor einer Überlastung unserer Städte und Gemeinden aufgrund des ungebremsten Zustroms von Asylsuchenden, die latente Bedrohung durch außer Kontrolle geratene C-Promis nach der Teilnahme im nächsten „Dschungelcamp" oder die Tatsache, dass man neuerdings damit rechnen muss, beim Verzehr seiner Lieblingssüßigkeiten auch das mitzuessen, was früher ein Fall für den Kammerjäger gewesen wäre: Getreideschimmelkäfer, Mehlwürmer und Hausgrillen.

Man spüre – so der eifrige Assistent –, dass die Gesellschaft auseinanderdrifte, und daher sei es ganz wichtig, die Solidarität in der Bevölkerung Bayerns zu stärken. Finanziert würde das Projekt unter anderem vom Bayerischen Ministerium für Familie, Arbeit und Soziales. Ich antwortete ihm, dieses Projekt käme so ziemlich genau zwei Jahre zu spät. Denn, so fragte ich ihn weiter: Wo waren denn die ganzen kritischen Filmemacher und Künstler zu einer Zeit, als Menschen nicht nur aus Restaurants, Sportstätten, Friseuren oder Hundesalons ausgesperrt, sondern noch aufs Schlimmste stigmatisiert und diskriminiert wurden – nur weil sie auf dem beharrten, was sonst immer so gern von eifrigen Frauenrechtlerinnen skandiert wird: „My body, my choice!"? Auf diese Frage wusste der freundliche Assistent keine Antwort und stammelte irgendetwas von „der AfD nicht das Feld überlassen".

Da wusste ich, woher der Wind wehte. Es ging nicht um die desaströse Corona- oder die ebenso hinterfragenswerte Energiepolitik unserer Regierung und deren verheerende Folgen für die Gesellschaft, sondern darum, dass die größte Gefahr noch immer oder schon wieder oder wie auch immer natürlich von rechts kommt. Daher brauchen wir nun dringend ein Motivationsfilmchen, um uns – in diesem Zusammenhang nach Wahrnehmung der linksalternativen Kulturszene leider immer etwas begriffsstutzigen – Bio-Deutschen Folgendes zu erklären: Die Silvesterkrawalle in Berlin und anderen Städten, die nahezu täglichen Messerstechereien sowie immer häufigere Meldungen von Gruppenvergewaltigungen sind kein Grund zur Beunruhigung, sondern – wenn schon nicht Teil einer importierten Folklore – allerhöchstens bedauerliche Einzelfälle und somit in einer weltoffenen Einwanderungsgesellschaft wie der unseren hinzunehmen. Kein Grund zur Besorgnis. Wir sind bunt und das ist gut so, auch wenn es manchen allmählich ein kleines bisschen zu bunt wird – in jeglicher Hinsicht.

Was ist aber, wenn mir einiges hier nicht nur nicht gefällt, sondern mich wirklich zutiefst beunruhigt? Bin ich tatsächlich ein unbelehrbarer Rassist, wenn ich es für befremdlich halte, dass an der einzigen Haltestelle meines beschaulichen 100-Seelen-Heimatdörfchens, an der meine kleine Nichte täglich auf den Bus wartet, neuerdings in schöner Regelmäßigkeit ein junger Afghane die Passanten aggressiv um Zigaretten anschnorrt und eben nicht auf die Verbindung nach Fraunberg wartet? Bin ich ein intoleranter Spießer, wenn ich es etwas unverschämt finde, dass ebendieser Mann dem Nachbarn meiner Eltern bis vor die Haustür folgte, weil er ihm nicht glauben wollte, dass er als Nichtraucher keine Kippen mitführt? Bin ich ein hasserfüllter Wutbürger, wenn ich es als unanständig einstufe, dass unser afghanischer Kettenraucher vor Wut mit dem Fuß gegen den Kotflügel eines geparkten Autos trat? Ein anderer Nachbar – Polizist von Beruf – rief daraufhin seine Kollegen von der Polizeidienststelle Erding an. Als diese eintrafen und die Personalien des aufbrausenden Herrn aufnahmen, stellte sich heraus, dass dieser wegen diverser Drogendelikte und anderer Vergehen „polizei- und behördenbekannt" war, daher nahmen sie ihn mit. Vorher schrie der Typ den Nachbarn noch an: „Nächstes Jahr wohne ich in deinem Haus!" Da das Anpöbeln von Mitbürgern jedoch noch kein Verbrechen ist, wurde er umgehend wieder auf freien Fuß gesetzt und war selbstverständlich am nächsten Tag wieder an der Bushaltestelle zu sehen. Vielleicht bin ich aber ja auch vollkommen auf dem Holzweg und unser der Bedienung eines Zigarettenautomaten offenbar nicht mächtiger Zeitgenosse kennt sich nur mit dem Fahrplan nicht aus und weiß nicht, welche Linie ihn zu seiner Lehrstelle bringt.

Zum Thema „Lehre" hier noch eine kleine Anekdote: Die Tochter von Freunden – nennen wir sie Nina – macht gerade eine Ausbildung zur Konditorin; ein Beruf, dem ich schon aus Eigeninteresse höchste Wertschätzung entgegenbringe. Da sie einen hervorragenden Realschulabschluss hatte, wäre es ihren Eltern zwar lieber gewesen, sie hätte eine weiterführende Schule besucht. Aber zum einen verfügt unser überakademisiertes Land schon über genügend junge Menschen, die Psychologie, Politikwissenschaft oder „irgendwas mit Medien" studieren, um anschließend bestenfalls mit einem Uber-Taxi Essen auszuliefern. Und zum anderen war nun mal Ninas sehnlichster Berufswunsch: Konditorin. Da es in allen Lehrberufen einen eklatanten Mangel an Bewerbern gibt, war ein passender Ausbildungsplatz in der näheren Umgebung schnell gefunden. Als sie allerdings zum ersten Mal die Berufsschule in Freising besuchte, gab es ein ziemlich böses Erwachen für das arme Mädel. Denn offensichtlich scheinen alle Berufe im Bereich Lebensmittelerzeugung wie Bäcker, Metzger oder Koch aktuell ein Auffangbecken von Mittelschülern, von denen nur die allerwenigsten eine solche Lehre beginnen, weil sie auch wirklich einen dieser an sich sehr wichtigen Berufe erlernen möchten. Die meisten sitzen schlicht und ergreifend ihre Zeit dort ab, bis sie alt genug sind, um Bürgergeld zu beziehen. Das durchschnittliche Bildungsniveau der Mitschüler von Nina ist so unterirdisch, dass in der ersten Schulstunde 15- oder 16-jährige Jugendlichen allen Ernstes beigebracht werden musste, wie man ein „A" korrekt schreibt. Als ich die Geschichte hörte, wusste ich nicht, ob ich lachen, weinen oder doch lieber zwei Flaschen Wein auf ex leeren sollte.

Auch die Ausbildungsbetriebe wissen natürlich um diese katastrophalen Zustände, daher hat ein umtriebiger Metzger und Koch bei uns in der Gegend inzwischen eine private (aber staatlich anerkannte) Berufsschule gegründet, um die wenigen, die wirklich an diesen Jobs interessiert und dafür geeignet sind, entsprechend zu fördern. Als bekennende Leberkässemmel- und Blätterteigabhängige kann ich sagen: Wenn es irgendwann keine qualifizierten Metzger und Bäcker mehr in unserem Land gibt, dann ist dieses Kulturgut für alle Zeit verloren und wir sind dazu verdammt, bis ans Ende unserer Tage Massenware aus Fabriken zu konsumieren, die kein Hundebesitzer jemals an seinen Wauzi verfüttern würde.

Aber Deutschland hat sich ohnehin in den vergangenen Jahren extrem verändert – ganz so, wie von Frau Göring-Eckardt 2015 auf dem Höhepunkt der ersten Flüchtlingskrise vorhergesagt, wenn ich auch ihre damalige Freude darüber nicht wirklich teilen mag. Nun ist es eben so. Muss mir das gefallen? Nein. Bin ich ein Rassist, wenn es mir nicht gefällt, wenn mich dieser Zustand besorgt? Nein. Sehe ich den Zusammenhalt der Gesellschaft in Gefahr. Ja. Aber ein Motivationsfilmchen gegen Rechts wird daran nichts ändern, solange die Politik nicht einsieht und benennt, dass eine unkontrollierte Zuwanderung in diesen Größenordnungen, wie wir sie seit einigen Jahren erleben, Probleme verursacht, die inzwischen völlig außer Kontrolle geraten. Wir haben es ja noch nicht einmal geschafft, die Menschen anständig zu integrieren, die lange vorher da waren. Und damit meine ich nicht nur die vielen Preißn, die jedes Jahr in Pseudo-Trachten gewandet das Münchner Oktoberfest belagern und noch nicht einmal wissen, wie man eine Maß Bier korrekt ausspricht (nämlich: „Mass" und nicht „Maas").

Das Lustige ist, dass nicht nur ich das so sehe, sondern auch die meisten Menschen mit Migrationshintergrund, die schon länger hier leben – zumindest die, die ich kenne. Dazu noch eine abschließende Anekdote aus unserer schönen Landeshauptstadt. Ich bin seit einiger Zeit mit einem Mitglied des Münchner Stadtrats befreundet, der neulich bei einer Bürgerversammlung von einem Vertreter der türkischstämmigen Community Münchens, der seit Jahrzehnten als erfolgreicher Bauunternehmer tätig ist, angesprochen wurde. Dieser meinte zu ihm: „Es gibt keine Partei in Bayern, die unsere Interessen vertritt. Früher haben wir alle CSU oder SPD gewählt, aber bei der letzten Wahl haben wir alle geschlossen für die AfD gestimmt." Mein Spezl war völlig baff. Und er versprach ihm, sich wieder mehr der Sorgen der türkischen und damit auch der einheimischen Community anzunehmen, die ziemlich deckungsgleich sind. Zumindest was die unkontrollierte Zuwanderung aus Kulturkreisen anbelangt, die halt nicht ganz so einfach mit unserer Weltanschauung kombinierbar sind. Weil: Wenn schon die AfD die letzte Rettung für gut integrierte Menschen mit Migrationshintergrund ist – dann haben wir wirklich ein großes Problem! Dagegen hilft dann auch kein Werbefilm mehr.

Unsere Tochter hat heute Dienst: Wieso wir unseren Kindern mehr Langeweile gönnen müssen

Andreas Hock

Es gibt sehr wenige Momente, in denen ich bedauere, schon vor fast 50 Jahren und nicht erst in den 2000ern zur Welt gekommen zu sein. Denn ich bin mir sicher, dass ich es mit meinen Talenten zu einem veritablen Internet-Star hätte bringen können. Zwar konnte ich weder backen noch kochen und mit Schminke oder Videogames kannte ich mich erst recht nicht aus. Aber zumindest habe ich mit zehn oder elf eine Menge Fotos mit der Polaroid-Kamera meines Vaters gemacht und die Bilder anschließend stolz in der Schule herumgezeigt. Ich knipste unter anderem, welche spektakulären Häuser ich mit meinen Lego-Steinen errichtete, oder hielt den Baufortschritt unseres kleinen Dammes fest, mit dem wir den Bach an der Angerwiese aufstauten. Damals wollte ich es nicht wahrhaben, aber höchstwahrscheinlich interessierte sich kein einziger meiner Klassenkameraden dafür. Heute jedoch wäre das vielleicht ganz anders und als „Hock, der Baumeister" oder „Do-it-yourself-Staudamm"-Influencer hätte ich Millionen Follower und mit 13 ausgesorgt. Ansonsten aber bin ich heilfroh, sofern man das noch sagen oder schreiben darf, dass ich meine Kindheit schon lange hinter mir habe. Denn die ist inzwischen oft kein Vergnügen mehr, sondern purer Stress.

Nehmen wir nur die Tochter unserer Bekannten – nennen wir sie an dieser Stelle Selina. Sie heißt in Wirklichkeit anders, aber ich möchte natürlich nicht, dass Lena in der Schule gehänselt wird, weil sie in einem Buch vorkommt. Dieses Mädchen kann einfach alles. Es lief, während andere noch krabbelten. Es sprach, als alle anderen gerade mal glucksten. Es fuhr Fahrrad, als Gleichaltrige noch im Buggy saßen, und wahrscheinlich berechnet sie (inzwischen sechsjährig) zusammen mit ihrem Vater, der als Ingenieur beim Hochbauamt arbeitet, die Statik für unsere neue Hafenbrücke. Ich würde lügen, wenn ich sage, dass mich solche Superüberfliegerkinder nicht kolossal nerven würden. Dabei kann Selina gar nichts dafür. Ihre Eltern sind das Problem.

Mein Vater unternahm den ersten zaghaften Versuch einer, na ja, Talentförderung, als ich in die dritte Grundschulklasse kam. Vorher konnte ich das tun, was ich wollte, und vor allem: das lassen, was ich nicht wollte. Ich probierte einige Beschäftigungen aus und ließ sie wieder sein. Fußball im Verein war nichts für mich, nachdem mir ein Sportskamerad den Ball mitten ins Gesicht geschossen hatte. Tennis machte mir keinen Spaß, malen konnte ich nicht und für die meisten anderen Hobbys hatte ich sowieso keine Geduld. Ich traf mich lieber mit Freunden, hing auf dem Spielplatz ab oder saß auch mal nur eine Stunde im Garten und schaute in den Himmel. Trotzdem fehlte mir nichts. Als das dritte Schuljahr anbrach, war mein Vater der Meinung, ich solle ein Instrument lernen. Aus Gründen, die ich heute nicht mehr nachvollziehen kann, suchte ich mir ausgerechnet Violine aus. Es war eine Entscheidung aus freien Stücken, ich hätte auch Schlagzeug, Maultrommel oder Panflöte nehmen können. Wie nicht anders zu erwarten, wurden die Geige und ich allerdings keine Freunde. Nach drei Jahren vergeblichen Bemühens (und nachdem meine Musiklehrerin mit dem Antrag auf Frühverrentung gedroht hatte) wanderte meine Geige für immer zurück in ihren Kasten. Und für mich, vor allem aber für meine Eltern war das vollkommen okay.

Heute müssen Kinder schon vor dem Besuch einer Kita das Alphabet rückwärts aufsagen können und mindestens ihren eigenen Namen kalligraphieren. Selina geht seit ihrem dritten Lebensjahr ins Ballett, obwohl sie sich in etwa so filigran bewegt wie eine Warnbake. Sie besucht mit ihrer Mutter Schwimm-, Turn- und Töpferkurse und selbstverständlich reitet sie am Wochenende, vermutlich einhändig. Im mehrsprachigen Montessori-Kindergarten bekam sie Englisch und Grundzüge in Mandarin beigebracht, eingeschult wurde sie natürlich ein Jahr früher als üblich und ich würde mich nicht wundern, wenn sie kurz vor dem Übertritt ins humanistische Gymnasium schon mal ihren Führerschein macht. Ich habe keine Ahnung, ab wann man einen Burn-out bekommen kann, aber sollte das mit unter Zehn möglich sein, wäre sie eine heiße Kandidatin. Dieses Mädchen hat weniger Freizeit als der Vorstandsvorsitzende eines DAX-Konzerns und wäre ich Mitarbeiter beim Jugendamt, würde ich den Eltern sofort das Sorgerecht entziehen.

Psychologen und Erziehungswissenschaftler betonen immer wieder, wie wichtig Langeweile für die kindliche Entwicklung ist, aber schon das Wort löst bei manchen überehrgeizigen Erziehungsberechtigten Panikattacken aus. Dabei wäre es gerade heute so wichtig, Kindern ausreichend Freiräume zu lassen. Phasen, die nicht vollgepackt sind mit einem Rund-um-die-Uhr-Programm, das sich die Jungs und Mädels in den wenigsten Fällen selbst ausgesucht haben, sondern ihre Väter und Mütter für sie. Nur durch Langeweile kann überhaupt Einfallsreichtum entstehen, weil das Gehirn erst dadurch gezwungen wird, sich Gedanken über eine wie auch immer geartete Beschäftigung zu machen. Oder es kann zur Ruhe kommen.

Die besten Ideen der Weltgeschichte sind eher nicht beim Binge-Brainstorming entstanden, sondern unter der Dusche, in der Pause oder beim Spazierengehen. Hätte sich der junge Isaac Newton nicht zum Ausruhen unter einen Apfelbaum gelegt, hätte er die Schwerkraft womöglich nie entdeckt. So aber fiel ihm ein Apfel auf den Kopf und eine wissenschaftliche Weltkarriere konnte beginnen. Selbstverständlich will ich mich nicht mit Newton vergleichen, aber ich könnte heute sicher keine einzige Buchseite zu Papier bringen, hätten mich meine Eltern in eine Schreibwerkstatt oder einen Kreativworkshop gezwungen.

Wenn einige von uns so weitermachen, züchten sie sich eine Generation von seelen- und fantasielosen Maschinen heran, die im besten Fall als durchgeknallte Extremsportler, empathielose Jungprofessoren oder durchchoreografierte TikToker ihr Geld verdienen und im schlechtesten schon als Teenager schwer depressiv werden. Doch der durch die permanente Überforderung entstehende Mangel an kindlicher Kreativität ist es nicht allein. Kinder benötigen gerade jetzt mehr Auszeiten und Gelassenheit als je zuvor. Die desaströse Coronapolitik der vergangenen Jahre hat bei jungen Menschen verheerende Spuren hinterlassen: Sie durften ihre Freunde nicht mehr treffen und nicht einmal auf einen Spiel- oder Sportplatz unter freiem Himmel gehen. Schulen und Kindergärten waren monatelang geschlossen und als sie wieder geöffnet wurden, mussten selbst die Kleinsten eine Maske tragen und sich zehn Mal am Tag die Hände waschen. Mit einem harmlosen Schnupfen galten sie als aussätzig und als sei dies alles nicht schlimm genug, wurde ihnen eingeredet, durch ihre bloße Anwesenheit womöglich für den Tod der eigenen Großeltern verantwortlich zu sein. Allein für diese Aussage gehören die damals Verantwortlichen bis zum Kopf in einen Sandkasten eingegraben und der Natur preisgegeben. Eine Studie des Hamburger Universitätsklinikums Eppendorf aus dem Herbst 2022 ergab, dass sich der Anteil psychisch belasteter Kinder während der Pandemie verdoppelt hat. Knapp ein Drittel aller Heranwachsenden benötigt demnach dringend psychologische Hilfe.

Angesichts dessen ist es extrem kontraproduktiv, auch noch Eltern zu haben, die permanent aus eigenem Ehrgeiz heraus den kindlichen Alltag überfrachten: Das kann erst recht Aggressivität, Schlaf- und Essstörungen sowie weitere ernste Symptome auslösen. Doch das begreifen viele Erwachsene leider auch nach dem Ende der kinderfeindlichen Coronamaßnahmen nicht. Neulich hat sich im Kindergarten meiner Tochter ein anderer Vater allen Ernstes darüber beschwert, dass die Erzieherinnen mit ihrer Gruppe ins Kasperletheater gegangen sind und nicht in eine „sinnvolle" Einrichtung wie ein Planetarium oder ein Museum. Andere verlangen „musikalische Früherziehung", statt „immer nur gemeinsam zu singen". Und wenn ich noch einmal jemanden beim Elternabend sagen höre, dass die Kinder lieber weniger im Hof herumtollen sollen, weil man in dieser Zeit „doch auch etwas lernen" könne, bekommt er eine Blockflöte oder die Morgenkreis-Triangel über den Schädel.

Eine befreundete Grundschullehrerin verwendet mittlerweile beinahe mehr Zeit darauf, mit den Eltern ihrer Schüler über die jeweiligen Noten zu diskutieren, als mit dem eigentlichen Unterricht. Wer als Mutter oder Vater jedes Mal einen Nervenzusammenbruch erleidet und sofort einen mehrwöchigen Nachhilfekurs bucht, weil in der Mathe-Schulaufgabe diesmal nur eine 3+ herausgekommen ist, braucht sich nicht zu wundern, wenn sich der Nachwuchs irgendwann zu einem verängstigten und sozial isolierten Zombie entwickelt. Und davon haben wir in unserer Gesellschaft wahrlich genug. Manche davon regieren uns sogar. Bei jemandem wie Karl Lauterbach bin ich mir leider ziemlich sicher, dass er nicht sehr oft einfach nur Kind sein durfte. Falls es auf dem Planeten, von dem er stammt, so etwas wie Kinder gibt.

Selina hingegen wünsche ich, dass sie mal einen Nachmittag freihat – und rein gar nichts von dem Programm absolvieren muss, das sich ihre Eltern für sie ausgedacht haben. Ich jedenfalls bin meinen unendlich dankbar, dass sie mich seinerzeit einfach machen ließen. Auch wenn das manchmal rein gar nix war.

Heimatlos durch die Nacht: Weshalb uns ein bisschen mehr Gottesfürchtigkeit guttäte

Monika Gruber

Am letzten Ostersonntag war ich wild entschlossen, um Punkt 9 Uhr den Ostergottesdienst in unserer Pfarrkirche zu besuchen. Ich bin zwar im Gegensatz zu früher ein recht schlampiger Kirchgänger geworden, aber die stramm katholische Erziehung meiner Eltern hat mich doch geprägt: Ich bin gläubig und bete regelmäßig, wenngleich ich auch mit der Institution Kirche so meine Probleme habe. Als Kind musste ich jedenfalls an Ostern quasi von Gründonnerstag bis Ostermontag jeden Tag in die Kirche gehen und daher habe ich heutzutage ein schlechtes Gewissen, wenn ich an Ostern nicht wenigstens einmal den Gottesdienst besuche.

Zudem singt meine Freundin Andrea im Kirchenchor und von ihr wusste ich, dass musikalisch in diesem Jahr das ganz große Besteck aufgefahren werden würde: Die komplette Besetzung des Chors samt Orchester hatte eine Messe von Max Eham, einem Komponisten aus dem benachbarten Freising, einstudiert, von der es die Noten bis zum heutigen Tag nur in handgeschriebener Form gibt. Da das Konzert am ersten Weihnachtsfeiertag schon grandios war, wollte ich dieses Ereignis auf keinen Fall versäumen. Auch das kann nämlich die Kirche bieten: ein durchaus bemerkenswertes musikalisches Erlebnis.

Zum anderen wäre ein Osterwochenende ganz ohne Gottesdienst – wie es der Kaplan in seiner Predigt ausdrückte – einfach nur ein beliebiges verlängertes Wochenende und von denen gibt es dank unserer großzügigen deutschen Feiertagsregelung schon genug. Unabhängig davon gab es bereits Tage vorher von meinen Eltern eine klare Ansage: „Also, an Ostern könntest schon amal wieder in d'Kirch' geh, des könnt in deinem Fall nix schaden!" Und da wir um 12:30 Uhr zum Mittagessen verabredet waren, wollte ich dort – brave Tochter, die ich auch mit über 50 noch bin – jegliche Diskussionen vermeiden und stattdessen feierlich verkünden: „Ich bin fei extra heut früh aufgestanden und in der Kirch' gwesen, gell. Jetzt is' wieder a Ruh' ... bis Christi Himmelfahrt!"

Da die morgendlichen Temperaturen recht frisch waren, ging ich also um Viertel vor neun leicht verschlafen und warm eingewickelt in einen beigen Kamelhaarmantel mit weinrotem Hut und farblich darauf abgestimmten Lederhandschuhen durch die kühle Morgenluft gen Stadtpfarrkirche. Meine obligatorische Handtasche hatte ich daheim gelassen, weil in der Kirche immer der Platz zum Abstellen fehlt. Stattdessen hatte ich das Geld für den Klingelbeutel zusammen mit einem Taschentuch – falls mich die Rührung wegen der feierlichen Musik übermannen sollte – einfach in die Manteltasche gesteckt. Ich bog in die Haager Straße ein und da ich wie immer etwas knapp dran war, legte ich einen Zahn zu. Von Weitem sah ich schon, dass vor der Bäckerei eine Schlange von mehr als zehn Personen wartete, um das Backwerk für das obligatorische österliche Fressgelage in die heimische Höhle zu schleppen.

Mindestens die Hälfte aller Wartenden trug mehr oder weniger ausgeleierte Jogginghosen und man konnte am Hinterkopf noch ersehen, auf welcher Seite sie sich nachts in die Kissen gekuschelt hatten. Für Dusche und Rasur war offenbar später noch Zeit. Oder morgen. Da war bekanntlich Ostermontag und somit für die meisten ebenfalls ein freier Tag. Der Rest der Anstehenden war in meist düsteres Daunenwerk gehüllt, versuchte zappelnde Kinder zu bändigen oder starrte leicht verknautscht auf die Displays ihrer Handys. Als ich flotten Schrittes auf der anderen Straßenseite an ihnen vorbeizog, spürte ich leicht irritierte Blicke: Ich muss wohl auf einige der Leute etwas befremdlich gewirkt haben mit meiner Farbkombi aus Noisette-Beige, rosa und weinrot, mit schräg überm Gesicht platziertem Borsalino und baumelnden Ohrringen. Dabei konnten die Frühstücks-Fetischisten von dort aus noch nicht einmal meine Leoparden-Loafer sehen. Als ich mein Spiegelbild im Schaufenster entdeckte, dachte ich noch bei mir: „Hossa, ich schau ein bisserl aus wie ein schwuler Parfümerie-Verkäufer, der sich am Wochenende immer für eine Fetisch-Party als Al Capone verkleidet." Egal. Dezenz ist Schwäche!

Die Kirche war fast voll und ich musste bis ganz nach hinten durchgehen, wo ich einen der letzten Sitzplätze neben einem älteren Herrn um die 80 ergattern konnte, der – wie ich freudig bemerkte – blank geputzte schwarze Lederschuhe zu einer grauen Wollhose samt passendem Kurzmantel trug, dazu Hemd und Krawatte. Es war schließlich Ostern, der höchste kirchliche Feiertag des Kirchenjahrs, und wie mein Banknachbar hatte auch ich dereinst noch eingebläut bekommen, dass man bei solchen Anlässen stets frisch gewaschen, mit sauberen Schuhen und dem Besten, was der Kleiderschrank zu bieten hat, aufzutauchen hat. In der Bank davor hatte eine Gruppe von vier Jugendlichen Platz genommen. Sie waren alle geschätzt Mitte 20, trugen Hoodies beziehungsweise Kapuzenanoraks, dazu Sneakers und Jeans. Sie sahen aus, als wären sie vor einer halben Stunde nach ungefähr 16 Wodka-Red-Bull aus dem „Weekend" gefallen, aber: egal! Heutzutage musste man froh sein, dass überhaupt noch junge Menschen den Weg in die Kirche suchten und trotz eines attraktiven Alternativangebots wie ausschlafen, frühstücken gehen oder WhatsApp-Status ändern sogar noch fanden.

Während die Sonne ihre vorfrühlingshaften Strahlen durch die Kirchenfenster blinzeln ließ, sah ich mich um und stellte fest, dass erstaunlicherweise alle Altersklassen im Publikum vertreten waren. Ich blickte in ein Potpourri aus ergrauendem Haupthaar, soliden Wintermänteln sowie praktischer Outdoor-Funktions-Ware, deren gedeckte Grau- und Beige-Töne erfreulich konterkariert wurden durch die sanften Pastelltöne der mitgebrachten Eier, Gebäckhasen und Kleinkinder.

Ach, was waren das für Zeiten, als in meiner Jugend die großen Feiertage von den Damen dazu genutzt wurden, um voll Stolz der versammelten Gemeinde die neuesten modischen Errungenschaften zu präsentieren: An Weihnachten konnte man die elegantesten Wintermäntel, Lodenumhänge, dazu gefilztes Hutwerk, Handtäschchen und natürlich den vom Gatten geschenkten Schmuck bewundern. Die Modenschau ließ übrigens auch die jüngeren Herren, die oben auf der Empore Platz nahmen, nicht kalt. Sie beugten sich bisweilen so weit nach vorn, um einen Blick auf die neuen Outfits der Damen zu erhaschen – vor allem wenn eine ortsfremde fesche junge Cousine oder Nichte eines Gemeindemitglieds das Kirchenschiff entlangschritt –, dass die Gesangsbücher mit einem lauten „Klack" von der Brüstung der Empore herunterfielen. An Fronleichnam präsentierten die Frauen bei der Prozession durch den Ort ihre neuesten, meist von der Ascher Anni maßgeschneiderten Sommerkleider und bei Fahnenweihen gab es vor allen Dingen Dirndl und Trachtiges zu bestaunen. Relikte davon kann man noch bei der älteren Generation bewundern, die Jüngeren beschränken ihre im Internet zusammenbestellten, modischen Extravaganzen heutzutage allenfalls auf Hochzeiten und Schulabschlussbälle.

Während ich also leicht wehmütig in den kirchlichen Laufstegerinnerungen meiner frühen Jugendjahre schwelgte, setzte plötzlich das Orchester ein. Kraftvoll, mitreißend und mit einer unglaublichen klanglichen Wucht. Und ich weiß nicht, ob es an der Musik lag, den Stimmen der Chorsänger, der Ostersonne, die durch die Kirchenfenster ihre Strahlen auf die Gemeinde warf, dem Kerzenduft zusammen mit dem Anblick von Kleinkindern, die ihre Osternester auf wackeligen Beinchen zum Altar trugen, oder an einer Mischung aus alledem. Jedenfalls war ich schlagartig so gerührt, dass ich mir das Weinen verkneifen musste.

Auch die Predigt des Kaplans traf mich ins Herz: Er sprach davon, dass man immer vom „Wochenende" spreche, wenn man vom Sonntag sprach, der aber doch eigentlich der Anfang der Woche sein sollte. Deshalb – so schlug er vor – solle man doch in Zukunft jeden Sonntag als eine Art Ostersonntag sehen: eine Möglichkeit für einen Neuanfang, eine Chance, die Woche mit neuen Gedanken zu beginnen, sein Tun zu hinterfragen. Ergibt mein Leben Sinn, so wie ich es führe? Was würde ich gern ändern? Lebe ich, um zu arbeiten? Was erfüllt mich wirklich?

Während der Predigt war es – bis auf ein paar brabbelnde Kinder – sehr still und man konnte förmlich greifen, dass die Menschen aufmerksam zuhörten, um etwas von diesem Ostersonntagsgottesdienst mit hinaus in ihren Alltag zu nehmen. Für die nächste Woche oder – wie in meinem Fall – für die nächsten Monate. Und ich dachte bei mir: „Ich kenne hier drin fast niemanden, aber dennoch fühlt es sich gut an, Teil einer Gemeinschaft zu sein."

Wie gesagt, ich bin kein regelmäßiger Kirchgänger, aber dieses Gefühl, dass der Ablauf des Kirchenjahrs auch meinem Leben eine gewisse Struktur verleiht, fand ich immer schon irgendwie beruhigend. Genauso beruhigend finde ich auch, dass zumindest bei uns in Bayern die Tradition des Frühschoppens nach der Kirche noch nicht ganz ausgestorben ist; jene geselligen Stammtisch-Runden, die in der Regel nur von den Herren der Schöpfung gepflegt werden, während die Ehefrauen und Töchter daheim das Mittagessen herrichten. Das mag jetzt für die neue Generation von Feministinnen ziemlich antiquiert, um nicht zu sagen sexistisch klingen, aber auf dem Land hatte dieser Brauch seit jeher einen pragmatischen Hintergrund: Die Bauern, die sich ansonsten unter der Woche aufgrund ihrer jeweiligen anstrengenden Arbeit nicht sprechen oder gar sehen konnten, tauschten sich untereinander über den Zustand der Felder, über die aktuellen Viehpreise und über Politik aus und brachten anschließend mitsamt ihrer mal mehr, mal weniger ausgeprägten Bierfahne auch gleich den neuesten Tratsch und Klatsch zum sonntäglichen Mittagstisch heim. Auch das ist für mich noch heute ein wirklich schönes Ritual: Wann nimmt man sich sonst die Zeit, um – idealerweise mit mehreren Generationen – mit seiner Familie über die vergangene Woche zu ratschen? Ohne Hektik, ohne Termine, ohne dass einer dringend noch irgendwohin muss und vor allem: ohne Mobiltelefon!

Ein paar Tage später telefonierte ich mit meinem Freund Andi und erzählte ihm von meinem Ostersonntag und davon, dass es mir gutgetan hatte, mal wieder mit vielen anderen zusammen in einer Kirche zu sein. Er sagte eine Zeit lang am Telefon nichts, dann antwortete er: „Weißt du, Moni, ich glaube, ein Teil der Probleme, die wir aktuell in Deutschland haben, kommt daher, weil wir von einer kleinen Clique regiert werden, die allesamt gottlos und heimatlos sind."

Ich habe lange über diesen Satz nachgedacht, denn ich mag eigentlich Pauschalurteile so wenig wie Pauschalurlaub. Dennoch glaube ich, dass Menschen, die sich nirgendwo verwurzelt fühlen, die sämtliche Traditionen und Werte ablehnen, sie sogar verabscheuen, einfach anfälliger sind für absurde Ideologien und vor allem: für Hysterie.

Daher würde es insbesondere Politikern, deren Partei ein „C" im Namen führt, gut zu Gesicht stehen, sich vielleicht ab und an auch bei einer Fronleichnamsprozession, einem Ostergottesdienst oder einem Martinsumzug zu zeigen, anstatt sich vorwiegend medienwirksam beim Zuckerfest der hier lebenden Muslime ablichten zu lassen und ihnen ein „Fröhliches Fastenbrechen" zuzurufen. Nicht, dass ich dies für verwerflich halte, ganz im Gegenteil. Aber ich fände es im Sinne eines friedlichen und respektvollen Miteinanders nur schön, wenn uns auch mal die mehr als 1.200 in Deutschland wirkenden hauptamtlichen Imame „Frohe Weihnachten" wünschen würden oder ein hochrangiger DITIB-Vertreter zum Abendmahl ein christliches Gotteshaus besuchen würde.

Über das Bekenntnis zu unseren abendländischen Grundwerten hinaus hätte solch ein Besuch noch einen anderen Nutzen, denn zumindest die katholische Kirche gibt erfahrungsgemäß auch immer jede Menge Stoff zum Schmunzeln her – wie etwa diese Anekdote: Vor vielen Jahren gab es in der Stadtpfarrkirche Erding einen Kaplan, der ab und an für den weithin bekannten Stadtpfarrer Mundigl die Gottesdienste übernehmen sollte, um ihn zu entlasten. Eines Samstagabends saßen meine Mutter und ich in den Kirchenbänken und warteten auf den Beginn des Gottesdienstes um 19 Uhr. Um fünf nach sieben spielte die Orgel immer noch nicht, dafür sah man den Mesner hektisch zwischen Sakristei und Kirchenschiff hin- und hereilen, während die Ministranten ratlos herumstanden. Nach weiteren zehn Minuten trat der Oberministrant ans Mikrofon und räusperte sich: „Äh, es tut uns leid, aber der Gottesdienst wird heute ausfallen müssen, weil der Herr Kaplan ist nämlich nicht auffindbar."

Gemurmel und Getuschel im Kirchenschiff, bis drei Reihen vor uns ein Herr laut sagte: „Des glaub ich gern. Weil der hockt sicher im Weißbräu drüben beim Schafkopfen!" Ringsherum nickten einige Mannsbilder und unter großem Gelächter und Gefeixe verließen wir schließlich alle die Kirche. Der spielwütige und trinkfreudige Herr Kaplan ward nie mehr in der Erdinger Stadtpfarrkirche gesehen, seine Geschichte aber erzählt man sich noch immer. Welcher heutige Politiker kann schon von einem so nachhaltigen Wirken zehren …?

Heile, heile Segen – da hilft nur noch Beten: Was Kinderkrankheiten über die Gesundheit unseres Landes aussagen

Andreas Hock

Wenn ich als Kind krank wurde, ging meine Mutter mit mir zu Dr. Hofmann. Seine Praxis war fußläufig – je nach Zustand – nur drei, vier oder fünf Minuten entfernt. Der Herr Doktor war ein großer, weißhaariger Mann mit einer weichen Stimme, einer Nickelbrille und einem Stethoskop um den Hals. Auch in der schlimmsten Erkältungssaison war er tiefenentspannt und hatte immer einen Platz im Wartezimmer frei. Vor allem hatte er stets die richtige Idee, wie wir den gesundheitlichen Unerfreulichkeiten eines jungen Lebens wie Scharlach, Mumps, Röteln oder einfach nur einem grippalen Infekt begegnen sollten. Nach der Untersuchung gab er mir zum Trost einen Kaubonbon, stellte ein Rezept aus, das wir umgehend in der Apotheke nebenan einlösten, und meistens war zwei oder drei Tage danach alles wieder gut. Und wenn gar nichts half, ließ sich die Krankheit spätestens durch den Satz „Aber dann kannst du ja gar keine Schokolade essen" kurieren.

Als meine Frau und ich im vergangenen Winter mit beiden Kindern am Empfangstresen unseres Kinderarztes standen, dachten wir, die Apokalypse sei gekommen und wir hatten es in der letzten Woche nur nicht bemerkt. In drei Räumen stapelten sich röchelnde, hustende und sich übergebende kleine Menschen und als wir nach eineinhalb Stunden endlich dran waren, blickten wir in die müden Augen eines bald Mitte 60 Jahre alten Mannes, der seinen Beruf immer mit ganzer Leidenschaft und voller Enthusiasmus ausgeübt hatte und nun einfach nur den Moment herbeisehnte, an dem er den ganzen Wahnsinn für immer hinter sich lassen konnte. Er erzählte uns, dass er derzeit an einem einzigen Tag 120 Patienten behandeln müsse und dass er eine solch schlimme Häufung von Krankheitsfällen in 35 Berufsjahren noch nie erlebt habe. Und dass er sich nach elf Stunden Praxisdienst statt mit einer Flasche Rotwein mit der elektronischen Patientenakte beschäftigen müsse, die sich vermutlich irgendwelche Leute ausgedacht hätten, die in etwa so viel vom Alltag in einer gewöhnlichen Arztpraxis verstünden wie ein Schönheitschirurg von einer Darmspiegelung. Anschließend gab er uns ein Rezept für einen Fiebersaft und sagte bedauernd dazu, dass dieser derzeit aber nicht lieferbar sei – nirgends, zumindest bei uns in der Stadt.

Wir waren selbst vollkommen erschöpft, gingen mit unseren kranken Kindern wieder nach Hause und fühlten uns komplett desillusioniert. Bis zu diesem Moment waren wir davon ausgegangen, dass wir in einem Land lebten, das zumindest in Bezug auf seine Gesundheitspolitik zu den bestversorgten Staaten der Erde gehörte. Klar, es war auch unglaublich viel schiefgegangen in den letzten Jahren, insbesondere während der Pandemie. Aber wir hatten, der Gesundheitsminister mal ausgenommen, noch immer bessere Zähne als die Engländer, eine höhere Lebenserwartung als Griechen, Kroaten oder Polen und waren dünner als die Amis. Und in Bezug auf unsere Kinder fühlten wir uns immer gut aufgehoben.

Am selben Abend wandte sich Klaus Reinhardt, der Präsident der Bundesärztekammer, mit einem flammenden Appell an die Deutschen. Er schlug ernsthaft vor, Arzneien aufgrund der akuten Mangellage untereinander zu tauschen; auf Flohmärkten etwa oder Nachbarschaftsbasaren. Ausnahmsweise könnte die Medizin auch abgelaufen sein – es schien, als sei gegen den Medikamenten-Notstand, der hauptsächlich Kinder betraf, buchstäblich jedes Mittel recht. Ich schaute in unser Notfallköfferchen und überlegte, wer uns wohl einen Fiebersaft für meine antiallergischen Augentropfen von 2021 geben würde. Oder wer ein paar entsprechende Zäpfchen übrig hatte und sich dafür mit einer Packung Lutschpastillen gegen Halsschmerzen aus dem Jahr 2018 zufriedengab. Ich fand noch eine einigermaßen aktuelle Schachtel Aspirin und ein paar einzelne Kohletabletten gegen Durchfall. Mehr hatten wir leider nicht zu bieten.

Irgendwann wurden die Kinder dann wieder gesund, bevor sie sich erneut ansteckten. In Kitas und Schulen wüteten RS-Viren und Magen-Darm-Infekte, auch die Grippe streckte mehr junge und auch ältere Menschen nieder als lange zuvor. Parallel dazu las ich von einer regelrechten Streptokokken-Epidemie und lernte, was die Coronapolitik eben auch bewirkt hatte: dass vorher ganz alltägliche Krankheiten nun mit doppelter und dreifacher Wucht zurückkamen, weil es nach Corona einen sogenannten Nachholeffekt gab und kindliche Immunsysteme dazu noch viele Infekte zum ersten Mal durchmachten.

Ich fand es von Anfang an bedenklich, dass sich schon Dreijährige alle halbe Stunde die Hände waschen mussten anstatt anständig im Matsch zu spielen; dass Schulkinder sechs oder mehr Stunden am Tag in eine FFP2-Maske atmeten, dass besonders ängstliche Eltern ihren Nachwuchs gegen gleichaltrige Spielkameraden abschotteten wie die NASA ihre Kosmonauten vor einer mehrmonatigen Weltraummission. Aber während ich nachweislich keinerlei Expertise in Sachen Pädiatrie besitze, warnten Fachärzte immer und immer wieder vor den Folgen einer solchen Abschottung. Schon Anfang 2021 schlug der Bundesverband der Kinder- und Jugendärzte wegen der unabsehbaren Folgen aufgrund der restriktiven Maßnahmen gerade für die Jüngsten Alarm. Man hätte auf ihn hören sollen – allein schon deshalb, weil der Bundespressesprecher Jakob Maske (!) heißt. Auch unser Kinderarzt sah das Unheil kommen und wandte sich an die Politik. Allerdings wurde er ebenfalls nicht gehört, solange die zuständigen Minister noch dem „Team Vorsicht" angehörten und noch nicht dem „Team Augenmaß". Ich für meinen Teil glaube ja, dass es weder das eine noch das andere wirklich gab – sondern nur das „Team Fähnlein im Wind". Aber das ist eine andere Geschichte.

Als wäre das nicht schlimm genug, las ich außerdem davon, dass wir unsere Pharmaproduktion in den letzten Jahren vorwiegend nach China und Indien ausgelagert haben: Laut einer Studie der Unternehmensberatung MundiCare im Auftrag des Branchenverbands Pro Generika stammen rund 70 Prozent der Wirkstoffe wie Paracetamol oder Ibuprofen inzwischen aus Asien, bei vielen Antibiotika sieht es nicht besser aus. Wir hatten zwar in Windeseile einen Impfstoff gegen Corona entwickelt (von dem wir, nebenbei bemerkt, später feststellten, dass er auch nicht annähernd so gut wirkte wie versprochen) und mit Milliarden und Abermilliarden subventioniert. Aber wenn es um die elementare medizinische Grundversorgung ging, verließen wir uns dann doch lieber auf Länder, in denen der Stundenlohn dem Preis einer Packung Kaugummi bei uns entsprach.

Zentrum der chinesischen Pharmaindustrie ist das früher mal idyllische und heute wegen Umweltschäden massiv bedrohte Jangtse-Delta. Weil das nahe gelegene Schanghai besonders stark von der selten bescheuerten Zero-Covid-Strategie der Chinesen betroffen und damit quasi lahmgelegt war, konnten viele Hersteller monatelang nicht produzieren. Irgendwann dämmerte zwar selbst der Kommunistischen Partei, dass null Covid auch null Umsätze bedeutete, und die Produktion lief wieder an. Aufgrund der geopolitischen Gesamtsituation aber wäre mir wohler, wir würden uns selbst wieder ein bisschen mehr um unsere Arzneimittelchen kümmern. Und auch ein paar einheimische Halbleiterfabriken könnten nicht schaden, auch wenn sie nichts mit unserer Gesundheit und der unserer Kinder zu tun haben.

Im Hinblick auf künftige Herbst- und Wintermonate wird uns, von den schon erwähnten psychischen Langfolgen für Kinder und Jugendliche ganz abgesehen, jedenfalls schon jetzt angst und bange – zumal es sich nicht ausschließen lässt, dass die nächste Pandemie schon irgendwo in Form eines infizierten Schuppentieres auf einem chinesischen Wildtiermarkt in den Startlöchern steht. Mein Dr. Hofmann musste die ganze Misere gar nicht mehr miterleben und unser derzeitiger, hochgeschätzter Kinderarzt geht leider im kommenden Jahr in den wohlverdienten Ruhestand. Deshalb ist meine einzige Hoffnung, dass wir alle, zuvörderst unsere Politik, aus den riesigen Fehlern der vergangenen Jahre gelernt haben. Und falls nicht – dass sich unsere Kinder noch daran erinnern, wenn sie zum ersten Mal wählen dürfen.

Mit Layla zum Woketoberfest: Warum die Grünen die wahren Spießer sind

Monika Gruber

Über Niveau und Stil manches deutschen Liedguts aus der Gattung „Party-Schlager" kann man sicher geteilter Meinung sein. Ob man nun bei „Zehn nackte Frisösen" oder bei „Geh' mal Bier holen, du wirst schon wieder hässlich" mitsingen mag, bleibt jedem selbst überlassen. Ich finde traditionelle Schinkenstraßen-Chansons mit Titeln wie „Der Himbeertoni von der Erdbeerfarm" oder „Dicke Titten, Kartoffelsalat" auch nur schwer schlagseitig erträglich. Aber selbst wenn man nicht über Reime wie „Auch ihre Freundin Ananas von Blas-Krawall/hat einfach einen ganz gewaltig großen Knall/denn sie steht auf gut gesalzte Dreier/aber dafür braucht sie vier Eier" lachen kann (erdacht und intoniert übrigens von einem sympathischen Herrn mit dem schönen Künstlernamen Ikke Hüftgold) – eines sollte man damit ganz sicher nicht machen: sie mit irgendeiner politischen Botschaft aufladen.

Ich erinnere mich an eine eindrucksvolle Szene auf dem Oktoberfest 2022, quasi im Jahr 1 nach der Pandemie. Das Jahr, in dem manch devote Wiesn-Wirte in Anbiederung an den woken Zeitgeist bereits lange vor der Veranstaltung verkündeten, in ihrem Zelt würde der Party-Hit von einer Puffmutter namens „Layla" selbstverständlich nicht gespielt werden, da dieser frauenfeindlich und somit für das Niveau ihre Zelte untragbar sei – wohlgemerkt von Lokalitäten, in denen seit Jahrzehnten gern mal unter den Tisch gekotzt, dem Nachbarn an der „Bieselrinne" ans stramme Wadel gepinkelt oder auf dem Klo geschnackselt worden ist. Da saß ich also eines Spätnachmittags mit Freunden in einem der kleineren Wiesn-Zelte. Die Stimmung war nach zwei ausgefallenen Oktoberfesten erwartungsgemäß ausgelassen, um nicht zu sagen vollkommen entfesselt. Das Bier und andere Spirituosen flossen in Strömen, die Damen führten ihre schönsten Dirndl samt vorteilhaft in Szene gesetztem Balkon Gassi, die Bedienungen legten angesichts des zu erwartenden üppigen Trinkgelds noch eine Drehzahl zu, ergo: Es waren alle Anwesenden ausnahmslos in Bestlaune. Auf dem kleinen Podium spielte eine 3-Mann-Band, deren Sänger plötzlich innehielt, sich zwischen all den ausgelassenen, anbandelnden Menschen in Dirndl und Lederhosen umschaute und leise sprach: „Ich muss euch jetzt etwas erzählen – und ihr müsst's mitmachen!"

Das Publikum schaute ihn gebannt an und wartete auf die Geschichte. Der Sänger grinste leicht schief und fuhr leise, fast verschwörerisch fort: „Ich hab' ... ich hab' ... sprecht mir nach: ICH HAB' ...!" Alle sprachen ihm nach, anfänglich langsam, dann wurde der Rhythmus immer schneller wie bei der isländischen Klatsch-Choreografie während der Fußball-WM: „Ich hab' ... ich hab' ... ich hab' ... ich hab' ..." Schließlich sang der Bandleader ganz laut ins Mikro: „Ich hab' ein Puff ..." In diesem Moment begann das komplette Zelt – Frauen und Männer, Junge und Alte, Einheimische und Zuagroaste, mutmaßliche Puffbesucher und ehrenamtliche Streetworker – zu grölen: „Und meine Puffmama heißt Layla!" Der Rest ist Geschichte. Das war erstens kein Wunder angesichts des medialen Aufhebens in den Wochen zuvor. Und zweitens erst recht nicht, denn dieser Song war nun einmal das, was er war, und er wollte auch nie vorgeben, etwas anderes zu sein: ein eingängiger Stimmungshit mit Mitbrüll-Melodie, der irgendwie doof, aber auch ein bisschen lustig ist. Denn ... noch einmal für alle zum Mitschreiben: Wir befinden uns in einem Bierzelt auf der Wiesn, dem größten Volksfest der Welt, und nicht im Hörsaal einer Uni in einer Vorlesung über die feministische Außenpolitik im Jahre 2023. Die Menschen kommen hierher, um zu feiern, ihren Alltag zu vergessen, indem sie zu viel essen, zu viel saufen, mit den falschen Menschen knutschen und zu banalen Nonsens-Liedern schunkeln und mitgrölen. Der Song „Layla" hat in ungefähr den intellektuellen Nährwert von „Baby Baby, Balla Balla!!!" von Chubby Checker aus dem Jahr 1965 oder dem „Burger Dance" von DJ Ötzi, der es textlich ebenfalls nicht mit Schuberts „Winterreise" aufnehmen kann:

> *Now it's time 4 the Burger Dance ...*
> *OHHHHHH ...*
> *A Pizza Hut, a Pizza Hut*
> *Kentucky Fried Chicken*
> *& a Pizza Hut, a Pizza Hut*
> *McDonald's, McDonald's*
> *Kentucky Fried Chicken*
> *& a Pizza Hut*

Und warum sollte er auch? Ursprünglich wurden in den Bierzelten sogar Liedtexte ans Volk ausgeteilt, damit das Publikum sich eine weitere Maß und noch eine bestellen musste, denn bereits die damaligen Wiesn-Wirte und -Wirtinnen wussten: „Je profaner das Liedgut, desto höher der Bierkonsum!"

Ob allerdings bei der Verwendung eines typisch deutschen Vornamens ein ähnlicher Sturm der künstlichen Entrüstung durch die Social-Media-Kanäle der selbst ernannten Sittenwächter gefegt wäre, bleibt offen. Aber „Renate" oder „Irmgard" reimen sich nun mal leider auf fast nichts und schon gar nicht auf „geiler". Da es mit dem Verbot oder dem freiwilligen Verzicht auf dieses lächerlich harmlose Liedchen nicht so recht klappte und man sich am Nachfolge-Hit mit dem schönen Titel „Bumsbar" offenbar nicht erneut wieder mit Schaum vor dem Mund lächerlich machen wollte, suchte die PC-Community fieberhaft nach neuen Betätigungsfeldern.

In diesem Zusammenhang entdeckte man an Pfingsten 2024 auf einem in Kampen auf Sylt aufgenommenen Handyvideo eine Gruppe junger und mutmaßlich sehr verwöhnter Wohlstandsgören, die in einer so angesagten wie teuren Strandkneipe zum Refrain des Titels „L'amour toujours" des italienischen DJs Gigi d'Agostino die ziemlich bescheuerte Parole „Ausländer raus" grölten. Abgesehen davon, dass dieses zweifelsohne dumme Verhalten zumindest strafrechtlich gar nicht relevant war, entspann sich danach eine wochenlange und extrem aufgeheizte Debatte, die in eigenen TV-Sondersendungen und zahlreichen Talkrunden besorgter Politiker gipfelte, weil dieses Land ja ansonsten keinerlei Probleme hat als betrunkene Trottel in Barbour-Jacken. Nach der gewohnt konsequenten Existenzvernichtung der zumeist ungepixelt gezeigten Nachwuchssänger wurde das Lied in der Folge auf den Fanfesten der Fußball-EM, dem Canstatter Wasen und auch dem Münchner Oktoberfest verboten. Signore d'Agostino verstand die ganze Aufregung nicht so recht, freute sich aber vermutlich darüber, dass sein Song in der Folge dieser bizarren Hysterie nach 20 Jahren wieder in die Charts einstieg.

Als Nächstes waren dann die Schausteller dran beziehungsweise angeblich sexistische und rassistische Darstellungen auf deren Fahrgeschäften wie zum Beispiel der Riesenschaukel „Top Spin", die seit Jahrzehnten dieselbe Lackierung trägt, nämlich unter anderem einige Bikinischönheiten, die sich – Achtung! – doch tatsächlich oben ohne an einem Strand tummeln. Der Besitzer des Fahrgeschäfts war erst entsetzt und dann stinksauer, denn nach Pandemie und Inflation konnte er sich eine Neulackierung nicht leisten und bot sein Karussell zum Verkauf an. Laut seiner Aussage hatte sich noch nie auch nur ein einziger Besucher über die angeblich unstatthaften und diskriminierenden Motive beschwert und das, obwohl das Fahrgeschäft schon länger auf der Wiesn stand, als Münchens ehemalige zweite Bürgermeisterin Katrin Habenschaden von den Grünen alt war – 45 Jahre nämlich. Doch Gewohnheitsrecht gibt es in dieser Gesellschaft nicht und so geriet unter anderem auch noch das Karussell „Voodoo Jumper", auf dem ein Affe zu sehen ist, der einer Frau das Oberteil entreißt, ins Visier der Moralhüter.

Unabhängig vom ästhetisch-künstlerischen Aspekt solcher zumeist eher naiv gehaltenen Zeichnungen bleibt die Frage: Findet die Allgemeinheit diese Art der Darstellung wirklich sexistisch oder gar rassistisch? Ich behaupte: nein. Und ich gehe sogar noch weiter, indem ich sage: Es geht schon lange nicht mehr darum, was die Mehrheit der Menschen möchte. Aber solche demokratischen Kinkerlitzchen wie Mehrheitsmeinungen interessieren die ach so korrekten Sittenwächter, die am liebsten über jeden Blondinenwitz und jedes Model in einer Dessouswerbung gleich eine feministische Abhandlung über die Ausbeutung der Frau durch kapitalistische und patriarchalische Strukturen verfassen wollen, eher nicht. Den Willen der Mehrheit haben die grünen Ideologen mit ihrem fast schon totalitären Gedankengut schon lange nicht mehr auf dem Schirm, denn dieser passt nicht in ihr Weltbild.

Heutzutage reicht oft schon ein einziger Schreihals, der dreister und lauter ruft als alle anderen und ein Verbot von irgendwas fordert – selbst wenn es ein satirisches Buch wie dieses ist (wie wir am eigenen Autorenleib erfahren mussten). In der Regel duckt sich dann die Masse weg, um nicht in die Schusslinie der spaßbefreiten Moralhüter zu geraten. In der Formel 1 reichte beispielsweise die Beschwerde einer offensichtlich überprüden amerikanischen Funktionärsgattin, um die attraktiven und seit Jahrzehnten unbeanstandeten Grid Girls für immer aus den Boxengassen der Rennställe zu verbannen. Seither schaue ich tatsächlich lieber MotoGP, denn ich persönlich finde, dass heiße Boliden und heiße Mädels mit scharfen

Kurven mindestens so gut zusammenpassen wie ein saftiges Steak und Barbecuesoße. Aber ich bin ja auch nur eine sexistische, alte, weiße Frau, die zu behaupten wagt, die amerikanische Funktionärsgattin könnte an den feschen Grid Girls nur zwei Dinge gestört haben: dass sie allesamt im Bikini besser aussahen als sie selber und ihr Mann mit jeder einzelnen lieber gevögelt hätte als mit ihr. Und deshalb dürfen jetzt alle Zuschauer weltweit sich nicht mehr am Anblick von Schönheiten in der Boxengasse erfreuen, sondern können stattdessen ausschließlich schwitzenden Mechanikern beim Schrauben zusehen. DAS ist sexistisch! Und intolerant.

Der Schauspieler Rupert Everett meinte in einem bemerkenswerten Interview in der *Bunte* vor einigen Jahren, er hätte irgendwie das Gefühl, es schleiche sich seit Jahren so ein verlogener Neu-Puritanismus in unsere Diskussionen ein und das würde ihn als schwulen Mann, der sich schon früh in Hollywood geoutet hatte, zutiefst beunruhigen. Damals war ich mir nicht sicher, ob er nicht etwas übertrieb. Heute weiß ich: Der Mann war ein Visionär. Er hatte diese ganze verlogene Sexismus-Diskussion kommen sehen, die unsere Gesellschaft vielleicht politisch korrekter, aber in keiner Weise toleranter und schon gar nicht leichter oder humorvoller machen wird. Dafür fragt man sich nahezu täglich, was wohl als Nächstes auf dem Index der Sexismus-Antifa landen wird: heterosexuelle Paare? Brüste? Männer mit vollem Haar? Und wird man eines Tages nach Polen oder Ungarn fahren müssen, um heimlich eine Ausgabe des *Playboy* zu erwerben? Ich vermute, es werden noch Dinge zur Diskussion stehen, an die Sie und ich jetzt noch nicht einmal in unseren weißbiergetränktesten Träumen denken würden.

Aber wenn man schon gedenkt, auf dem Oktoberfest irgendetwas zu verbieten, dann hätte ich für den rot-grünen Stadtrat Münchens folgende ernst gemeinte Vorschläge:

1. Lederhosen aus Plastik von Souvenirläden am Hauptbahnhof
2. Sneakers zu Lederhosen

3. Dirndl, deren Rock kürzer ist als bis zur Mitte des Oberschenkels (wir sind ja auf dem Oktoberfest und nicht auf dem Kölner Karneval)
4. dass Eltern Babys auf die Wiesn mitbringen dürfen, die jünger sind als ein Jahr (Lautstärke, Gefahr durch torkelnde Betrunkene)
5. Deppenhüte in Form eines halben Hendls mit eingebautem Motor, bei dem die beiden Hendl-Keulen sich abklatschen

Unabhängig von Volksfesten aller Art würde ich gern einige andere Dinge in unserer Gesellschaft untersagen wollen: Gendersprache, die Wiederwahl der Ampel, das Bürgergeld für arbeitsfähige Menschen unter 60 Jahren, Tennissocken in Sandalen, Hackfleisch für 99 Cent pro 100 Kilogramm, Trainingshosen in der Kirche, Reden bei Hochzeiten, die länger als drei Minuten dauern, Tablets für Kleinkinder unter zwei Jahren sowie Kopfhörer für Eltern, die einen Kinderwagen schieben. Außerdem Leuchtschilder, die einen in der Stadt auf die eigene Geschwindigkeit hinweisen, Blitzer auf einsamen Landstraßen, Cola in 1,5-Liter-Flaschen und so weiter. Aber wahrscheinlich bin ich für eine Umsetzung dieser Forderungen nicht laut genug. Und woke sowieso nicht.

Bau, schau, wem: Der Unterschied zwischen einer deutschen Straßenbaustelle und der Metro in Dubai

Andreas Hock

Seit wir innerhalb Nürnbergs umgezogen sind, muss ich auf dem Weg in die Arbeit einen Hauptverkehrsweg entlangfahren, der sich seit nunmehr drei Jahren von einer gewöhnlichen Straße in eine Dauerbaustelle mit dem Fortbewegungsfaktor einer altersschwachen Weinbergschnecke verwandelt hat. Dem Einwand, ich könnte die Strecke auch mit öffentlichen Verkehrsmitteln zurücklegen, möchte ich gleich zu Beginn begegnen: Ja, das könnte ich durchaus. Aber erstens müsste ich dazu drei Mal umsteigen – von der S-Bahn in die U-Bahn und dann noch in den Bus, was selbst bei starkem Individualverkehr einen zeitlichen Mehraufwand von mindestens 20 Minuten bedeuten würde. Und zweitens habe ich einfach keine Lust, vor oder nach einem harten Tag irgendwelchen Mini-Gangstern gegenüberzusitzen, die den ganzen Waggon trotz ihrer Kopfhörer mit „Musik" von RAF Camora, Fler, Capital Bra oder anderen vollgedröhnten Sumpfhirnen beschallen, einen tropfenden XXL-Döner mit alles essen oder sich im schönsten Ghetto-Slang über den Endgegner in „Resident Evil 4" austauschen. Also fahre ich so lange mit dem guten, alten Auto, bis dem letzten Klimakleber der Leim ausgegangen ist. Und die 20 Minuten eingesparte Zeit nutze ich, um mich über das Tempo öffentlicher Bauvorhaben zu ärgern – und darüber, was das über den Zustand unserer Verwaltung und damit in gewisser Weise unseres Landes insgesamt aussagt.

Bei besagter Straße handelt es sich um eine der wichtigsten Einfallstraßen unserer Stadt. Sie kann mangels Alternativstrecken nicht einfach umfahren werden, in ihrer Mitte befindet sich eine Trambahnlinie und weil sie den äußersten Osten Nürnbergs mit dem Zentrum verbindet, wird sie notgedrungen auch von Lastwagen genutzt, die ihre Güter von der nahe gelegenen Autobahn bis zum jeweiligen Zielort bringen: einem verarbeitenden Betrieb entlang der Peripherie etwa oder einem großen Verbrauchermarkt. Und das wird, vermute ich, noch so lange so bleiben, bis im Auftrag von Herrn Habeck oder Herrn Wissing oder wem auch immer eine emissionsfreie Superdrohne erfunden wird, die mehrere tonnenschwere Europaletten sicher durch die Luft transportieren und genau dort abladen kann, wo sie gebraucht werden – also noch ungefähr 500 Jahre. Man könnte deshalb nun vermuten, dass die Stadtverwaltung alles daransetzt, diese seit vielen Jahren äußerst marode Straße so schnell wie möglich zu sanieren. Das aber ist, wie so vieles in diesem Land, leider ein Trugschluss.

Wann immer ich dort entlangfahre, wird an einer anderen Stelle gewerkelt. Mal ist die Baustelle nur wenige Meter lang, dann umfasst sie wieder einen etwas längeren Bereich, der deshalb dem fließenden Verkehr nicht zur Verfügung steht. Mal werden Strom- oder Telefonleitungen verlegt, mal die Schienen für die Straßenbahn erneuert, mal neue Kanalisationsrohre eingebaut; ohne erkennbare Koordination und zumindest scheinbar willkürlich. Und stets nach ungefähr einem halben Jahr wird der zuvor aufgebrachte neue Asphalt wieder mit Presslufthämmern und anderem schweren Gerät aufgerissen, weil – das ist aber nur meine bloße Vermutung – jemand einen Fehler begangen hat. Was sich aber bei jedem der inzwischen ungefähr 50 verschiedenen Bauabschnitte gleicht, ist die durchschnittliche Anzahl der eingesetzten Arbeiter. Nach meiner Beobachtung sind es in etwa so viele, wie normalerweise beim Zusammenbau eines IKEA-Schlafzimmerschranks benötigt werden: mal drei, mal vier, aber nie mehr als ein halbes Dutzend. Sollte das Ganze in dieser Geschwindigkeit und mit diesem Personalaufwand weitergehen, ist das, was vorne gerade fertiggestellt wurde, sicherlich hinten schon wieder kaputt. Wie gesagt: Bei dem Vorhaben, das nun schon mehr als 36 Monate andauert, handelt es sich um die Sanierung einer gewöhnlichen, zweispurigen Straße – und keineswegs um die Errichtung einer detailgetreuen Kopie des Schlosses Neuschwanstein.

Nur ein einziges Mal in meinem Leben habe ich Dubai bereist. Dort war es mir draußen viel zu warm und drinnen viel zu kalt und ein bisschen fremdelte ich auch mit einer Kultur, die keinen Alkoholkonsum in der Öffentlichkeit duldete und es meiner Frau und mir untersagte, uns im Freien zu küssen, während in den Hotellobbys dutzendweise Prostituierte auf Kundschaft warteten und sich in den Bars Geschäftsleute aus aller Welt die Rübe mit Rotwein zu Eigenheimpreisen wegballerten. Aber als uns unser Guide stolz erzählte, dass die vollautomatische lokale Metro mit einem Schienennetz von damals knapp 70 Kilometern nach etwas mehr als vier Jahren Bauzeit weitestgehend fertiggestellt wurde, trotz widrigster Voraussetzungen wie dem sandigen Wüstenboden, nötigte mir das einen gewissen Respekt ab. Zu den Arbeitsbedingungen der eingesetzten, mutmaßlich aus ärmeren asiatischen Ländern stammenden Arbeitskräfte vermag ich nichts zu sagen. Aber ich vermute, es waren abschnittsweise mehr als vier, fünf oder sechs Leute im Einsatz. Und auch das Vergaberecht und sonstige Verwaltungshindernisse dürften keine großen Hindernisse dargestellt haben.

Die nämlich sind, abgesehen vom chronischen Fachkräftemangel, hierzulande ein riesiges Problem, das längst zu einem eklatanten Standortnachteil im Vergleich zu anderen Industrienationen geworden ist. Die Misere fängt schon damit an, dass diese Gesetze hochkomplex und nicht einmal für Experten komplett zu durchschauen sind – wie nahezu alle unsere Vorschriften. Dabei beträgt das Volumen öffentlicher Aufträge in Deutschland nach Schätzungen der OECD mehr als 500 Milliarden Euro, das ist beinahe ein Fünftel unseres gesamten Bruttosozialprodukts. Weil es um so viel Zaster geht, sollen zumindest theoretisch Korruption und Vetternwirtschaft durch zahllose entsprechende Normen verhindert werden, die noch dazu von Bundesland zu Bundesland verschieden sind. Kleine und mittelständische Betriebe ohne eigene Rechtsabteilung blicken da natürlich nicht mehr durch, weshalb in der Praxis hauptsächlich immer dieselben Großkonzerne zum Einsatz kommen. Die kalkulieren, grob vereinfacht gesprochen, ihre Tarife von vornherein unrealistisch niedrig, um den Auftrag zu ergattern – wohl wissend, dass die öffentliche Hand alle späteren Kostensteigerungen sowieso ausgleichen muss. Das wäre, als müssten wir im Supermarkt für zwei Liter Milch an der Kasse plötzlich fünf Euro bezahlen, obwohl eine Packung im Kühlregal mit einem Preis von einem Euro ausgezeichnet war. Weil auf diese Weise nur die billigsten Anbieter zum Zuge kommen, sind Geschwindigkeit und Qualität der Arbeit oft dementsprechend. Und so dauert beispielsweise die Erneuerung eines Kilometers kerzengeraden Autobahnbelags eben selbst im allerbesten Fall drei bis vier Wochen, obwohl moderne Methoden dies in nicht einmal 60 Stunden ermöglichen würden.

Aber das auch nur, falls nicht wahlweise Anwohner, Umweltverbände, Tierschutzvereine und andere notorische Klagemeier dagegen aufbegehren. In Berlin etwa dauerte einem Bericht des *Handelsblatt* von 2019 zufolge aufgrund der vielen juristischen Verhandlungen gegen das Vorhaben allein die Planung von läppischen 16 Kilometern dringend benötigter Ferngleise 22 Jahre bis zum

Baubeginn. Demselben Artikel nach sind jedes Jahr mehr als 18.000 Verfahren an deutschen Verwaltungsgerichten anhängig, die sich mit Ein- oder Widersprüchen gegen zumeist größere Planungen befassen. Exemplarisch für diesen Irrwitz sei die Klage einer „Bürgerinitiative Angermund" gegen die Deutsche Bahn genannt, mit der sich seit geraumer Zeit die Richter in Düsseldorf herumplagen müssen. In dem Prozess soll unter anderem eruiert werden, ob die gesamte Bahnlinie zwischen der nordrhein-westfälischen Landeshauptstadt und Duisburg womöglich ein Schwarzbau und ein Ausbau von daher per se rechtswidrig sei. Kern des Rechtsstreits ist ein Nachtfahrverbot, das die Initiative auf der Route, die für den ICE-Verkehr genutzt werden soll, durchsetzen möchte. Die von den Klägern heute als illegal vermutete Strecke war übrigens anno 1846 eröffnet worden.

Was für innerstädtische Straßen, Autobahnen und ICE-Strecken gilt, gilt für den Bau von Windrädern oder Stromtrassen natürlich genauso. Auch solche für die angestrebte Energiewende dringend benötigten Projekte liegen oft lange Zeit brach oder können gar nicht erst realisiert werden, weil sich ausgerechnet Naturschützer notfalls bis zum Bundesgerichtshof durch die Instanzen streiten. Manchmal sogar, obwohl es sie gar nichts angeht – rein räumlich gesehen: Ein besonders fürsorglicher Öko-Verband aus dem rheinland-pfälzischen Quirnbach stoppte erst neulich eine Windkraftanlage im niedersächsischen Dörfchen Bostelwiebeck, rund 450 Kilometer entfernt. Was die direkt betroffenen Anwohner dazu zu sagen gehabt hätten, war den Quirnbacher Aktivisten dabei herzlich egal. Photovoltaik am Bodensee oder im Hunsrück ist dem besagten Verein „Naturschutzinitiative e.V." laut eigener Homepage übrigens auch nicht recht, die Rückkehr zu Atomstrom aber vermutlich erst recht nicht. Wie man sich allerdings waschen soll, ohne nass zu werden, wird dort nicht verraten.

In einem Land, in dem bisweilen Nistplätze von Rauchschwalben oder Laichgebiete von Erdkröten Milliardenprojekte verhindern können, grenzt es an ein Wunder, dass Elon Musk seine Tesla-Fabrik tatsächlich in Brandenburg gebaut und somit Tausende Arbeitsplätze in dieser strukturschwachen Region geschaffen hat; von den zu erwartenden Gewerbesteuereinnahmen mal abgesehen – auch wenn der Absatz seiner Fahrzeuge zuletzt stark einbrach und mittlerweile in der Nähe riesige Flächen angemietet werden mussten, um die unbenutzten E-Karren zwischenzulagern. Normalerweise hätte der Mann beim ersten Auftauchen des Wörtchens „Brutsaison" in dem mehrere Hundert Seiten umfassenden Vertragswerk mit dem Bundesland Brandenburg sofort Reißaus nehmen und sich einen Standort jenseits der deutschen Grenze suchen müssen – wie Hunderte andere ausländische Investoren vor (und sicherlich auch nach) ihm. Aber vielleicht hat auch nur Mister Musks Übersetzer seinen Job nicht gut gemacht. Abgesehen davon, dass ich auch einem Tesla „made in Germany" nicht über den zu kurzen Fahrtweg traue, bin ich auf alle Fälle gespannt, ob – und wenn ja wann – ich jemals über eine baustellenfreie Straße in die Arbeit komme. Eigentlich würde ich gern in ungefähr acht bis zehn Jahren etwas kürzertreten und zumindest diesen Job aufgeben. Aber die Hoffnung stirbt bekanntlich zuletzt. Im schlechtesten Fall zusammen mit unserer Zukunftsfähigkeit.

Newsflash: Was Klimakleber und eine herrenlose Schildkröte gemeinsam haben

Monika Gruber

Es gibt Jahre, die bringt man in erster Linie mit einem einschneidenden Ereignis in Verbindung: 2001 passierten die furchtbaren Anschläge auf das New Yorker World Trade Center. 2005 haute Gerhard Schröder in den Sack und Angela Merkel wurde die erste Bundeskanzlerin. 2015 begann die Flüchtlingskrise. 2019 war das letzte Jahr, in dem wir gefühlt alle in Deutschland noch ein normales Leben genießen konnten, bevor 2020 Corona, Jens Spahn und Karlchen Lauterbach unser Leben auf den Kopf stellten. 2022 fand in St. Vinzenz-Klettham die Pfarrgemeinderatswahl statt. Und 2023 wurde Charles III. in Westminster Abbey zum König von Großbritannien und Nordirland gekrönt.

Aber niemand vermag jetzt schon zu sagen, mit welchem bahnbrechenden Geschehen man in der Rückschau das vergangene Jahr als Erstes in Verbindung bringen wird. In Dänemark zum Beispiel wird man sich vermutlich dereinst daran erinnern, dass die kultige Königin Margarete II. nach 52 Jahren Regentschaft abgedankt hat.

In Schweden wird man 2024 wohl auf ewig mit dem NATO-Beitritt des Landes gleichsetzen. Doch als was wird dieses Jahr uns Deutschen im Gedächtnis bleiben? Wird es als das Jahr in die Geschichte eingehen, in dem Sahra Wagenknecht durch die Gründung ihres BSW die Parteienlandschaft für immer verändert hat? Das Jahr, in dem mit Boris Pistorius, dem Mann mit der Ausstrahlung eines Vertreters für Duschvorhangringerl, ein Verteidigungsminister zum neuen SPD-Star aufstieg? Das Jahr, in dem Friedrich Merz den Grundstein für eine jahrzehntelange Kanzlerschaft legte und sich der Franke Markus Söder seine allererste bayerische Lederhose kaufte und einen lustigen Bart zulegte?

In meine persönlichen Annalen indes wird 2024 ebenso wie das Jahr zuvor eingehen als das Jahr, in dem ich abermals bewusst wahrnahm, dass Nachrichtensendungen sowohl im Radio als auch im Fernsehen immer weniger auf Fakten, sondern stattdessen auf Meinungsmache, gepaart mit belanglosem Small-Talk-Gewäsch, setzten. Es kann zwar auch einer Aufmerksamkeits-Defizitstörung geschuldet gewesen sein, aber bis vor Kurzem war ich der festen Ansicht, in den Nachrichten würden nur jene Meldungen verkündet, die auch einen entsprechenden Neuigkeitswert für die Allgemeinheit besäßen. Dieser Meinung war ich bis zu einem sonnigen Tag im vorvergangenen Frühjahr.

An diesem bekamen die bayerischen Radiohörer um Punkt 18:30 Uhr folgende Nachrichten in genau dieser Reihenfolge serviert:
1. Der Oberbürgermeister von Tübingen, Boris Palmer, gab seinen Austritt bei den Grünen bekannt, nachdem er auf einer Veranstaltung der Goethe-Universität in Frankfurt/Main mehrfach das „N-Wort" ausgesprochen hatte. Palmer erklärte weiter, sich in Behandlung begeben zu wollen.
2. Vertreter der radikalen Klimaschutzbewegung „Letzte Generation" hatten ein Treffen mit Bundesverkehrsminister Volker Wissing. Wie die Mitglieder der „Letzten Generation" im Anschluss verkündeten, war das Treffen sehr

konstruktiv, dennoch würden die Klimakleber-Aktionen fortgesetzt.
3. Im Ebersberger Forst wurde eine herrenlose Schildkröte aufgefunden. Da bis jetzt kein Besitzer ermittelt werden konnte, wurde das Tier in eine Tierauffangstation gebracht.

Nach der Wettervorhersage (bewölkt, mit einigen sonnigen Abschnitten, nachts gebietsweise noch mal leichter Bodenfrost möglich) sowie den Verkehrsmeldungen (rechter Fahrstreifen gesperrt auf der A8 zwischen Grabenstätt und Bernau, Reifenteile auf der A3 vor Passau) musste ich mich kurz schütteln, bevor ich über die einzelnen Berichte nachdenken konnte.

Zu Nachricht 1):
Boris Palmer und das N-Wort! Meine Mutter wird sich daheim gefragt haben: Ja, was denn für ein N-Wort? Nacktschnecke? Nasszelle? Nutte? Nazi? Nordpol? Nein, in der Diskussion, ähhh, Verzeihung, der Schimpftirade, in die der bis dahin noch Grünen-Politiker Palmer verwickelt wurde, ging es im Kern darum, ob in Astrid Lindgrens „Pippi Langstrumpf"-Büchern der Vater von Pippi noch als „Negerkönig" bezeichnet werden dürfe und er, Palmer, diese Bezeichnung noch verwende. Nun stammen die Pippi-Langstrumpf-Romane aus den 1940er-Jahren und ich finde, man muss derlei Begrifflichkeiten immer auch im Kontext der Zeit sehen – ich sage nur: „Der Mohr von Venedig". Auch wenn ich also selbst niemals einen Menschen mit dunkler Hautfarbe so bezeichnen würde, weil ich davon ausgehe, dass es diesen verletzt, muss man ja nicht gleich die halbe Weltliteratur umschreiben. Und bevor der *BR* sperrige Kunsttermini wie „N-Wort" auf seine Zuhörer loslässt, sollte er den Sachverhalt lieber umschreiben, wenn er seine Moderatoren nicht aussprechen lassen mag, was sich auf Schornsteinfeger reimt. Wie gut, dass sich so viele Zuschauer der „Tagesschau" darüber beschwert hatten, dass diese das Wort „Mutter" durch „gebärende oder entbindende Person" ersetzen wollte, denn sonst wäre vielleicht irgendwann einmal das „M-Wort" daraus geworden.

Aber die bisweilen befremdliche Selbstzensur gibt es ja nicht erst seit heuer: Mir fällt beispielsweise seit einiger Zeit auf, dass der *Bayerische Rundfunk* in die Texte harmloser Popsongs eingreift. So ärgere ich mich seit Jahren darüber, dass bei „Come Undone" von Robbie Williams in den Textzeilen „so full of shit" und „fuck you all" die Wörter „shit" und „fuck" einfach mit einer Leerstelle ausgeblendet werden. Bei „Beautiful Trauma" der Sängerin Pink wird seit geraumer Zeit in der Passage „loving and fucking" das Wort „fucking" auf die gleiche Weise ausgeblendet. Da man beispielsweise bei Spotify den Text weiterhin vollständig hören kann, nehme ich an, die Streichung stammt nicht von den Künstlern selber, sondern wurde von Redakteuren des *BR* vorgenommen oder von einer mir unbekannten, übergeordneten Shit-Fuck-Zensurbehörde der Musikindustrie. Glauben diese doch sonst sicher sehr toleranten und weltoffenen Menschen wirklich, ihren Hörern diesen pornösen Inhalt nicht zumuten zu können? Denselben Menschen, die mit 12,4 Prozent am weltweiten Verkehr (sic!) von pornografischen Inhalten Weltmeister im Porno-Gucken vor Spanien, England und den USA liegen? Really? Then fuck you, you motherfuckers!!!

Zu Nachricht 2):
Die hysterischen Klimakids mit Apokalypse-Sehnsucht wurden also von Verkehrsminister Wissing empfangen, der ihnen offensichtlich nicht – wie es meine Mutter oder meine frühere Klassenlehrerin gemacht hätte – die Leviten gelesen und sie darauf aufmerksam gemacht hat, dass ihre Klebeaktionen vor allem unsozialer Vandalismus sind, die keineswegs der Sache dienen. Ganz im Gegenteil: Berufstätige werden auf ihrem Arbeitsweg behindert und Rettungswege blockiert – ganz abgesehen von den Kosten für uns Steuerzahler angesichts der dafür nötigen zahllosen Einsätze der Ordnungskräfte, die nun auch noch gezwungen werden, an Kursen teilzunehmen, in denen sie lernen, wie man die jugendlichen Extremitäten ohne größeren Hautverlust und möglichst schmerz-

frei von der Straße löst. Daher fühlen sich die selbsthaftenden Weltuntergangsjünger auch weiterhin im Recht und verkünden trotzig, mit den Protesten fortfahren zu wollen. Das Ergebnis der Gespräche war also ein „Weiter so" und somit als Nachricht ungefähr so wertvoll wie die Wasserstandsmeldung in der Regentonne meiner Eltern.

Nachricht 3) erboste mich wirklich, und zwar nicht, weil ich kein Mitleid mit der armen und herrenlosen Schildkröte aus dem Ebersberger Forst hatte. Ganz im Gegenteil: Unsere frühere Nachbarin Rosa Königseder besaß über Jahre zwei Schildkröten, die ich als Kind jeden Tag teilweise mehrmals besuchte, weil die Langsamkeit ihrer Bewegung genau meiner persönlichen Betriebstemperatur entsprach. Davon abgesehen fragte ich mich, ob der Ausdruck „herrenlose" Schildkröte in diesem Zusammenhang nicht arg sexistisch war – und das, wo doch der *BR* wie andere öffentlich-rechtliche Medien so gern gendert? Vielleicht hatte das Ebersberger Exemplar gar kein Herrchen, sondern ein Frauchen – so wie seinerzeit die Königseder Rosa?

Darüber hinaus wunderte ich mich, warum dann nicht auch gleich in den Abendnachrichten berichtet wurde, dass im Garten meiner Freundin Petra Kübelsbeck in Eichenried jeden Abend ein junger Hirschbock vorbeischaute. Zumal das die wirklich positive Nachricht gewesen wäre. Denn im Gegensatz zur Schildkröte, die nun in der städtischen Tierauffangstation wieder – wie die Klima-Pickerl – dem Steuerzahler auf der Tasche liegt, erfreut sich der junge Hirsch an den Maiskolben meiner Freundin Petra, die diese ihm gratis spendiert. Und wenn eine herrenlose Schildkröte schon eine eigene Radionachricht wert war, dann hätte ich auch noch etwas zu vermelden gehabt: Ich hatte nämlich in meinem Terminkalender an ebendiesem Tag um 17 Uhr einen Termin mit einem gewissen „Luggi" eingetragen. Mit Tinte. Also musste es sich um einen wichtigen Termin handeln. Ich konnte mich aber nicht daran erinnern, wer dieser ominöse Luggi war, denn ich hatte leider vergessen, mir zusätzlich seinen Nachnamen zu notieren. Keiner der Luggis, die ich kannte, kam infrage, denn: Der erste Luggi war mein Nachbarssohn, Lukas, mit dem ich grundsätzlich keine formellen Verabredungen vereinbare, denn wenn ich ihn etwas fragen möchte, gehe ich einfach rüber und klingle. Der zweite Luggi, den ich kannte, war mein Onkel Luggi, der leider zwei Jahre zuvor verstorben war. Und der dritte Luggi war der Hufschmied meiner Nichte, besser gesagt ihres Pferdes. Und da ich bereits über eine beträchtliche Anzahl von Schuhen verfüge, besteht in meinem Haushalt (noch) kein Bedarf an Hufeisen. Da saß ich also an jenem Abend, vernahm um 18:30 Uhr im Radio die Nachricht der herrenlosen Schildkröte und war doch selber quasi Luggi- und somit herrenlos. Und es interessierte zu Recht: rein gar niemanden!

Dabei gäbe es durchaus Geschichten, die uns Hörer vielleicht mehr beschäftigen könnten als der das N-Wort aussprechende Herr Palmer, unbelehrbare Klimakleber im Verkehrsministerium oder ein einsames Reptil, nämlich folgendes Phänomen, das aktuell in Bayern zu beobachten ist: Da der schon erwähnte Herr Habeck mit der ganz großen Brechstange nicht nur den künftigen Einbau von Öl- und Gas-, sondern auch von Pellet- und Hackschnitzelheizungen verboten hat, fahren auf Bayerns Baustellen täglich Lieferwagen mit rumänischen und bulgarischen Kennzeichen vor, die die ausgebauten, aber immer noch funktionierenden Heizungen mitnehmen, um sie nach Rumänien und Bulgarien zu verbringen, wo sie dann die nächsten Jahrzehnte mutmaßlich reibungslos weiterlaufen und vielen rumänischen und bulgarischen Familien einheizen werden, während hierzulande vor allem Rentner, Alleinerziehende und Geringverdiener im Winter möglicherweise nicht mehr wissen werden, wie viele Pullover sie noch übereinanderziehen sollen. Denn selbst die beste Wärmepumpe schafft es bei mehr als zehn Grad Minus in einem nicht achtfach gedämmten Haus beim besten Willen nicht, einen Raum angenehm kuschelig aufzuheizen.

Aber selbst leise Zweifel am Klima-Aktionismus der Grünen wird der konservative Hörer beim *BR* und anderen *ARD*-Sendeanstalten wohl eher nicht hören, denn Ende 2020 hatte eine Umfrage gezeigt, dass 92 Prozent der *ARD*-Nachwuchsjournalisten Rot-Rot-Grün wählen würden. Union und FDP kämen nicht einmal ins Parlament, wenn es nach den Teilnehmern der Befragung unter *ARD*-Volontären geht. Wenn ich mir die inhaltlichen Schwerpunkte im *ZDF*, im *WDR*, im *NDR*, im *SWR* oder auch bei uns im *Bayerischen Rundfunk* anschaue, dann dürften Umfragen dort wohl ein recht ähnliches Resultat erbringen. Auf den Einwand, es gäbe bei den Öffentlich-Rechtlichen zu wenige konservative Journalisten, lieferte der derzeitige *ARD*-Vorsitzende Kai Gniffke in einem Interview mit dem Fachmagazin *Journalist* folgende lapidare Erklärung: „Der Journalistenberuf ist nun mal eher für kritische Geister attraktiv."

Nach Gniffkes Lesart ist also nur ein kritischer Geist, wer Grün oder Rot oder gar Dunkelrot wählt, während die Anhänger konservativer oder liberaler Parteien offenbar denkfaul und unreflektiert alles hinnehmen, was ihnen die ach so kritischen Denker als die alternativlose Wahrheit servieren. Wobei: Nachdem ich genauer über die Worte von Herrn Gniffke nachgedacht hatte, musste ich ihm wohl oder übel recht geben. Denn wäre die gesellschaftliche Mitte der Liberal-Konservativen tatsächlich kritischer, müssten Menschen mit einem ähnlichen christlich-abendländischen Werteverständnis wie ich längst gegen sehr, sehr viele Missstände und falsche Entwicklungen aufbegehren, anstatt sich wie dumme Lämmer zur gesellschaftlichen Schlachtbank führen zu lassen.

Jedes Mal, wenn mich ob dieser Tatsache die Wut packt, schaue ich mir das idyllische Foto des grasenden Hirschbocks in Petras Garten an und komme langsam zur Ruhe. Insofern war die Schildkröten-Meldung vielleicht gar keine dumme Verlegenheitsmeldung eines linken und kritischen Radio-Redakteurs. Sondern das perfekt dosierte, kleine Sedativum für brave, unkritische Konservative.

Zur falschen Zeit, der falsche Mann: Türkischer Wahlkrampf auf deutschem Boden

Andreas Hock

Wann immer meine geliebte Heimatstadt Nürnberg bundesweit in den Medien auftaucht, ist Vorsicht geboten. Immerhin handelt es sich bei ihr um die einstige „Stadt der Reichsparteitage", die viele politische Vorhaben mit ihrer düsteren, weil dunkelbraunen Vergangenheit abgleichen muss. Unter anderem wegen der unklaren Rolle des ehemaligen NS-Geländes im vorgelegten Gesamtkonzept ging vor einiger Zeit leider denn auch die Bewerbung als Europas Kulturhauptstadt 2025 in die Hose – und man verlor allen Ernstes gegen Chemnitz, was sich in etwa so anfühlte, als hätte Jonas Kaufmann beim Gesangswettbewerb gegen Dieter Bohlen den Kürzeren gezogen. Abgesehen vom Christkindlesmarkt und der Spielwarenmesse bestimmt den Rest der überregional wahrgenommenen Schlagzeilen vorwiegend mein Herzensverein, der 1. FCN, der mich und seine Zigtausenden anderen Anhänger seit vielen Jahrzehnten vor immer wieder neue und harte Prüfungen stellt. Es gibt kaum einen Negativrekord im deutschen Fußball, der nicht vom Club gehalten wird. Aber auch damit lernt man irgendwann zu leben.

Da passte es leider ins Bild, dass es – nach der Schließung zweier großer Galeria-Kaufhäuser und dem dadurch drohenden innerstädtischen Aderlass sowie der Absage der Bahn, ein riesiges neues ICE-Ausbesserungswerk mit potenziell Hunderten Arbeitsplätzen vor Ort zu errichten – eine pfiffige Idee unserer Stadtverwaltung auf die Start- und Titelseiten von *Bild*, *Spiegel*, *Focus*, *Welt* oder *Süddeutsche Zeitung* schaffte. Nürnberg war nämlich die einzige deutsche Großstadt, in der ein Politiker Wahlreklame machen durfte, der im gesamteuropäischen Ansehen etwa auf derselben Stufe stand wie Wladimir Putin, Kim Jong-un oder Mister Goldfinger aus dem gleichnamigen James-Bond-Film: Recep Tayyip Erdoğan. Dessen Konterfei prangte eines Morgens fröhlich auf einigen Dutzend Plakaten, die in der Gegend rund um den Hauptbahnhof aufgehängt waren, wo besonders viele Menschen mit türkischem Migrationshintergrund leben.

Nur zur Erinnerung: Bei Herrn Erdoğan handelte es sich um jenen Mann, der während der Beitrittsverhandlungen seines Landes mit der EU die damalige Bundeskanzlerin Angela Merkel und ihren seinerzeitigen Herausforderer Martin Schulz indirekt als Nazis bezeichnete. Der es guthieß, dass später in den ihm sehr nahestehenden Medien Frau Merkel mit einem Hakenkreuz abgedruckt wurde. Der dem Westen vorwarf, es nur „auf Öl, Gold und Diamanten" der Muslime abgesehen zu haben und es ansonsten „möge, ihre Kinder sterben" zu sehen. Der die europäischen Staatschefs eine Gruppe von „Faschisten" nannte und wegen der Mohammed-Karikaturen zum Boykott französischer Waren aufrief. Der dem Europäischen Gerichtshof einen Kreuzzug gegen den Halbmond vorwarf. Der die Rolle der muslimischen Bevölkerung in der EU mit dem Leiden der Juden während des Holocaust verglich. Selbst ohne den – ebenfalls nicht ganz zu vernachlässigenden – Aspekt, es mit der Einhaltung von Presse- und Meinungsfreiheit oder den Menschenrechten nicht immer ganz genau zu nehmen, kann man gefahrlos behaupten, dass das Verhältnis zwischen Europa und Erdoğan ziemlich zerrüttet ist.

Erdoğan sei nicht nur für den Demokratieabbau in der Türkei verantwortlich, „sondern auch für die Vergiftung des deutsch-türkischen Zusammenlebens hier bei uns", urteilte in diesem Zusammenhang – nein, nicht irgendein übereifriger AfD-Parlamentarier, der sich durch den Vorfall profilieren wollte. Sondern der türkischstämmige bayerische Landtagsabgeordnete Cemal Bozoğlu, der wohl über eine verhältnismäßig glaubhafte Expertise in Bezug auf dieses Thema verfügen dürfte. Dass sich auch mit dem früheren Parlamentarischen Grünen-Geschäftsführer Volker Beck der amtierende Präsident der Deutsch-Israelischen Gesellschaft mit einer deutlichen Kritik am Vorgehen der Stadt Nürnberg zu Wort meldete, sollte den Verantwortlichen erst recht zu denken geben.

Abgesehen davon, dass ich es ebenfalls befremdlich fände, wenn andere ausländische Staatschefs hierzulande von ihren bei uns lebenden Parteifreunden plakatiert würden, gibt es – wie ich finde – gute Gründe, Werbung für einen offenkundigen Despoten, der unsere Werte nachweislich verachtet und seinen hiesigen Landsleuten empfiehlt, lieber die türkische als die deutsche Sprache zu pflegen, abzulehnen. Von daher erlag ich der irrigen Annahme, unsere Stadtverwaltung würde dieser unverschämten und übergriffigen Einflussnahme hier lebender Türken mit großer Entrüstung begegnen und die Plakate mit dem Spruch „Doğru Zaman, Doğru Adam" – auf Deutsch: „Zur richtigen Zeit, der richtige Mann" – umgehend entfernen lassen. Stattdessen aber erklärte die Verwaltung, die Wahlreklame sei im Rahmen einer Sondernutzung genehmigt worden und somit nicht zu beanstanden.

Leider kenne ich mich mit meinem abgebrochenen Jura-Studium im deutschen Verwaltungsrecht ungefähr so gut aus wie beim Hochleistungs-Batiken oder dem Fermentieren pflanzlicher Lebensmittel, also gar nicht. Aber ich wage einfach mal zu behaupten, es hätte für einen Oberbürgermeister, einen Kreisverwaltungschef oder einen Ordnungsamtsleiter sicherlich Mittel und Wege gegeben, die Genehmigung zu unterbinden oder zumindest zu widerrufen. Zur Not hätte man eben Gerichte entscheiden lassen müssen. Im Übrigen wundere ich mich darüber, warum uns bei dieser Auffassung nicht schon immer bei jedem Wahlkampf in anderen Herkunftsländern unserer im Ausland wahlberechtigten Mitbürger deren Präsidenten oder Oppositionsführer entgegengelacht haben. Irgendwo in Polen, Russland, Rumänien oder Kasachstan – um nach der Türkei die häufigsten Herkunftsländer von Migranten in Deutschland zu nennen – sind doch bestimmt immer irgendwelche wichtigen Abstimmungen. Und vielleicht mag ja auch Bashar al-Assad den sich bei uns befindlichen Syrern einige schlaue politische Weisheiten mit auf den Weg geben. Obwohl er mit seinem beneidenswerten letzten Wahlergebnis von sagenhaften 95,1 Prozent derlei Anbiederung vermutlich gar nicht nötig hat.

Ich frage mich, was wohl für ein Sturm der Entrüstung auch in Nürnberg losgebrochen wäre, wenn bei der letzten US-Wahl unsere Altstadt mit dem Konterfei von Donald Trump zugekleistert gewesen wäre; bei allen intellektuellen und moralischen Defiziten und trotz seiner unfassbar peinlichen Frisur immerhin für zumindest (und vorerst) vier Jahre legitim gewählter Präsident der ältesten Demokratie der Welt. Oder welchen Aufschrei es gäbe, würde sich die ungarische Gemeinschaft erlauben, für Viktor Orbán zu trommeln, der von den meisten europäischen Staatenlenkern als verwirrter und radikaler Rechtsextremer gebrandmarkt wird. Aber auch hier gilt offenbar, dass man bei manchen Bevölkerungsgruppen gern mal ein Auge zudrückt unter dem Deckmantel der oft leider sehr einseitig gelebten Integrationsbemühungen. Autokrat ist eben offenbar nicht gleich Autokrat, weshalb die türkische Community ihre Zuneigung zum bisherigen und Allah sei Dank auch künftigen Präsidenten gern auch mal mit Bengalos beim Autokorso durch deutsche Innenstädte kundtun darf.

Wer seit Jahrzehnten die Bildung von Parallelgesellschaften zulässt, keine nachhaltigen Konzepte für ein funktionierendes Miteinander entwickelt und es beispielsweise toleriert, dass die größte sunnitisch-islamische Gemeinschaft DITIB staatlich ausgebildete Imame in deutsche Moscheen schickt, um hier ihre höchst umstrittenen Thesen zu lehren, der muss sich eben nicht wundern, wenn entlang unserer Straßen ein Politiker plakatiert wird, der sich über unsere traditionellen christlichen Wertvorstellungen im besten Falle mächtig lustig macht und dann in Deutschland ein Wahlergebnis von geschmeidigen 67 Prozent erzielt.

Vielleicht sollte man, nur so als kleines Experiment, den Spieß einfach mal umdrehen und gucken, was passiert. So könnte doch die Union bei der kommenden Bundestagswahl für die – zugegebenermaßen recht wenigen – in Istanbul lebenden Deutschen Friedrich Merz, Hendrik Wüst oder am Ende doch Markus Söder als lebensgroße Pappaufsteller vor dem Großen Basar platzieren. Und warten, wie lange es wohl dauert, bis sie unter dem mutmaßlichen Gejohle der Menge in Flammen aufgehen. Wir hier in Nürnberg pflegen in diesem Zusammenhang einen eher pazifistischen Ansatz und haben inzwischen die entsprechende Satzung für politische Plakatierungen innerhalb des öffentlichen Raums geändert. Ausländische Wahlwerbung ist nicht mehr erlaubt. Das gilt aber erst: für die Zukunft.

Stil ist nicht das Ende des Besens: Was Oscar Wilde und meine Oma gemeinsam hatten

Monika Gruber

Seit Corona wurden zwei Dinge in Deutschland wieder endgültig für alle Bevölkerungsschichten salonfähig: das Denunzieren insbesondere der Nachbarn wegen geringfügigster Ordnungswidrigkeiten, wie oben bereits beschrieben. Und das Tragen von Jogginghosen zu absolut jedem erdenklichen Anlass vom Arztbesuch über den Wocheneinkauf bis zur Beerdigung naher Anverwandter. Gegen Ersteres reagiere ich mit steigendem Blutdruck und dem Wunsch, den Petzer mit einem nassen Handtuch einmal durch die Wohnsiedlung zu dreschen, aber bei Jogginghosen bin ich tatsächlich hin- und hergerissen. Grundsätzlich bin ich nämlich ein absoluter Fan von bequemer Kleidung: Ich liebe Hosen mit Gummizug, weil sie so angenehm mit dem Menü mitwachsen, und ich würde privat nur dann High Heels tragen, wenn mich jemand mit vorgehaltener Waffe dazu zwingen würde. Außerdem bin ich der unbedingten Meinung, dass dem Erfinder von Stretch-Stoffen schon längst die Goldene Nähnadel am Bande seitens der Genfer Menschenrechtskonvention verliehen werden sollte. Ja, ich würde nicht einmal dem leider vor einigen Jahren von uns gegangenen Modegott Karl Lagerfeld zustimmen, der einst erklärte, jemand, der Jogginghosen in der Öffentlichkeit trage, habe die Kontrolle über sein Leben verloren. Schließlich ist Jogginghose nicht gleich Jogginghose: Die meisten meiner sogenannten Jogginghosen eignen sich nämlich ungefähr genauso gut zum Joggen wie ich mich für den deutschen Olympiakader im Zweierbob.

Deswegen würde ich gern zwischen legerer Freizeitkleidung und Trainingsklamotten unterscheiden, die ich durchaus bei vielen Gelegenheiten für deplatziert halte – so wie ich generell der Meinung bin, dass dieser inzwischen landläufig vorherrschende Bequemlichkeitsfaktor bei unserer Oberbekleidung dem allgemeinen Stadtbild keinen Gefallen getan hat. Denn die Grenze zwischen bequem und schlampig ist bei vielen Zeitgenossen heute fließend und lappt oftmals leicht ins Verwahrlosend-Gammlige.

Daher war ich ehrlich entsetzt, als ich nach den ersten beiden Lockdowns ein bekanntes Münchner Modegeschäft betrat und gefühlt nur noch Kleidungsstücke auf Bügeln sah, die man früher noch förmlich als Hausanzüge bezeichnete, also etwas, das man allenfalls abends vor dem Fernseher trug, wenn die Ehe ihre besten Jahre schon hinter sich hatte (und der Gatte erst recht). Auf keinen Fall hätte man damit Besuch empfangen oder gar das Haus verlassen. Aber das hatte man in den letzten Monaten ja auch nicht getan: Besuch war verboten, Essen wurde an die Tür geliefert und gearbeitet wurde im Homeoffice. Und nach Monaten der staatlich verordneten sozialen Isolation konnte man feststellen, dass viele Zeitgenossen große Probleme damit hatten, vom heimischen Schlendrian-Modus wieder in die „Ich fahre in die Stadt und ziehe mir was Ordentliches an"-Gangart überzuwechseln.

Ich freue mich zum Beispiel immer, wenn ich bei meinen Vorstellungen Pärchen oder Mutter-Tochter-Gespanne sowie Damenrunden sehe, die sich offensichtlich für den Abend bei mir extra schick gemacht haben. Dann denke ich mir immer: Schau, die haben sich vielleicht schon seit Wochen auf den heutigen Tag gefreut, waren vorher noch schön essen oder gehen anschließend noch auf ein paar Drinks in eine Bar und zelebrieren den Abend als das, was es sein sollte – etwas Besonderes. Ich ziehe mich auf der Bühne schließlich auch und sehr gern so an und schminke mich, als würde ich zum ersten Date mit Channing Tatum gehen.

Umso enttäuschter bin ich dann jedes Mal wieder, wenn ich selbst irgendwo in ein Konzert oder Bühnenstück gehe und ein Teil der Zuschauer aussieht, als hätten sie die letzten drei Nächte vor den Toiletten im U-Bahn-Verteilergeschoss am Stachus übernachtet. Neulich saß im Theater ein junger Kerl links neben mir in Arbeitslatzhosen, der nicht nur seine Freundin, sondern auch eine Plastiktüte mit Snacks mitgebracht hatte. Wahrscheinlich war er von seiner Arbeit direkt hierhergehechelt und hatte noch keine Zeit, einen Happen zu sich zu nehmen. Alles verständlich. Warum ging er aber dann ins Theater, denn von dem Stück bekam er so gut wie nichts mit? Stattdessen fummelte er ständig an seiner Begleiterin oder wahlweise in seiner Tüte nach Essbarem herum oder rieb sich die müden Augen. Während ich die Szene so beobachtete, stellte ich mir irgendwann die Frage: Bringt unangemessene Kleidung unangemessenes Verhalten hervor? Oder ist es vielleicht umgekehrt: Man ist deshalb schlampig gekleidet, weil einem eh schon alles wurscht ist? Bin ich oberflächlich, weil ich Menschen, die nachlässig auftreten, eher unterstelle, sich auch so zu verhalten? Hat das Auftreten am Ende überhaupt nichts mit der Kleidung zu tun? Ist spezielle Kleidung für spezielle Anlässe vielleicht sowieso längst überholt? Selbst internationale Konzerne und Banken lockern bereits ihre ehemals recht strengen Dresscodes: Erst neulich habe ich beim Betreten einer der wenigen im 21. Jahrhundert übrig gebliebenen Bankfilialen mit echten Mitarbeitern aus Fleisch und Blut einen Angestellten entdeckt, der sein pastellfarbenes Halbarmhemd ohne (!) Krawatte trug – zu Zeiten unseres alten Sparkassendirektors undenkbar. Oder ist formelle Kleidung bei entsprechenden Anlässen doch (wieder) wünschenswert? Das fragte ich mich die ganze Zeit, während ich vor lauter Nachdenken dem Theaterstück zu wenig Aufmerksamkeit schenkte – genau wie das liebestolle und auch ansonsten hungrige Pärchen neben mir.

Und dabei war ich genau drei Tage vorher noch bei einer Aufführung der Laienspielgruppe in Gmund am Tegernsee gewesen und werde nie den Anblick vergessen, als ich den „Neureuthersaal" betrat: Es dürften so ungefähr 400 Personen gewesen sein, die bereits ratschend und essend an langen Wirtshaustischen saßen. Außer unserer Truppe waren alle Anwesenden ausschließlich Einheimische und die meisten davon – sowohl Jung als auch Alt – trugen Tracht. Viele der Männer hatten Hüte auf, die sie natürlich den ganzen Abend aufbehielten, weil der Hut zum „Gwand" dazugehört. Und das Trachtengwand wurde – so versicherte mir eine ältere Dame – auch von den Jungen gern angezogen, wenn man ausging. Heute war man schließlich mit der Familie im Theater, wo vielleicht ein Verwandter auf der Bühne stand, der in den letzten Wochen selten daheim war, weil fleißig geprobt wurde. Man traf Freunde und Nachbarn, um gemeinsam das Ergebnis der Proben zu bestaunen und einen griabigen Abend, wie wir Altbayern zu sagen pflegen, zu verbringen. In der Ecke gegenüber der Schänke spielte eine Stuben-Musi auf und einheimische Kellnerinnen balancierten Tabletts mit Bier, Wein und Apfelschorle sowie dampfende Teller, auf denen sich runde Knödel gemütlich an dicke Scheiben Schweinsbraten schmiegten. Alles wirkte in seiner unaufgeregten Geselligkeit fast wie aus der Zeit gefallen auf mich. Es war zum Weinen schön und sowohl stimmungsmäßig als auch stilistisch ein unglaubliches Kontrastprogramm zu einer sonst heute üblichen Straßenszenerie.

Nach der Vorstellung kam ein junger Mann auf mich zu, der in der Aufführung mitgewirkt hatte: „Frau Gruber, wenn's amal an Gürtel brauchen, dann kommen's zur Sattlerei Obermeier hier in Gmund. Das wär' mir eine große Ehre!" So ein netter, höflicher

Bursch würde meiner Vermutung nach wohl auch nicht zum Abendessen in ein Restaurant mit Fußballtrikot oder zum Frühstück im Urlaubshotel mit Bodybuilderhosen und Achselshirt erscheinen. Eine Unart, die sich in den letzten Jahren – Corona und das unselige Homeoffice haben diesen Trend verstärkt – immer mehr eingeschlichen hat.

Ich fahre seit einigen Jahren mit meinen Brüdern und deren Familien um die Faschingszeit stets für ein paar Tage in ein österreichisches Skigebiet. In unserer letzten Unterkunft, einem gemütlichen Familienhotel, stand in der Broschüre des Hauses die flehentliche Bitte: „Die Gäste werden gebeten, in angemessener Kleidung zum Abendessen zu kommen." Darüber hinaus wurden wir darauf hingewiesen, nur so viel vom Büffet auf den Teller zu laden, wie man auch wirklich verzehren könne, denn alles andere sei doch schließlich in diesen Zeiten eine dekadente Verschwendung. Beides sollte eigentlich für jeden Gast eine Selbstverständlichkeit sein. Aber wenn ich mich an letztes Jahr erinnere, als eine sehr hübsche Holländerin am Nebentisch am Samstagabend zum 6-Gänge-Menü in durchsichtiger Skiunterwäsche im Speisesaal auftauchte, dann sind solche Hinweise wohl heutzutage unerlässlich. Mit Wehmut erinnere ich mich da an die Zeiten, als ich mir zum ersten Mal mit meinem zusammengekratzten Trinkgeld als Kellnerin eine Nacht in einem teuren Wellnesshotel gönnte und die Damen am Samstagabend in langen Kleidern zum Abendessen kamen. Das war natürlich aus heutiger Sicht total übertrieben, aber der Anblick, als die nicht mehr ganz taufrischen Golden Girls beim anschließenden Tanz von ihren rüstigen Ehegatten im dunklen Anzug mit geriatrischer Hand sanft übers Parkett geschoben wurden, war irgendwie berührend. Tempi passati.

Spätestens seit der Pandemie scheint die legere und teils durchaus angenehme Lässigkeit der 2010er-Jahre einer leicht ranzigen Ungepflegtheit gewichen zu sein, angesichts derer man schon froh sein muss, wenn die Mitmenschen um einen herum überhaupt noch etwas anhaben, was sie von einem Profisportler beziehungsweise einem Pornodarsteller unterscheidet. Und parallel zum Einzug des Sneaker-und-Trainings-Looks in alle Lebensbereiche hat sich auch eine lethargische Schlonzigkeit im Verhalten eingeschlichen: Statt im Arbeitsbereich mit Ehrgeiz, Enthusiasmus und Engagement zu glänzen, sehnt sich zumindest ein Teil der nachkommenden Jugend heute nach der bräsig-lahmarschigen Tranigkeit der viel zitierten Work-Life-Balance, quasi eine Entschleunigung von der Verlangsamung.

Ich meine, es soll sich ja nicht jeder nach seiner Ausbildung quasi auf der Diretissima in den Burn-out schuften, aber ich kann mich des Eindrucks nicht erwehren, dass Arbeit heutzutage per se ausschließlich als Belastung betrachtet wird. Klar macht nicht jeder Job jeden Tag Spaß, selbst meiner nicht. Aber meine Freundin Gabi meinte kürzlich zu mir: „Wir zwei haben doch in den letzten 30 Jahren immer gern gearbeitet und wir waren uns auch nie für was zu schade. Stimmt doch, oder?" Stimmt: Ich habe immer mit Freude gekellnert, auch wenn die Nächte lang und die Gäste oft schwierig waren. Ich war einfach gern unter Menschen. Ich mochte auch die Arbeit in dieser Computerfirma (obwohl mich Computer bis heute ungefähr so viel interessieren wie Studien über das Balzverhalten von Weinbergschnecken), weil ich es genossen habe, die einzige deutsche Person in einem bunten Mischmasch aus Holländern, Südafrikanern, Franzosen, Engländern, Schotten und Amerikanern zu sein. Selbst meine Ferientätigkeit als Putzkraft in dem Seniorenheim, neben dem ich jetzt wohne, hat mir Spaß gemacht: Die Pflegerinnen auf der Station waren sehr nett, es gab jeden Tag frische Semmeln zum Frühstück im Schwesternzimmer und bereits nach zwei Tagen fand ich Kaka auf dem Badezimmerboden oder auf dem Balkon gar nicht mehr so schlimm, menschlich eben.

Aber ehrlich gesagt musste ich auch arbeiten, denn ich brauchte die Kohle: Von zu Hause gab's nämlich nichts. Außer: das Dach über dem Kopf, saubere Wäsche und Essen auf den Tisch. Wenn ich Geld für Kino, Disco, Schminke und gar die berühmte 501 von Levi's brauchte, hatten meine Eltern dafür zwar Verständnis, das führte aber nicht dazu, dass sie ihren Geldbeutel öffneten. Außerdem fand ich es sowieso viel cooler, wenn ich sagen konnte: „Dieses Chiemsee-Sweatshirt habe ich mir gekauft und dafür musste ich drei (in Worten: D R E I) Nachmittage im Baumarkt Schrauben sortieren und Regale einräumen. Meinen ersten Nebenjob hatte ich mit 14. Meine Eltern fanden das völlig normal und nahmen davon nur am Rande Notiz, geschweige denn, dass das fleißige Töchterlein dafür mit tonnenweise Lob überschüttet wurde.

Ich frage mich nun: Wann war der Wendepunkt, ab dem viele Eltern ihren Nachkommen keinen Ferienjob mehr zumuten wollten, weil das „Kind doch so viel fürs Abitur/Studium lernen muss". Na und? Wir haben auch gelernt. Ab und zu. Und dazwischen gejobbt. Und gefeiert und fast nicht geschlafen. Und am nächsten Tag wieder gearbeitet. Müdigkeit war was für alte Leute und Katzen. Wir wollten es krachen lassen und dafür musste man eben vorher schuften, um sich etwas leisten zu können, mit dem man Spaß haben kann. Und später, um vielleicht eine Eigentumswohnung anzuzahlen.

Aber wenn ich die Begründung der Nichte meiner Freundin höre, warum sie neben ihrem Lehramtsstudium nicht mehr arbeiten wolle, dann krieg ich augenblicklich Juckreiz am ganzen Körper: „Wenn ich mehr arbeite, dann muss ich ja mehr Steuern zahlen!" Willkommen im wahren Leben, Mädel!

Natürlich kenne ich auch junge Menschen, die mit einer völlig anderen Drehzahl unterwegs sind als wir früher: fokussierter, effektiver und natürlich aufgrund von Social Media sehr viel besser vernetzt. Die könnten aus dem Stand gefühlt alles auf die Beine stellen: vom Charity-Krapfen-Wettbacken der Oberpfälzer Landfrauen samt Junggesellenversteigerung bis zum erfolgreichen Tech-Start-up. Dann gibt es natürlich noch die relativ kleine Gruppe von Kindern, die sich ergriffen vom diffusen Weltuntergangsmodus einer Klimareligion („Zeugen Habecks") auf Straßen festkleben oder vandalierend anderer Leute Eigentum beschädigen und Deindustrialisierung, Verbote und Verzicht auf alles fordern, bevor sie zum „work and travel" nach Australien abdüsen.

Und ich habe das Gefühl, es gibt eine wachsende Anzahl von jungen Menschen, die zwischen einem fremdfinanzierten Wellness-Hedonismus und narzisstischer Dauer-Selbstoptimierung irrlichtern und einen Beruf ausschließlich als lästiges Mittel zum Zweck der Finanzierung des erstrebenswerten High-Level-Lebensstandards und wenig sinngebend ansehen. Beruflicher Aufstieg und finanzielle Incentives haben als Lockmittel ausgedient, denn im Zweifel erbt man ja der Eltern ihr Klein-Häuschen sowie die übrig gebliebenen Ersparnisse der Großeltern. Man strebt nach Langeweile statt nach Leistung. Trotzdem erklärt man den Generationen, die einem das eigene Leben durch harte Arbeit finanzieren oder finanziert haben, deren Verfehlungen, die Zukunft und überhaupt alles. Eine norwegische Bekannte, die viele Jahre in Deutschland lebte und nun wieder in Norwegen zu Hause ist und dort Norwegisch für deutsche Auswanderer unterrichtet, meinte vor Kurzem: „Ein typischer Satz eines deutschen Jugendlichen beginnt mit ‚Ja, aber …!'"

Mein Friseur erzählte mir neulich kopfschüttelnd, während er mit der Geduld eines buddhistischen Mönchs gefühlt 300 Foliensträhnen auf meinem Oberkopf drapierte, dass es in seinem Salon in diesem Herbst zu ersten Mal in seiner Laufbahn keinen Lehrling mehr gebe. Und von denjenigen, die ihre Ausbildung beendet hätten, würde ein Teil kündigen, ohne eine neue Stelle zu haben, und die restlichen beiden jungen Frauen – ein bildhübsches Zwillingspärchen – zögen es vor, in einem Tattoostudio zu arbeiten, aber nur an drei halben Tagen die Woche.

„Ja, aber drei halbe Tage die Woche? Davon kann doch keiner leben? Wie funktioniert denn das?", fragte ich unter meinem Aluhelm hervorlugend.

Ein ratloser Alex verdrehte genervt die Augen in Richtung seiner perfekt gezupften Augenbrauen und seufzte: „Ich weiß es doch auch nicht, Moni. Ich habe den beiden gesagt, sie sollen sich das gut überlegen: Friseure braucht die Welt immer, aber was wollen sie denn machen, wenn vielleicht in zwei Jahren Tattoos out sind? Hundesitter? Osteopath für Koi-Karpfen?"

Meine These hierzu lautet: Wohlstand, der zu lange andauert, bringt offensichtlich keine Fleißigen, Ehrgeizigen und Macher hervor. Wohlstand macht vor allem fett und faul oder wenigstens besserwisserisch – schlimmstenfalls alles zusammen. Und Faulheit macht nachlässig. Das zeigt sich nicht nur in der Kleidung, sondern auch im Verhalten und in der Sprache. Der Ton wird allerorten rauer und aggressiver. Jeder, der in der Dienstleistungsbranche arbeitet, kann ein trauriges Lied davon singen. Wenn man sich im Alltag nach Humor, Höflichkeit, ja gar Charme sehnt, muss man sich entweder im ganz engen Freundeskreis einigeln oder irgendeine Komödie mit Hugh Grant oder Colin Firth schauen. Und falls es einem doch mal passiert, dass ein Fremder die Tür aufhält oder der Kunde, der vor einem an der Kasse steht, sich umdreht und einem ein freundliches Lächeln schenkt, erfüllt mich das mit größerer Dankbarkeit als ein Sechser im Lotto. Mit Zusatzzahl. Okay, ich übertreibe, aber vielleicht sollten wir uns einfach mal wieder zusammenreißen und aufhören, uns gehen zu lassen. Nicht morgens in den Spiegel schauen und denken: „Oooch, hab irgendwie keine Lust auf Haarewaschen!" Vielleicht sollten wir stattdessen das tollste Kleid, das im Schrank hängt, einfach an einem stinknormalen Dienstag tragen. Zusammen mit den auffälligen Ohrringen, die wir auf dem Markt in Bardolino gekauft haben. Und dann ab an die Wursttheke vom Lieblingsmetzger. Und wenn jemand glotzt oder Sie fragt: „Na, Frau Hinterwimmer, so aufgedackelt heute? Was gibt's denn zu feiern?" Dann sagen Sie einfach: „Mich. Und das Leben!"

Der Bestsellerautor Ken Follett sagte einmal in einem Interview, dass er – bevor er sich morgens an seinen Computer zum Schreiben setzt – sich so anziehen würde, als ob er ins Büro ginge, und immer geduscht und frisch rasiert sei. So könne er vermeiden, bei seiner

Tätigkeit am heimischen Schreibtisch zu verwahrlosen. Ich gebe zu, so viel Disziplin bringe auch ich nicht immer auf und wenn ab und an Menschen spontan nach einem Videocall fragen, bekomme ich unmittelbar hektische Flecken am Hals, weil ich ungern hätte, dass sie mich so sehen, wie ich mich vom Frühstückstisch in Richtung Schreibtisch erhob: in einem völlig verwaschenen Billy-Joel-Fan-T-Shirt, ein dicker Streifen blaue (!) Kühlcreme auf den regelmäßig geschwollenen Tränensäcken und mit etwas leicht Zerrupftem auf dem Kopf, was sehr dem Amselnest ähnelt, das ich in meiner großen Eibe gefunden habe.

Nicht umsonst werden auf Einladungen oft sogenannte Dresscodes angegeben: Wenn ich daran denke, in welchem Aufzug ich schon manche Zeitgenossen das Freud-und-Leid-Sortiment an Veranstaltungen (Taufen, Hochzeiten, Beerdigungen) entern sah, dann birgt der Aufruf „Come as you are" (also: „Komm einfach, wie du bist!") heutzutage ein gewisses Restrisiko. Ein ansprechendes Äußeres, definiert durch Kleidung und Gepflegtheit, ist – finde ich – auch immer eine Frage der Höflichkeit, des Respekts dem Anlass gegenüber: Niemand, der bei klarem Verstand ist, würde auf die Idee kommen, in Badelatschen und im Adidas-Trainingsanzug eine Hochzeit zu besuchen. Außer vielleicht in Berlin. Warum sollten dann dreckige Schuhe, fettige Haare und eine fleckige Hose auf dem roten Teppich cool sein? Der weltberühmte Schriftsteller und Dandy Oscar Wilde meinte dazu: „You can never be overdressed or overeducated", also: „Man kann niemals *zu* gut angezogen oder *zu* gebildet sein!" Oder wie meine Oma es formuliert hätte: „Kinder, wascht's euch, zieht's was Sauberes an und denkt's immer dran: Sagt's immer schön ‚Bitte', ‚Danke' und ‚Grüß Gott'!"

Es könnte alles so herrlich einfach sein. Man muss nur wollen mögen.